Vinho & Guerra

Os franceses, os nazistas
e a batalha pelo maior tesouro da França

Don e Petie Kladstrup

Consultoria histórica:
Dr. J. Kim Munholland

Tradução:
Maria Luiza X. de A. Borges

Jorge Zahar Editor
Rio de Janeiro

Para Regan e Kwan-li,
nossas filhas e inspiração

Título original:
Wine and War: The French, the Nazis &
the Battle for France's Greatest Treasure

Tradução autorizada da primeira edição norte-americana
publicada em 2001 por Broadway Books,
uma divisão de The Doubleday Broadway Publishing Group,
uma divisão da Random House, Inc., de Nova York, EUA

Copyright © 2002 da edição brasileira:
Jorge Zahar Editor Ltda.
rua México 31 sobreloja
20031-144 Rio de Janeiro, RJ
tel.: (21) 2240-0226 / fax: (21) 2262-5123
e-mail: jze@zahar.com.br
site: www.zahar.com.br

Capa: Sérgio Campante

CIP-Brasil. Catalogação-na-fonte
Sindicato Nacional dos Editores de Livros, RJ.

K69v	Kladstrup, Don Vinho & guerra: os franceses, os nazistas e a batalha pelo maior tesouro da França / Don e Petie Kladstrup; consultoria histórica, J. Kim Munholland; tradução, Maria Luiza X. de A. Borges. – Rio de Janeiro: Jorge Zahar Ed., 2002 Tradução de: Wine and war: the french, the nazist & the battle for france's greatest treasure Inclui bibliografia ISBN 85-7110-643-6 1. Movimento antinazista – França. 2. Vinho e vinificação – França – História. 3. França – História – Ocupação alemã, 1940-1945. I. Kladstrup, Petie. II. Título.
02-0254	CDD 940.5344 CDU 940.53(44)

Sumário

Lista de ilustrações ⎯⎯⎯⎯⎯⎯⎯⎯⎯ 7

Introdução ⎯⎯⎯⎯⎯⎯⎯⎯⎯⎯⎯ 9

1. Amar as videiras ⎯⎯⎯⎯⎯⎯⎯⎯ 19

2. Nômades ⎯⎯⎯⎯⎯⎯⎯⎯⎯⎯ 39

3. Os weinführers ⎯⎯⎯⎯⎯⎯⎯⎯ 59

4. Esconder, mentir e trapacear ⎯⎯⎯⎯ 89

5. O ronco do estômago ⎯⎯⎯⎯⎯⎯ 105

6. Lobos à porta ⎯⎯⎯⎯⎯⎯⎯⎯ 129

7. A *fête* ⎯⎯⎯⎯⎯⎯⎯⎯⎯⎯⎯ 145

8. O resgate do tesouro ⎯⎯⎯⎯⎯⎯ 161

9. O Ninho da Águia ⎯⎯⎯⎯⎯⎯⎯ 181

10. O colaboracionista ⎯⎯⎯⎯⎯⎯ 191

11. Voltei para casa, não mais um jovem ⎯ 205

Epílogo ⎯⎯⎯⎯⎯⎯⎯⎯⎯⎯⎯ 221

Glossário ⎯⎯⎯⎯⎯⎯⎯⎯⎯⎯ 230

Notas ⎯⎯⎯⎯⎯⎯⎯⎯⎯⎯⎯ 235

Bibliografia ⎯⎯⎯⎯⎯⎯⎯⎯⎯ 245

Agradecimentos ⎯⎯⎯⎯⎯⎯⎯⎯ 249

Lista de ilustrações

Página 19: Usando os métodos de seus avós e bisavós, vinicultores de St. Émilion fazem uma colheita na década de 1940. "Tínhamos uma maneira *très ancienne* de viver e de fazer vinho" (Robert Drouhin, vinicultor da Borgonha). Cortesia de Patrimoine Photographique, Paris

Página 39: Família do norte da França foge de casa, parte de um êxodo de mais de dez milhões de pessoas provocado pela invasão alemã. "Eles não sabem, ninguém sabe, para onde estão indo" (do diário de Paul Valéry, 1940). Cortesia de Roger-Viollet, Agence Photographique, Paris

Página 59: Rótulo de champanhe com o aviso "Reservado para a Wehrmacht" em francês e alemão. Cortesia do Domaine Pol Roger

Página 89: Adega de vinho em Bordeaux. Vinicultores por todo o país emparedaram parte de suas caves para esconder seu melhor vinho dos nazistas. Cortesia de Patrimoine Photographique, Paris

Página 105: Sopa servida ao ar livre em Paris. Cortesia de Patrimoine Photographique, Paris

Página 129: Rua principal de Riquewihr em seguida à anexação da Alsácia em 1940. "Quase da noite para o dia, tudo que tinha sido francês tornou-se alemão" (Johnny Hugel). Cortesia de A. Hugel

Página 145: "Esta noite nos dará ensejo para relembrar com regozijo um dos tesouros mais puros da França, nosso vinho, e para mitigar o sofrimento em que tivemos de viver por tanto tempo" (mensagem a prisioneiros de guerra, do programa da festa do vinho de Gaston Huet, 1943).

Página 161: Pracinhas, pouco depois do desembarque na Normandia, fazem um breve descanso antes de seguir em frente. "Nossa trincheira para a noite foi uma adega. Havia *beaucoup* barriletes lá, mas estavam vazios. Cara, demos azar como gatunos", disse um soldado. National Archives foto III-SC-192224

Página 181: Refúgio de Hitler em Berchtesgaden, nos Alpes bávaros. Cortesia de Bettmann/Corbis

Página 191: Louis Eschenauer, à esquerda, numa corrida de cavalos com um oficial alemão. Cortesia de Heinz Bömers Jr.

Página 205: Na madrugada de 5 de dezembro de 1944, moradores da aldeia alsaciana de Riquewihr se deparam pela primeira vez com seus libertadores quando uma unidade de texanos fez uma parada em frente à loja de vinhos dos Hugel. Cortesia de A. Hugel

Página 229: Para celebrar a libertação, os produtores de champanhe deixaram de estampar em suas garrafas "Reservado para a Wehrmacht". Agora elas vinham com a marca "Reservado para os Exércitos Aliados". Cortesia de Domaine Pol Roger

Introdução

A porta de aço não se mexia.

Os soldados franceses tinham usado de tudo, de gazuas a marretas, na tentativa de abri-la. Nada funcionara. Resolveram então experimentar explosivos.

A explosão sacudiu o pico da montanha, arremessando uma cascata de pedras e entulho no vale lá embaixo. Quando a fumaça e a poeira se dissiparam, os soldados descobriram que a porta estava ligeiramente entreaberta, exatamente o bastante para que Bernard de Nonancourt, um sargento do exército de vinte e três anos, da Champagne, conseguisse se enfiar por ela. O que viu o deixou sem fala.

Diante dele estava um tesouro pelo qual os *connaisseurs* dariam a vida: meio milhão de garrafas dos mais excelentes vinhos jamais fabricados, vinhos como Château Lafite-Rothschild e Château Mouton-Rothschild, Château Latour, Château d'Yquem e Romanée-Conti, empilhados em caixas de madeira ou repousando em prateleiras que tomavam praticamente cada centímetro da cave. Num canto havia portos e conhaques raros, muitos do século XIX.

Uma coisa, contudo, saltou aos olhos de de Nonancourt: centenas de caixas de champanhe Salon de 1928. Cinco anos antes, quando trabalhava em outra casa de champanhe, presenciara estupefato soldados alemães chegarem à aldeiazinha de Le Mesnil-sur-Oger e carregarem caixas e mais caixas das adegas da Salon. Agora tinha diante de si o mesmo champanhe que vira ser roubado.

O jovem sargento sentiu-se eletrizado e incrédulo.

Era difícil acreditar também que todo aquele vinho precioso — depositado numa cave perto do topo de uma montanha — pertencia a um homem que não teria podido se interessar menos por ele. De fato, nem sequer gostava de vinho.

Esse homem era Adolf Hitler.

A abertura da cave de Hitler naquele dia foi algo que Bernard de Nonancourt jamais teria imaginado; até então, não sabia nem mesmo que ela existia. No dia 4 de maio de 1945, o sargento de Nonancourt, um comandante de tanque da 2ª Divisão Blindada Francesa, do general Philippe Leclerc, só pensava no quanto era bom estar vivo. Apenas alguns dias antes, de Nonancourt ouvira as boas novas: as últimas unidades alemãs na França haviam se rendido. Seu país, finalmente, estava completamente livre. Agora os Aliados estavam investindo contra a Alemanha, seus aviões despejando milhares de toneladas de bombas em fábricas, campos de aviação e estaleiros alemães. Embora restassem bolsões de resistência, as tropas alemãs estavam em plena retirada e haviam começado a se render em grande número. Todos sabiam que a guerra logo estaria terminada.

Naquele delicioso dia de primavera, quando a luz radiante do sol rebrilhava nas folhas novas das árvores, a unidade do exército de de Nonancourt viu-se sedutoramente próxima de seu destino: a cidade de Berchtesgaden nos Alpes bávaros, o "Valhala para os deuses, senhores e chefes nazistas", como a chamou o historiador Stephen Ambrose. Hitler tinha uma casa ali, a Berghof, assim como um retiro de pedra no alto da montanha chamado Adlershorst, ou o Ninho da Águia. Outros nazistas, como Göring, Goebbels, Himmler e Bormann, também tinham casas ali.

Fora a Berchtesgaden que os líderes da Europa tinham vindo no final da década de 1930 para ser humilhados por Hitler, líderes como Schuschnigg, da Áustria, e Chamberlain, da Grã-Bretanha. Fora para ali também que os nazistas haviam enviado grande parte do produto de sua pilhagem: ouro, jóias, pinturas e outros tesouros que tinham roubado de outros países ocupados.

O coração desse Valhala era a Berghof, a morada de Hitler, que, a julgar por todas as aparências externas, parecia um típico chalé aninhado na saliência de uma montanha. Era tudo menos isso. Como disse um visitante, "atrás daquelas agradáveis paredes brancas e das flores a crescer em jardineiras nas janelas, havia uma fortaleza suntuosa, amedrontadora em suas estranhas proporções internas e magnificência medieval e em sua ostentação de riqueza e poder". A sala de estar da Berghof tinha dezoito metros de comprimento por quinze de largura, "tão grande que as pessoas pareciam perdidas dentro dela". Uma pesada mobília de madeira, típica do Alpes, estava disposta diante de uma imensa lareira de jade verde. Tapetes Gobelins e pinturas italianas decoravam as paredes. Na verdade, eram tantas obras de tantas escolas diferentes que "a sala parecia uma galeria de pintura num museu excêntrico".

O que poucos viam ou jamais tinham permissão para visitar era o Ninho da Águia, uma fortaleza situada mais de dois mil metros acima. Diz-se que o próprio Hitler só foi lá três vezes, queixando-se de que era muito alto, que o ar era rarefeito demais e que tinha dificuldade para respirar. Contudo, o Ninho da Águia era uma obra-prima da engenharia. Construída ao longo de três anos e projetada para resistir a bombardeios e a fogo de artilharia, só se podia chegar à casa por um elevador que havia sido talhado na rocha dura da montanha.

Agora, com sua coluna estacionada no sopé da montanha, de Nonancourt fitava o pico, perdido em pensamentos enquanto tentava imaginar os horrores que haviam sido urdidos a partir daquele cenário bucólico. De repente, seus pensamentos foram interrompidos por um grito de seu oficial comandante.

"Você é da Champagne, não é, de Nonancourt?"

Antes que Bernard pudesse responder, o oficial continuou: "Nesse caso deve entender alguma coisa de vinho. Desça aqui imediatamente e venha comigo."

Bernard saltou de seu tanque e seguiu o oficial até o jipe dele, onde um grupinho de outros soldados havia se reunido. "Lá em cima", disse o oficial, apontando para o Ninho da Águia no topo da montanha Obersalzburg, "há uma cave, na verdade uma adega de vinho. Foi lá que Hitler guardou o vinho que roubou da França. Vamos pegá-lo de volta e você está encarregado disso, de Nonancourt."

Bernard ficou estupefato. Sabia que os alemães haviam carreado milhões de garrafas de vinho de seu país; chegara a ver parte dele ser roubada da aldeia em que trabalhara antigamente, mas uma adega de vinho no topo de uma montanha parecia inacreditável. Ser aquele que iria abri-la era uma emoção quase avassaladora.

Bernard sabia que sua missão não seria fácil. A montanha de 2.438 metros de altura era íngreme e minas terrestres haviam sido plantadas em alguns de seus taludes. Perguntava a si mesmo se a própria cave não estaria armadilhada.

Enquanto tentava imaginar como conseguiria chegar lá no alto e o que encontraria dentro da cave, Bernard foi tomado por uma sensação de euforia. Desde 1940, quando as forças do Terceiro Reich tinham invadido a França de roldão e ocupado o país, Bernard, como muitos outros jovens franceses, alimentara a esperança de que a guerra durasse tempo bastante para que ele pudesse participar da libertação e ser parte da história. Aquela, ele se dava conta, era a sua chance, pois a cave de Hitler era muito mais que uma adega de vinho; era um símbolo de crueldade e cobiça, da ânsia da Alemanha nazista por opulência e riqueza.

A história de como um rapaz da Champagne foi até Berchtesgaden e tornou-se uma das poucas pessoas a jamais ter posto os olhos nos tesouros que Hitler acumulara para si mesmo é uma das mais fascinantes da guerra.

E uma história que ouvimos quase por acaso.

Começou com um jogo de adivinhação.

Estávamos no vale do Loire entrevistando Gaston Huet, de Vouvray, para um artigo sobre planos do governo de cavar um túnel através da região para o TGV, o trem de alta velocidade da França. Vinicultores, entre os quais Huet, que era na época o prefeito de Vouvray, estavam indignados. O trem, eles adverti-am, destruiria seus vinhedos e estragaria seus vinhos, que estavam armazena-dos nas caves de calcário das redondezas.

"Há centenas de milhares de garrafas nessas caves", disse Huet, que estava à frente do protesto. "O barulho e as vibrações do trem poderiam provocar uma calamidade."

Subitamente, Huet pediu licença e desapareceu da sala. Voltou com uma garrafa e três copos. "Esta é uma das razões por que sou contra o trem", disse, estendendo a garrafa sem rótulo para nós. Ela estava raiada de teias de aranhas e coberta de poeira. O vinho era de um dourado brilhante. Olhamos um para outro em nosso antegozo e depois para Huet. Um sorriso débil se estampara no seu rosto.

"Vamos, experimentem", ele disse.

O primeiro gole não nos deixou nenhuma dúvida de que estávamos expe-rimentando algo extraordinário. O vinho era esplêndido. Era deliciosamente doce e no entanto tão fresco e intenso que se teria pensado que fora feito na véspera, e lhe dissemos isso.

"Então de que ano pensam que é?" Huet perguntou.

Arriscamos 1976, ano excelente para os vinhos do vale do Loire, mas Huet apenas sacudiu a cabeça e insistiu para que tentássemos de novo. 1969? Mesma reação. 1959? Errado de novo.

Huet, parecendo estar se divertindo mais a cada minuto, estava claramente se deliciando. Decidimos arriscar mais um palpite. "Que tal 1953?" Tentamos fazer nosso palpite soar mais como uma afirmação do que como uma pergun-ta, mas Huet não se deixou enganar. O sorriso no seu rosto se alargou quando nos deu mais alguns segundos para tentar adivinhar o que estávamos sabo-reando.

"1947", ele disse finalmente. "É provavelmente o melhor vinho que jamais fiz." Disse isso com afeição e orgulho, quase como se estivesse se referindo a um filho favorito.

Quando giramos o vinho, um buquê celestial de mel e damascos elevou-se de nossos copos. Perguntamos a Huet, então na casa dos oitenta, se um dia já experimentara alguma coisa melhor. Embora nossa pergunta fosse quase retó-rica, Huet parou e ficou sério.

"Só uma vez", ele respondeu. "Foi quando eu estava na Alemanha como prisioneiro de guerra durante a Segunda Guerra Mundial." E ele foi adiante para nos contar uma das histórias mais assombrosas que já ouvimos, uma história de coragem, solidão, desesperança e, no final, de como um nadinha de vinho ajudou Huet e seus colegas prisioneiros de guerra a sobreviver a cinco anos de encarceramento. "Nem me lembro exatamente o que foi que bebi", disse Huet. "Não foi mais que um dedal, mas aquele foi o único vinho que tomamos em cinco anos, e foi glorioso."

Glorioso para ele, intrigante para nós. Até ouvirmos a história de Huet, nunca tínhamos pensado em "guerra e vinho". Logo ficamos sabendo que a conexão tem uma longa história. No século VI a.C., Ciro, o Grande, da Pérsia ordenou que suas tropas tomassem vinho como antídoto contra infecção e doença. Júlio César e Napoleão Bonaparte tinham essa crença também. Napoleão chegava a transportar carradas de champanhe em suas campanhas, pelo menos na maioria das vezes. A razão por que perdeu a Batalha de Waterloo, dizem alguns, foi que não teve tempo de arranjar nenhum champanhe e teve de lutar movido só a cerveja belga.

Talvez com isso em mente, na Segunda Guerra Mundial distribuíam-se caixas de champanhe aos soldados franceses para que as mantivessem perto de si nas trincheiras e conservassem seu moral alto. Quando a guerra foi deflagrada, o governo francês enviou ao front utensílios e receitas para o preparo de vinho quente. Como um oficial explicou, "uma ração de vinho quente não é cara, e é de muita ajuda para prevenir epidemias e animar soldados".

Mas o apogeu do vinho como tática militar talvez tenha ocorrido trezentos anos antes, quando ele foi usado para salvar a bela cidade murada alemã de Rothenburg da destruição durante a Guerra dos Trinta Anos. Segundo o especialista em vinhos Herbert M. Baus, "Rothenburg estava à mercê dos 30.000 homens vitoriosos de Tilly quando aquele marechal-de-campo, num momento de clemência, prometeu poupar a cidade se um de seus edis conseguisse esvaziar um copo de vinho de três litros e meio num gole só. O Burgermeister Nusch mostrou-se à altura do desafio e o local de sua façanha épica é até hoje chamado Freudengässlein, ou Travessa da Alegria."

Para nós, a alegria do vinho sempre esteve tanto em bebê-lo quanto em partilhá-lo. Um dos mais excelentes vinhos que já tomamos foi um Grand Vin de Château Latour de 1905. Era primoroso, absolutamente do outro mundo, mas o que tornou a experiência ainda mais especial foi poder partilhá-la com Gertrude de Gallaix, uma amiga querida que morou em Paris durante a Segunda Guerra Mundial e que nasceu no mesmo ano em que o vinho fora feito.

Houve também uma garrafa de rosé que tomamos certa vez e que, para falar a verdade, não era grande coisa como vinho, mas partilhá-la com amigos num dia tépido de verão tornou esse dia especial e o vinho tão inesquecível, de certo modo, quanto o Latour de 1905.

André Simon, o famoso especialista em vinhos francês, definiu o vinho como "um bom conselheiro, um amigo verdadeiro que não nos aborrece nem irrita: não nos faz dormir, nem nos mantém acordados ... está sempre pronto para nos alegrar, nos ajudar, mas não para nos provocar."

Entretanto, na verdade os vinhos fascinantes que provamos nos "provocaram" vez por outra, levando-nos a fazer perguntas. A história de Gaston Huet despertara nosso interesse e aguçara nossa curiosidade. Ao longo dos anos seguintes, conhecemos outros vinicultores que nos contaram suas histórias da guerra, algumas engraçadas, outras comoventes. À medida que ouvíamos, fomos pouco a pouco nos dando conta de que aquelas histórias, como uma boa garrafa de vinho, eram coisas que queríamos partilhar. Eram histórias que mereciam ser contadas e lembradas — num livro.

Recolher as histórias nem sempre foi fácil. Algumas pessoas tinham medo e se recusavam a falar sobre um tempo manchado pelos que colaboraram com o inimigo e tentaram ganhar dinheiro com a guerra. "É delicado demais", disse uma pessoa que se recusou a ser entrevistada. "Melhor deixar que os mortos descansem em paz e que os vivos vivam em paz."

Muitos documentos que tratavam de colaboracionistas foram lacrados sob uma lei francesa destinada a proteger a privacidade de pessoas. Outros documentos foram destruídos no fim da guerra por ordem do alto comando alemão.

Outros problemas que encontramos incluíram memórias esmaecidas e o fato de que muitas pessoas tinham morrido. Em várias ocasiões recebemos um recado ou telefonema dizendo que a pessoa com quem marcáramos entrevista acabara de falecer.

Embora fosse, literalmente, uma corrida contra o tempo, de vez em quando tínhamos de avançar lentamente. As pessoas da geração que lutara na guerra nem sempre se dispunham a falar sobre ela. Sua primeira reação era: "Oh, meu Deus, isso foi há tanto tempo. Não estou bem certo..." — e então sua voz ia se apagando e o silêncio caía. Mas depois, de repente, ele ou ela podiam dizer: "Mas há uma coisa de que me lembro..." — e então nos encontrávamos ouvindo uma história maravilhosa.

Pessoas mais jovens que procuramos por vezes se mostravam hesitantes também. "Por favor, eu era só uma criança", diziam, "não me lembro de nada." Mas com freqüência lembravam-se, e suas histórias estavam entre as mais reveladoras, dando-nos instantâneos muito claros de uma época complicada.

Por exemplo, Jean-Michel Cazes, proprietário do Château Lynch-Bages e do Château Pichon-Baron em Bordeaux, mostrou-nos que o barômetro da guerra estava tanto no campo de batalha quanto no pátio de recreio. No outono de 1940, lembrou Cazes — que tinha então oito anos —, quando ele e os amigos voltaram para a escola, todos queriam muito brincar de ser alemães. "Os alemães pareciam tão fortes e sagazes que todos nós queríamos ser eles em nossas brincadeiras", disse. Dois anos mais tarde, com a face da França já alterada pela ocupação alemã, os interesses das crianças tinham mudado também. "Nessa altura", disse Cazes, "todos nós queríamos ser os maquis, os clandestinos que combatiam os alemães. Era muito mais romântico." Quando mais tempo passou e os alemães apertaram o controle sobre Bordeaux, o romantismo cedeu lugar ao realismo. "Costumávamos espiar os alemães marchando e eles pareciam não apenas fortes como também muito assustadores." Nos últimos anos da guerra, quando a sorte dos alemães começou a mudar, mudaram igualmente as brincadeiras nos pátios. "Todos queríamos ser americanos naquele tempo", disse Cazes. Na altura do fim da guerra, a mudança de sentimento foi completa; as crianças nos pátios de recreio da França estavam brincando de caubóis e índios.

Muitas das pessoas que entrevistamos pertenciam a famílias que haviam fabricado vinho por gerações. Não só sabiam muito bem o que era o vinho como sabiam muito bem o que era a guerra. Haviam passado por ela, alguns mais de uma vez, e tinham aguda consciência do que é preciso para sobreviver. Para os Rothschild do Château Lafite-Rothschild em Bordeaux, ela significou fugir do país antes que os alemães lhes tomassem a propriedade. Para Henri Jayer do Vosne-Romanée, na Borgonha, significou trocar seu vinho por alimento para que sua família pudesse sobreviver. Para o príncipe Philippe Poniatowski, de Vouvray, significou enterrar seus melhores vinhos no quintal de modo a ter alguma coisa com que recomeçar os negócios depois da guerra.

A sobrevivência, contudo, nem sempre exigiu medidas desesperadas; algumas vezes as pessoas simplesmente tinham sorte. Para René Couly, de Chinon, foi um pneu furado que o salvou. "Meu pai acabara de ser convocado pelo exército e tinham feito dele motorista de caminhão, já que tinha enorme experiência dirigindo os nossos caminhões", contou-nos seu filho. "Ele estava em seu veículo, seguindo sua companhia para o front, quando ficou com um pneu vazio. Enquanto ficou parado para consertá-lo, as outras tropas seguiram em frente e deram direto numa emboscada. Foram todos feitos prisioneiros." Isto é, todos exceto Couly. "Depois de trocar o pneu, meu pai deu meia-volta e foi para casa cuidar de seu vinhedo."

Embora a maior parte das informações que reunimos tenham vindo de entrevistas, ocasionalmente foi o próprio vinho que "falou". Um La Tâche de 1940 que degustamos com Robert Drouhin, um dos mais respeitados vinicultores e *négociants* da Borgonha, falou eloqüentemente sobre as dificuldades que os vinicultores tiveram de superar para fazer um bom vinho durante a guerra. Naquele ano, a maior parte dos borgonhas foi dizimada pela putrefação e o mofo porque os alemães haviam requisitado todos os metais, inclusive o cobre, para sua máquina de guerra industrial. Sem cobre, os vinicultores não tinham sulfato de cobre para tratar seus vinhedos. O La Tâche do Domaine de la Romanée-Conti, no entanto, foi um dos sobreviventes e um clímax apropriado para um maravilhoso jantar com Drouhin. Sobre o vinho, nossos apontamentos dizem: "Boa cor, buquê picante, desvanecendo um pouco mas ainda assim elegante e encantador."

Outra garrafa que partilhamos com Drouhin em outra ocasião contou uma história completamente diferente. Era um Clos des Mouches branco de 1940, extremamente raro e um dos primeiros Clos des Mouches brancos que o pai de Robert jamais fez. Ai, o vinho era intragável. Era de um pardo baço e estava totalmente oxidado. "Uma porcaria", disse Madame Françoise Drouhin, fazendo uma pequena careta e pousando seu copo. A reação do seu marido foi um pouco diferente. "Interessante", disse ele. E tinha razão. Podíamos sentir literalmente, quase experimentar, os problemas que os Drouhin tinham enfrentado ao fazer o vinho. Havia um quê de fungo e um traço de morte ao olfato.

E houve algo mais que percebemos. A garrafa em que ele veio era de um azul-esverdeado pálido em vez do verde-acastanhado de costume, uma cor que os borgonheses definem como de *feuilles mortes*, ou folhas mortas. "Este vinho foi provavelmente engarrafado em 1942", disse Drouhin, "quando todos tinham de reciclar suas garrafas ou arranjá-las onde pudessem, o que significou que as garrafas eram feitas com qualquer tipo de composição de vidro que se pudesse conseguir."

Mas onde quer que fôssemos e com quem quer que conversássemos, o ponto sempre enfatizado — aquele que nunca podíamos ignorar — era o quanto o vinho é importante para a França. Não se trata apenas de uma bebida ou produto comercial a ser despejado de uma garrafa. É muito mais que isso. Como a bandeira, a *tricolore*, ele envaidece o coração e a alma do país. "O vinho nos faz orgulhar de nosso passado", disse uma autoridade. "Ele nos dá coragem e esperança." De que outra forma explicar por que os *vignerons* da Champagne correram para os seus vinhedos para colher a safra de 1915 no momento mesmo em que projéteis de artilharia estavam caindo por toda parte à sua volta? Ou por que o rei Luís XI, em seu primeiro ato após conquistar a Borgonha em 1477, confiscou toda a safra de Volnay para si mesmo? Ou por que, não muito tempo atrás, um padre numa aldeiazinha da Champagne lembrou à sua paróquia: "Nosso champanhe não tem a ver apenas com ganhar dinheiro. Tem a ver com levar alegria para as pessoas."

E talvez tenha algo de espiritual. "Nossos vinhos evoluem lenta e nobremente, carregando consigo esperanças de uma vida longa", explicou um vinicultor. "Sabemos que nossa terra estava aqui antes de chegarmos e que estará aqui muito depois de termos partido. Com nosso vinho, sobrevivemos a guerras, à Revolução e à filoxera. Cada colheita renova promessas feitas na primavera. Vivemos com o ciclo incessante. Isso nos dá um gosto de eternidade."

Recentemente o governo francês encomendou um estudo sobre o que torna os franceses "franceses", ou, como um intelectual expressou, "para avaliar o que constitui a memória e a identidade históricas francesas". Foi um trabalho vasto, em sete volumes. Parte dele é um levantamento em que pessoas foram solicitadas a definir as qualidades que as tornavam francesas. As três respostas mais freqüentes foram o que seria de esperar: ter nascido na França, defender a liberdade e falar francês. Logo atrás delas, porém, em quarto lugar, vinha o vinho, especificamente conhecer e apreciar "bom" vinho. Isso não foi nenhuma surpresa para os autores do levantamento, que concluíram: "O vinho é parte de nossa história; é o que nos define."

Em 1932, um ano depois de Adolf Hitler se tornar chanceler da Alemanha, Hubert de Mirepoix, presidente da Associação Francesa de Vinicultores, fez um discurso na convenção anual da organização em que expôs como o vinho "contribuiu para a raça francesa dando-lhe espírito, alegria e bom gosto, qualidades que a diferenciam profundamente de povos que tomam grande quantidade de cerveja".

Embora este livro trate de vinho e guerra, não é um livro sobre vinho, realmente não, e tampouco é um livro meramente sobre a guerra. É um livro sobre pessoas, pessoas que verdadeiramente transpiram espirituosidade, alegria e bom gosto, e cujo amor à uva e devoção a um gênero de vida as ajudou a sobreviver a um dos capítulos mais negros e mais difíceis da história da França e a triunfar sobre ele.

UM

Amar as videiras

Usando os métodos de seus avós e bisavós, vinicultores de St. Émilion fazem uma colheita na década de 1940. "Tínhamos uma maneira *très ancienne* de viver e de fazer vinho." *(Robert Drouhin, vinicultor da Borgonha)*

Era fim de agosto de 1939 e os vinicultores franceses estavam aflitos por causa da colheita. Dois meses antes, as perspectivas tinham sido brilhantes. O tempo estava bom e havia a promessa de uma excelente vindima. Depois o tempo mudou. Choveu durante seis semanas a fio e as temperaturas caíram rapidamente.

Assim também caiu o ânimo dos vinicultores que participavam do Congresso Internacional da Videira e do Vinho na estância de Bad Kreuznach, na Alemanha. Não conseguiam pensar em outra coisa senão no tempo — isto é, até que o orador seguinte fosse anunciado. Era Walter Darré, ministro do Abastecimento Alimentar e da Agricultura do Terceiro Reich. Os vinicultores tinham tido um choque quando, ao entrar pela primeira vez no salão de convenções, divisaram um grande retrato do patrão de Darré, Adolf Hitler, dominando a sala. Como o resto do mundo, tinham visto com crescente alarme Hitler anexar a Áustria, retalhar a Tchecoslováquia e assinar um acordo militar com o ditador da Itália, Benito Mussolini. Muitos, temendo que a guerra total estivesse apenas a um passo, estavam convencidos de que Darré teria algo a dizer sobre os últimos eventos.

Mas quando o Reichsminister subiu na tribuna, não falou sobre a guerra. Não falou nem mesmo sobre vinho. O que fez foi pedir aos delegados do congresso que fossem além das preocupações com vinho e vinicultura para, em vez disso, "promover a compreensão mútua dos povos pacíficos". Quem estava no auditório ficou completamente confuso.

O que eles não sabiam era que, quase naquele mesmo momento, o próprio Hitler estava fazendo uma espécie muito diferente de discurso — este para seu alto comando — em outra estância alemã, Berchtesgaden, o local favorito da liderança nazista para suas férias. O Führer estava informando a seus generais o que aconteceria a seguir e exortando-os a lembrar que "nossos adversários são vermezinhos ... O que importa quando se começa e se faz guerra não é correção, mas vitória. Cerrem seus corações para a compaixão. Procedam brutalmente."

Em menos de uma semana suas forças invadiram a Polônia. A data foi 1º de setembro de 1939. Os vinicultores franceses que estavam presentes na conferência foram prontamente chamados à pátria. Dois dias mais tarde, a

França, juntamente com a Grã-Bretanha, a Austrália e a Nova Zelândia, declarou guerra à Alemanha.

Pela segunda vez em pouco mais do que uma geração, os vinicultores franceses enfrentavam a dolorosa perspectiva de tentar fazer sua colheita antes que os vinhedos fossem transformados em campos de batalha. Como em 1914, o governo montou uma campanha extraordinária para ajudar. Asseguraram-se aos vinicultores adiamentos na convocação para o serviço ativo, enviaram-se destacamentos militares de mão-de-obra aos vinhedos e decidiu-se não requisitar os cavalos usados por pequenos vinicultores até que a colheita tivesse terminado.

Lembranças daquela guerra anterior, "a guerra para pôr fim a todas as guerras" ainda os perseguiam — a brutalidade, as agruras e em especial a terrível perda de vidas. Numa população de 40 milhões, quase um milhão e meio de rapazes tinham sido mortos, homens que teriam entrado em seus anos mais produtivos caso tivessem sobrevivido. Outro milhão perdera membros ou ficara tão gravemente ferido que não pudera mais trabalhar.

Fora uma sangria que não deixara quase nenhuma família na França intocada: não os Drouhin da Borgonha, os Miaihle de Bordeaux, os de Nonancourt da Champagne, os Hugel da Alsácia, nem os Huet do vale do Loire.

O pai de Gaston Huet voltara para casa inválido, seus pulmões danificados para sempre depois que sua unidade do exército fora atacada com gás de mostarda.

O pai de Bernard de Nonancourt também sofrera as devastações da guerra de trincheira e morrera em conseqüência de seus ferimentos logo após a guerra.

A mãe de Jean Miaihle perdera toda a sua família quando tropas alemãs atacaram sua aldeia no norte da França.

A família Hugel, que perdera sua herança e nacionalidade francesas quando a Alsácia fora anexada pela Alemanha após a Guerra Franco-Prussiana de 1870-71, mandara o filho para longe para que pudesse escapar do recrutamento pelo exército alemão.

Maurice Drouhin, um veterano da guerra de trincheira, escapara de danos físicos mas não dos pesadelos que o perseguiram depois durante anos.

Como quase todo mundo na França, essas famílias de vinicultores assistiram com medo à aproximação do espectro de uma outra guerra. Embora tivesse sido a vencedora antes, a França pagara um preço terrível. Poderia se permitir mais uma vitória como aquela? Muitos no país duvidavam disso, em especial Maurice Drouhin, que testemunhara os horrores da guerra de perto.

Pensar na família e no vinhedo fora tudo que o consolara quando se acotovelava com seus homens nas trincheiras barrentas e encharcadas de sangue do norte da França, perscrutando o inimigo através de uma faixa de terra de ninguém. Embora o inverno de 1915 ainda tivesse aquela parte do país em suas garras, Maurice sabia que em sua casa, na Borgonha, os vinhedos já estariam em atividade e trabalhadores estariam ocupados na poda. Se fechava os olhos, podia quase ver isso, os homens com suas podadeiras avançando lentamente pelos longos renques de videiras; e podia quase ouvir os sinos da igreja que os chamavam para o trabalho cada dia.

Esses sinos eram os primeiros sons que Maurice ouvia cada manhã quando despertava em sua casa em Beaune. Para ele, eram a música de fundo da vida nos vinhedos. Eles ressoavam através das aldeias e dos trigais, despachavam crianças a toda pressa para a escola e mães para os mercados à procura das frutas e verduras do dia. Anunciavam a hora do almoço, do jantar, e chamavam as pessoas para o serviço religioso e para celebrar. Pouco a pouco, porém, à medida que a Primeira Guerra Mundial avançava, eles estavam cada vez mais chamando as pessoas para prantear.

Agora, nos campos de batalha do norte da França, os sons que envolviam Maurice eram a descarga da artilharia e das metralhadoras e os gritos aflitos dos feridos. No calor de uma batalha, viu um soldado alemão desabar no chão, incapaz de se mover após levar um tiro. Com os soldados alemães amedrontados demais para se aventurar na tempestade de balas para buscar seu companheiro, Maurice ordenou a seus homens que parassem de atirar enquanto erguia uma bandeira branca. Depois, num alemão impecável, gritou para os alemães: "Venham buscar seu homem. Vamos interromper nosso tiroteio até que vocês o levem." Os alemães trataram de salvar rapidamente o camarada abatido. Antes de voltar para trás das linhas, no entanto, fizeram uma parada bem em frente a Maurice e bateram continência.

Mais tarde, numa carta à mulher, Maurice descreveu o episódio. Pauline ficou tão comovida que enviou a história para o jornal local, que a publicou. Com o título "As horas gloriosas", o artigo dizia: "As horas gloriosas soam não só para a ação heróica no campo de batalha, mas também para aquelas atividades que ocorrem na vida cotidiana, pois é quando a guerra acaba que o coração e o caráter de um soldado são também revelados."

Maurice recebeu importantes condecorações por sua atuação militar. Entre seus galardões esteve a Medalha por Serviço Notável, concedida pelo governo dos Estados Unidos, para a qual foi indicado por Douglas MacArthur. Mas por mais que se orgulhasse dessa medalha e de sua vida no exército, sua vida nos vinhedos encerrava um significado ainda maior para ele — um significado que o chamou de volta para casa quando a "guerra para pôr fim a todas as guerras" finalmente terminou.

...

Aquela era uma vida de lenda e mito, uma vida que, de muitas maneiras, pouco mudara desde a Idade Média. "Era um tempo mais simples nos vinhedos", Robert, filho de Maurice, relembrou anos mais tarde. "Tínhamos uma maneira de viver, uma maneira de fazer vinho que era natural e *très ancienne.*"

O vinho era feito da maneira como avós e bisavós o haviam feito. Não havendo especialistas a que recorrer, cada um seguia as tradições que conhecia e com que crescera. A aradura era feita com cavalos. O plantio, a colheita e a poda eram feitos de acordo com as fases da lua. Pessoas mais velhas lembravam com freqüência aos mais jovens que os méritos da poda foram descobertos quando o burro de são Martinho se soltou nos vinhedos.

Isso acontecera, contavam elas, em 345 d.C., quando são Martinho, vestido com peles de animais e cavalgando um burro, saiu para inspecionar alguns vinhedos que pertenciam a seu mosteiro, perto de Tours, no vale do Loire. Ele era um amante do vinho e muito fizera ao longo dos anos para instruir os monges com relação às práticas mais recentes da vinicultura. Nessa ocasião, são Martinho amarrou seu burro junto a um renque de videiras enquanto ia tratar do seu serviço. Ficou ausente por várias horas. Ao voltar, descobriu para seu horror que seu burro andara mascando as videiras e que algumas tinham sido mastigadas até o tronco. No ano seguinte, contudo, os monges tiveram a surpresa de ver que exatamente aquelas videiras tinham voltado a crescer com mais abundância e produzido as melhores uvas. Os monges aprenderam bem a lição e, século após século, a poda tornou-se parte da rotina de todo vinicultor.

O dia começava cedo e durava até que o trabalho tivesse terminado. Não havia horas marcadas. À medida que podavam as videiras, examinavam-nas em busca de doenças e amarravam brotos que se desprendiam — dia após dia, semana após semana, mês após mês —, os trabalhadores passavam a conhecer intimamente cada videira. Era uma ligação quase mística, pois deixavam que as videiras determinassem o ritmo e a marcha da vida.

Após a colheita, esmagavam-se as uvas com pés descalços. O mosto, ou suco da uva, era então derramado em tanques gigantescos, ao que se seguia um processo chamado *pigeage*, em que trabalhadores nus mergulhavam no líquido espumoso. Segurando com força correntes presas a vigas sobre suas cabeças, os trabalhadores se erguiam e se abaixavam repetidamente, agitando o mosto com seus corpos inteiros para arejar a mistura e intensificar a fermentação. Era um exercício perigoso. Dificilmente se passava uma colheita sem que alguns trabalhadores se soltassem e se afogassem, ou fossem asfixiados pelo gás carbônico emitido pelo suco fermentante. As vítimas eram quase sempre homens, pois as mulheres, em algumas partes da França, eram excluí-das do *chai*, ou lagar, durante o tempo da colheita. A presença delas, segundo uma superstição, azedaria o vinho.

Apesar disso, o tempo da colheita era sempre o mais feliz do ano. Quando as últimas uvas eram colhidas e amontoadas numa carroça puxada a cavalo, os trabalhadores colhiam flores silvestres para decorar o carro e fazer um buquê para a senhora da casa. Ela pendurava o buquê sobre a entrada da cave, onde ele ficaria até a próxima colheita para trazer sorte — e bom vinho — para a casa. Outros chegavam a espalhar folhas de videira no piso para incitar os "bons espíritos" a não ir embora.

O tempo, então, era quase mágico; parecia nunca acabar, relembrou Robert Drouhin. Durante caminhadas pelos vinhedos, ele e o pai paravam fre-qüentemente para longas e divagantes conversas com os trabalhadores.

"As pessoas pareciam ter mais caráter naquele tempo. Nunca hesitavam em dizer ao meu pai o que pensavam ou como acreditavam que as coisas deveriam ser feitas, e meu pai estava sempre disposto a ouvir. Foi naqueles momentos que aprendi a amar as videiras."

Infelizmente, aquelas videiras estavam em mísero estado. Os anos entre as guerras haviam trazido sobretudo adversidade para os vinicultores, que tive-ram de suportar uma série de vindimas horríveis — e não só por causa do tempo. Batalhas que haviam grassado durante a Primeira Guerra Mundial haviam deixado os vinhedos, especialmente os da Champagne, praticamente mortos. Eles haviam sido fatiados por trincheiras e explodidos pela artilharia e por projéteis de morteiros, que deixaram crateras enormes no chão. Piores eram os projéteis químicos, que vazavam no solo, envenenando os vinhedos por muitos anos.

A Primeira Guerra Mundial chegara exatamente quando os vinicultores estavam começando a se recuperar de uma outra crise. A filoxera, um minús-culo inseto que ataca as raízes das videiras, invadira a França em meados do século XIX, reduzindo vastas áreas de vinhedo ao que um vinicultor chamou de "fileiras de tocos nus — parecendo imensos cemitérios". Ao longo dos trinta anos seguintes, a doença iria se alastrar por todos os vinhedos do país, moven-do o governo a oferecer um prêmio de 300.000 francos a quem conseguisse encontrar um remédio. Foram sugeridas idéias de todos os tipos, que iam do estapafúrdio — enterrar um sapo vivo debaixo de cada videira — ao esperançoso — regar os vinhedos com vinho branco. Alguns vinicultores inundaram seus vinhedos com água do mar; outros borrifaram suas videiras com vasto rol de produtos químicos, ou simplesmente as queimaram. Nada parecia funcionar.

O remédio, como iria se revelar, era algo totalmente não francês. Vinicultores descobriram que enxertando suas videiras em cepas americanas, naturalmente resistentes à praga, podiam salvá-las. Era um processo longo e dispendioso. Vinhedos inteiros tinham de ser arrancados pela raiz e replantados. Depois os vinicultores tinham de esperar vários anos para que suas videiras começassem a dar fruto e ainda mais tempo para que atingissem a plena maturidade.

Exatamente quando as coisas começaram a melhorar, depois da Primeira Guerra Mundial, o desastre veio de novo. Dessa vez foi a Grande Depressão, e seu efeito sobre a indústria do vinho foi devastador. Na Champagne, casas importantes não tiveram mais condições de comprar uvas de seus produtores. Na Alsácia, um número enorme de vinicultores faliu. Os de Bordeaux foram obrigados a aceitar preços abaixo da média nacional — a primeira vez na história que isso aconteceu. Na Borgonha, a produção de vinho caiu 40%, enquanto quase metade dos vinhedos ficava sem cultivo. Até o excelente Domaine de la Romanée-Conti ficou claudicante, mas a família que o possuía estava decidida a não abrir mão dele. "Meu pai achava que era como uma bela jóia que uma mulher conserva em seu escrínio", lembrou Aubert de Villaine. "Ela não a usaria todo dia, mas estaria decidida a conservá-la para poder legá-la aos seus filhos."

Para isso, o pai de de Villaine fez o que muitos outros vinicultores foram obrigados a fazer para sobreviver: arranjou outro emprego. Era o seu terceiro. Já administrava a granja da família e dirigia o Romanée-Conti; agora começou a trabalhar num banco também. "Meu pai estava constantemente ocupado; nunca parava", disse de Villaine, "mas isso era por amar tanto o Romanée-Conti; passava cada momento livre trabalhando lá."

Embora o Domaine de la Romanée-Conti não fosse começar a dar algum lucro até 1959, continuava sendo considerado o emblema do melhor borgonha, uma propriedade que nunca facilitou as coisas ou sacrificou a qualidade no interesse de ganhar dinheiro. Isso era algo que Maurice Drouhin admirava e respeitava profundamente.

Como de todo modo ninguém estava ganhando muito dinheiro, Maurice resolveu correr um grande risco e criar um negócio que se concentrasse numa única coisa: borgonha de primeira. "Meu pai tinha um ideal de qualidade", disse Robert, "um desejo de criar vinhos que fossem um puro reflexo do *terroir*."

Maurice herdara uma *maison du vin classique*, o que significava que vendia um pouquinho de tudo e fazia ele próprio um pouquinho de vinho, mas isso estava prestes a mudar. "De agora em diante", ele declarou, "não haverá na minha casa uma gota que não seja de borgonha." E fazia questão de que todas essas gotas fossem boas. Considerou os excelentes vinhos que o Domaine de la Romanée-Conti estava produzindo a tanto custo e pensou. "Isto é o futuro." Assim, em meados da década de 1930, Maurice começou a comprar 60% da produção do *domaine* a cada ano e a distribuí-la. Ao mesmo tempo, estimulou seus vinicultores a aprimorar a qualidade dos vinhos de sua própria casa, a Maison Joseph Drouhin, adotando a filosofia de Monsieur de Villaine, do Romanée-Conti, que acreditava que o fabricante de vinho não passava de um intermediário entre o solo e o vinho e que devia interferir tão pouco quanto possível.

Ao optar por qualidade naquele momento, Maurice se pusera, sem o saber, à frente de um movimento que introduziria mudanças importantes na vinicultura francesa. Até então, a fabricação do vinho fora incerta, mais instintiva que científica. Havia poucas regras — nenhum limite, por exemplo, para o açúcar que os vinicultores costumavam acrescentar para elevar o teor alcoólico de seus vinhos quando as uvas não tinham chegado a amadurecer por completo. Com demasiada freqüência, no entanto, vinicultores se valiam dessa possibilidade para colher suas uvas cedo demais. Quantidade, não qualidade, era seu moto e o meio mais seguro, acreditavam, de ganhar dinheiro. Plantavam videiras de grande produtividade que davam uvas inferiores e, previsivelmente, vinho inferior. Para esconder as falhas, despejavam nele açúcar e xarope, o que resultava em vinhos espessos demais, feitos mais para ser mascados que bebidos. Com freqüência, um bom borgonha não tinha nada de borgonha, porque tinha sido "arranjado", ou misturado com vinhos do vale do Ródano e da Argélia.

Alguns, entre os quais Maurice Drouhin, decidiram que isso não era mais aceitável. A solução, concluíram, estava em três palavras: *Appellation d'Origine Contrôlée* (AOC), ou "local de origem controlado". Isso significava que o vinho devia dizer o que era. O borgonha devia ser feito unicamente com uvas crescidas na Borgonha; o mesmo se aplicava ao bordeaux e aos vinhos de outras regiões. Eles não deviam ser misturados.

Mas a AOC abarcava muito mais do que geografia. Estipulava também quando as videiras podiam ser plantadas, como deviam ser podadas, que fertilizantes e produtos químicos podiam ser usados e quando a colheita podia ser iniciada. Estipularam-se regras também para a vinificação, ou fabrico do vinho.

Nada disso aconteceu da noite para o dia. Como assinala Remington Norman, um Mestre do Vinho que escreveu extensamente sobre o borgonha, o sistema da AOC "não brotou já feito da mente de alguns legisladores iluminados, mas evoluiu ao longo de quase quatro décadas antes de ser progressivamente codificado da década de 1920 em diante".

A aplicação eficaz foi a dor de cabeça maior. Com apenas uma dúzia de inspetores, era praticamente impossível manter sob vigilância milhares de vinicultores que trabalhavam criativamente, se não escrupulosamente, em suas adegas, misturando um bocadinho disso com um bocadinho daquilo. Como o famoso escritor francês sobre vinhos André Simon ressaltou, misturar "é até certo ponto como beijar — pode ser inteiramente inocente, mas pode desviar uma pessoa do caminho estreito do dever e da decência". Isso era particularmente verdadeiro em Bordeaux, onde, em alguns anos, apenas um terço do vinho vendido como bordeaux era de fato produzido naquela região.

Para refrear práticas como essas, Drouhin e outros vinicultores criaram em 1935 o Comité National des Appellations d'Origine, precursor do Institut National des Appelations d'Origine, ou INAO, o órgão que regula o vinho francês. De início, contudo, muitos vinicultores, mesmo os que tendiam a apoiar o INAO, resistiram, temendo que ele pudesse prejudicá-los, forçando-os a pagar mais impostos ou a fixar preços elevados demais. Ninguém queria afugentar seus clientes, especialmente não naquele momento, mas fazer propaganda para granjear outros era anátema. "Anunciar é errado", disse um vinicultor. "Não deveríamos fazer propaganda nunca. Se nosso vinho for bom, as pessoas virão a nós."

Semelhante filosofia pode ter funcionado na Borgonha, onde os vinhedos eram pequenos e a maior parte do vinho produzido era consumido localmente, mas jamais teria funcionado para os produtores da Champagne, que dependiam maciçamente de mercados internacionais e sabiam que tinham de fazer publicidade. Tinham aprendido à custa de penosa experiência com que rapidez a efervescência pode desaparecer. Tinham visto, por exemplo, como os gostos mudaram rapidamente quando os parisienses descobriram os coquetéis durante os Exuberantes Anos 1920. Tinham visto também com que rapidez mercados se extinguiam: primeiro na Rússia, quando o czar foi derrubado durante a Revolução Francesa; mais tarde nos Estados Unidos, quando a lei seca levantou a cabeça.

Marie-Louise Lanson de Nonancourt, entretanto, tinha preocupações mais urgentes: sua família. Seu marido morrera de ferimentos após a Primeira

Guerra Mundial e ela ficara com três filhos para criar, um deles um bebê chamado Bernard.

"Minha mãe sentiu-se perdida; não sabia o que fazer", lembrou Bernard. Apesar disso, ela estava prestes a demonstrar que era mais uma das viúvas resolutas e talentosas da Champagne, como as famosas Veuve Clicquot e Veuve Pommery.

Marie-Louise passara toda a sua vida na Champagne e, como membro da família proprietária da Lanson Père & Fils, uma das mais antigas casas de champanhe, conhecia o negócio pelo avesso. Quando considerava a Lanson, no entanto, via um negócio com herdeiros demais. Dois de seus irmãos, Victor e Henri, estavam encarregados de administrá-la, mas havia cerca de dez outros irmãos e irmãs na família, bem como vinte e seis ou vinte e sete sobrinhos e sobrinhas. Sob as leis da sucessão da França, a Lanson seria fragmentada em pedaços minúsculos quando cada membro da família recebesse seu quinhão. "Ela nunca será suficiente para nos sustentar a todos", pensava Marie-Louise.

Como Maurice Drouhin, ela estava se defrontando com uma situação econômica difícil e decidiu arriscar. Em 1938, Marie-Louise encontrou uma companhia de champanhe na bancarrota, a Veuve Laurent-Perrier & Cie, cujo proprietário morrera alguns anos antes sem herdeiros. Ela estava em condições extremamente ruins e à beira da falência. Havia pouco equipamento e ainda menos champagne. Entre cem casas, fora classificada quase em último lugar, com o número 98.

Marie-Louise não se deixou desanimar. Ao contrário, ficou empolgada. "É exatamente o que estava procurando", disse. Para susto de todos, especialmente de seu irmão Victor, despejou as economias de sua vida toda na compra da casa.

"Você perdeu a cabeça?" ele exclamou. "Todo mundo está enfrentando dificuldades! Como você, uma mulher sozinha, espera ganhar algum dinheiro, especialmente num lugar como esse?"

Marie-Louise acreditava que a resposta estava bem ali na sua frente, seus três filhos. Eram rapazes altos e fortes, que já haviam começado a aprender sobre o negócio do champanhe. Ela insistira em que aprendessem todos os aspectos dele, a começar de baixo, embalando caixas e carregando caminhões.

"Isso não basta", advertiu Victor. "Não se dá conta de que vem aí uma guerra? Seus filhos poderiam ser convocados a qualquer momento, e você, mais que ninguém, deve saber o que isso significa. Meu Deus, você já pode ouvir o som dela à distância!"

De fato, Marie-Louise ouvira os sons. Ela tremera quando Hitler, depois de anexar a Áustria mais cedo naquele ano, jurara "estraçalhar a Tchecoslováquia pela ação militar"; vira quando ele cumprira a ameaça, tomando os Sudetos para em seguida fazer suas tropas marchar sobre Praga.

Apesar disso, Marie-Louise estava convencida de estar fazendo a coisa certa. Como disse mais tarde seu filho Bernard, "minha mãe sempre acreditou que, se a guerra acontecesse, a França e seus aliados venceriam".

Mas ela teve dúvidas. Na primavera de 1939, compreendeu como todo mundo que a Conferência de Munique fora um fracasso. Hitler não se acalmara quando a Grã-Bretanha e a França lhe cederam os Sudetos na Tchecoslováquia; isso apenas lhe abrira o apetite. Quando as forças de Hitler marcharam sobre Praga, a Grã-Bretanha, em resposta, iniciara o primeiro recrutamento em tempo de paz de sua história. As indústrias francesas aumentaram a semana de trabalho de quarenta para quarenta e quatro horas (as alemãs já estavam trabalhando sessenta), enquanto o primeiro-ministro francês Daladier pedia aos Estados Unidos que enviassem aviões de combate. Em Washington, o presidente Franklin Roosevelt, as mãos atadas pelo Ato de Neutralidade dos EUA, mandou para Hitler uma lista de vinte e seis países, pedindo que sua integridade territorial fosse respeitada. Hitler pronunciou sua resposta em Berlim. O Führer leu a carta para o Reichstag, a voz saturada de sarcasmo e a mão subindo e descendo como um martelo enquanto ele enumerava os países um a um: Hungria, Albânia, Iugoslávia, Polônia ... A cada nome lido, a audiência caía na gargalhada.

Cinco meses mais tarde, Hitler enviou seu exército para a Polônia. Dois dias depois a guerra ao Terceiro Reich foi declarada.

Era um pano de fundo sinistro para mais uma crise que grassava nos vinhedos franceses. A colheita de 1939 estava apenas começando e era tão má quanto todos haviam temido. Na Borgonha, Robert Drouhin lembrou uma "vendage sous la neige", ou uma vindima sob um manto de neve. Em Bordeaux, o problema foi a chuva, que resultou em vinhos ralos, diluídos, o que levou um vinicultor a se queixar: "Isto não é vinho, é lavadura." Na Champagne, Marie-Louise de Nonancourt não teve nenhuma uva para colher. Seu novo domaine havia sido posto en sommeil, literalmente "para dormir", tendo ela decidido que era melhor deixar sua nova firma em estado de letargia a tentar começar a operar em plena guerra. Os champanheses que colheram uvas tiveram de fazê-lo com mulheres e crianças inexperientes porque a maioria dos rapazes fora mobilizada. Boa parte dos frutos colhidos não estava madura. A região mais atingida foi a Alsácia, onde um vinicultor qualificou as uvas de "completa porcaria". Nosso melhor vinho, disse ele, tinha apenas 8,4 graus de álcool, quase quatro graus menos do que o normal. "Era o mesmo que tê-lo entornado pelo bueiro."

Para muitos, parecia que a lenda dos camponeses sobre guerra e vinho estava se tornando realidade. Para anunciar a chegada da guerra, o Senhor manda uma má safra de vinho, diziam os camponeses. Enquanto a guerra perdura, manda safras medíocres. Para marcar seu fim, concede uma safra ótima, festiva.

Em 1939, quando a guerra assomava no horizonte, os vinicultores enfrentaram uma colheita que praticamente todos acabariam por qualificar de a pior do século.

...

No fim das contas, os vinicultores não teriam precisado se preocupar em terminar sua colheita antes que as batalhas começassem. Depois que a guerra foi declarada, dia 3 de setembro, nada aconteceu. Não houve batalhas, nenhuma ameaça de retaliação de Berlim, nada exceto alguns aviões alemães voando pachorrentamente sobre Paris. As forças francesas iniciaram uma desanimada arremetida em direção ao front alemão, mas recuaram rapidamente para posições mais seguras atrás da Linha Maginot, certas de que aquela série de fortificações de concreto que se estendia da Suíça até Luxemburgo e a fronteira belga lhes proveria toda a proteção necessária. Considerada intransponível, fora construída entre as duas guerras para deter uma ofensiva alemã contra a França. Era também um símbolo, um lembrete estático do pensamento defensivo francês.

Durante os oito meses seguintes, até a primavera de 1940, a França se extenuaria atrás da Linha Maginot — no que Janet Flanner, do *New Yorker*, chamou de uma "curiosa forma de letargia" —, esperando, conjecturando o que a Alemanha poderia fazer e se comportando como se tudo estivesse normal. O período de inação foi chamado *la drôle de guerre*, ou a guerra esquisita.

"Esta é uma guerra esquisita até agora", ela escreveu. "Não fosse pela existência da guerra, pelo conhecimento, por exemplo, de que é contra a lei ir à rua sem sua máscara de gás, este domingo seria simplesmente um belo dia de veranico de outono ... Com certeza esta deve ser a primeira guerra que milhões de pessoas de ambos os lados continuaram a achar que poderia ser evitada mesmo depois de ter sido oficialmente declarada."

Maurice Drouhin, entretanto, não tinha ilusões desse tipo. Nos anos que se seguiram à Primeira Guerra Mundial, ele se mantivera em estreito contato com seus amigos do exército, inclusive alguns dos Estados Unidos, por exemplo Douglas MacArthur. Ocasionalmente, o governo francês lhe solicitara que acompanhasse uma delegação do exército aos Estados Unidos para estimular Washington a encerrar sua política de isolamento. Essas viagens eram algo que ele temia que o serviço de informações alemão pudesse estar monitorando.

Como precaução, Maurice começara a ensinar à sua mulher, Pauline, um código que aprendera na Primeira Guerra Mundial. Ele consistia em fazer minúsculos pontos a lápis em volta de letras ou palavras num livro para criar mensagens. "O que quer que aconteça", ele disse a Pauline, "não deixe Beaune. Se a guerra chegar e eu tiver de partir de repente, fique aqui; sempre encontrarei uma maneira de entrar em contato com você. Os lugares abandonados são os mais vulneráveis, os que serão saqueados primeiro."

Por todo o país, vinicultores como Maurice estavam começando a se preocupar com a vulnerabilidade de seus estoques de vinho. Com dezenas de milhares de garrafas em sua adega, Maurice resolveu que iria proteger pelo menos parte disso, em especial seu estoque completo de Romanée-Conti de 1929 a 1938, que a seu ver representava a segurança da família.

A adega de Maurice compunha-se de um labirinto de caves sob Beaune, algumas das quais haviam sido escavadas no século XIII. Todas aquelas curvas e meandros irregulares tornavam-na perfeita para esconder grandes quantidades de vinho. Numa seção, ele decidiu erguer uma parede e ocultar atrás dela suas garrafas de vinho mais valiosas. "Não falem uma palavra a ninguém sobre isto", disse à sua família. A construção da parede foi um projeto da família, e um projeto que pareceu a Robert, filho de Maurice então com oito anos de idade, tremendamente empolgante. "Enquanto papai assentava os tijolos, minha mãe, minha irmã e eu corríamos pela adega catando aranhas para pôr sobre a parede. Depois elas fariam teias e deixariam a parede parecendo mais velha."

Esforços semelhantes já haviam começado na Champagne, só que em escala muito maior. Com quilômetros e mais quilômetros de caves de calcário calçando a região, os produtores esconderam não só imensas quantidades de champagne como também rifles de caça, mobília e até carros.

Na Laurent-Perrier, Marie-Louise de Nonancourt não precisou de muito espaço pois não tinha muito o que esconder, somente 400 *pièces*, o equivalente a cerca de 100.000 garrafas, o que não passaria de uma gota para a maioria das casas de champanhe, mas fora tudo que ela tivera condições de custear ao comprar o domínio. Ao contrário do que se fez em outras casas de champanhe, no entanto, Marie-Louise não apenas construiu uma parede; invocou também uma ajuda extraordinária: sua xará, a Virgem Maria. Depois de emparedar seu champagne, Marie-Louise levou a estátua da Virgem de sua devoção pessoal e cimentou-a dentro de um nicho na parede, num local bem visível.

"Agora está nas mãos dela", disse aos filhos. "Não há mais nada que eu possa fazer para proteger nosso futuro."

...

Na Alsácia-Lorena, prevalecia uma atmosfera de fatalismo. "Lá vamos nós outra vez", pensavam as pessoas.

Essas disputadas províncias, na fronteira oriental da França com a Alemanha, haviam se tornado território francês no final do século XVII. Entre 1870 e 1945, mudaram de mãos quatro vezes, passando da França para a Alemanha, para a França, para a Alemanha e de volta para a França.

Entre os que testemunharam cada uma dessas mudanças estavam os Hugel de Riquewihr, uma família de vinicultores estabelecida na Alsácia desde 1639. "Somos especialistas em guerra e vinho", disse Johnny Hugel. "Em 1939, estávamos acabando de nos sentar para comemorar o terceiro centenário de nossa família no negócio de vinhos quando algo aconteceu: a guerra foi declarada." A festa foi cancelada.

A história dos Hugel é, sob muitos aspectos, a história da Alsácia. "Meu avô teve de trocar de nacionalidade quatro vezes", contou André, irmão de Johnny. O avô Émile nasceu em 1869. Nasceu francês, mas dois anos depois, em 1871, a Alsácia foi tomada pela Alemanha após a Guerra Franco-Prussiana, e ele se tornou alemão. O fim da Primeira Guerra Mundial o fez francês de novo. Em 1940, quando a Alsácia foi anexada, foi obrigado a virar alemão. Em 1950, quando morreu aos noventa e um anos, Émile era francês novamente.

O constante vaivém entre nacionalidades resultou numa espécie de esquizofrenia regional, um sentimento de ser parte francês, parte alemão, mas sobretudo alsaciano.

Vender vinho em condições como essas era freqüentemente uma batalha; significava adaptar-se subitamente a situações econômicas diferentes. Como Jean Hugel escreveu certa vez: "É muito fácil mudar a linha da fronteira no mapa da noite para o dia ... mas com muita freqüência o novo sistema estava em contradição direta com o anterior. O mercado doméstico tornava-se o mercado de exportação, inacessível por força das restrições tarifárias, e vice-versa. Contatos bem estabelecidos deixavam de estar disponíveis, e novos mercados tinham de ser penosamente conquistados."

No outono de 1939, a repetição de todo aquele doloroso processo parecia inevitável. Com a declaração de guerra, o governo francês, temendo um ataque, ordenou que a cidade de Estrasburgo, separada da Alemanha apenas pelo rio Reno, fosse evacuada. Algumas semanas depois, nada tendo acontecido, muitos dos 200.000 residentes da cidade começaram a voltar aos poucos, imaginando que fora um alarme falso.

Os Hugel tinham outra opinião. Estavam convencidos de que era só uma questão de tempo para que a Guerra Falsa se tornasse uma guerra real. Tinham visto como a pacificação fracassara em Munique, como Hitler fizera de bobos os primeiros-ministros Daladier e Chamberlain. Quando Hitler assinou um pacto de amizade e não-agressão com a União Soviética em agosto de 1939, os Hugel ficaram quase certos de que a guerra aconteceria a qualquer momento. Comprovou-se que tinham razão. "Naquele momento, sentimos que a única maneira de deter a Alemanha seria a entrada dos Estados Unidos na guerra", disse Johnny Hugel. Mas essas esperanças foram frustradas quando o presidente Roosevelt, em outubro, reafirmou o propósito de seu país de permanecer neutro.

Por toda a Alsácia, havia uma sensação de calamidade iminente, um pressentimento tão ameaçador quanto as nuvens que pairavam sobre a região durante aquele novembro frio e cinzento. No mês seguinte, à medida que a temporada de festas se aproximava, a atmosfera de alegria que geralmente existia não podia ser vista em lugar algum. Em sua maior parte, as aldeias da Alsácia, que pareciam saídas da história de João e Maria, permaneciam escuras. Nada de luzes piscando, nada de música ou riso, nada das coisas que normalmente acompanham a estação do Natal.

Na véspera do Natal, os Hugel se reuniram em Riquewihr como de costume, mas foi uma ocasião sombria. Em anos anteriores, a casa sempre estivera decorada, todos trocavam presentes e depois se sentavam para uma ceia suntuosa que incluía alguns vinhos maravilhosos. Mas não nesse ano. Ninguém estava com disposição. Todos temiam que aquele fosse seu último Natal como cidadãos franceses, e o avô Emile, um ancião de oitenta anos, não queria morrer como alemão.

"Minha mãe chorou a noite inteira", lembrou André. Com dois de seus filhos quase com idade para ser recrutados pelo exército alemão e um de seus irmãos morando na Alemanha, não havia nada que a pudesse consolar.

O desalento pairou também sobre outra família.

Fora um ano ruim para os Miaihle, uma proeminente família de vinicultores de Bordeaux. Com propriedades que incluíam Châteaux Pichon-Longueville, Siran, Coufran, Dauzac e Citran, os Miaihle haviam sido um dos maiores produtores de vinho da França.

Mas não em 1939. "Todos os homens tinham sido convocados para o serviço militar e houve uma tremenda falta de mão-de-obra nos vinhedos", disse May-Eliane Miaihle de Lencquesaing, que tinha quatorze anos quando a guerra foi declarada. Ao contrário dos Hugel, ela e sua família ficaram otimistas quando o acordo de Munique foi assinado. "Pensamos que talvez tudo ficasse bem, mas estávamos enganados."

Um dos primeiros indícios veio no verão de 1930, quando receberam uma visita inesperada de alguns amigos judeus da Itália, amigos que também estavam no negócio de vinhos.

"Eles contaram que o governo italiano estava escorraçando judeus e que não sabiam o que iria acontecer", disse May-Eliane. "Eram dois casais e três crianças e perguntamos: por que não ficam aqui conosco até conseguirmos ter uma idéia do que fazer?"

Desde que Hitler chegara ao poder em 1933, um fluxo constante de judeus apavorados estivera deixando a Alemanha e a Europa Oriental, alguns buscando refúgio na Grã-Bretanha e na França enquanto outros emigravam para os Estados Unidos, a Argentina e a Palestina. Em novembro de 1938, o fluxo se acelerou quando noventa e um judeus foram assassinados na Alemanha durante uma noite de pilhagem e queima conhecida como Kristallnacht [Noite de Cristal].

Era uma tragédia que a tia de May-Eliane, Renée Miaihle, podia entender. Ela própria fora uma refugiada após ficar órfã na Primeira Guerra Mundial. O resultado foi que, quando seus amigos judeus da Itália chegaram, ela não pestanejou. "Minha tia não mandaria ninguém embora e o resto da família concordou com ela", disse May-Eliane. Ofereceu-se espaço para as duas famílias no Château Palmer, de que os Miaihle eram co-proprietários. Ainda assim, restava a questão: que fazer em seguida e por quanto tempo as famílias estariam seguras?

Elas estavam lá havia menos de um mês quando forças alemãs invadiram a Polônia, entregando-se a uma orgia de carnificina que custou mais de 10.000 vidas civis, inclusive 3.000 judeus poloneses, alguns dos quais foram forçados a entrar em sinagogas e queimados vivos.

O barão Robert de Rothschild, um dos proprietários do Château Lafite-Rothschild, estivera observando os acontecimentos com crescente alarme desde o início da década de 1930. Como chefe do consistório da Grande Sinagoga de Paris, sentiu-se consternado quando outros no templo começaram a se queixar que um número excessivo de refugiados judeus estava afluindo à França e que deviam ser mandados embora. "Vocês ficam aí com suas Legiões de Honra e seus passaportes franceses", ele lhes respondeu, colérico, "mas quando chegar a hora vamos estar todos no mesmo saco!"

Num esforço para atenuar as restrições impostas aos imigrantes judeus, o barão Robert entrou em contato com um velho amigo seu da Primeira Guerra Mundial, o marechal Philippe Pétain, um herói de guerra que estava então servindo como embaixador da França na Espanha. Pediu-lhe que usasse sua influência para convencer o governo a mudar suas normas. Pétain recusou-se a ajudar.

"Acho que, naquela ocasião, Pétain considerou meu avô um judeu importuno", lembrou mais tarde Éric de Rothschild.

Na altura do inverno de 1939, a marcha de Hitler rumo a uma Solução Final estava bem encaminhada. O que começara no início da década de 1930 com a expulsão de judeus alemães de suas cidades e aldeias continuou com emigrações forçadas. Na Polônia, os judeus foram escorraçados de suas casas e obrigados a morar em áreas restritas, ou guetos.

O pesadelo que estava se desdobrando não passou despercebido aos Miaihle ou a seus amigos judeus. Havia momentos, contudo, em que tentavam pôr seus medos de lado. Um dos italianos era um primeiro-violino da Orquestra Sinfônica de Trieste e os outros eram também músicos. Todos os dias, havia música de câmara, com os Miaihle participando. "Lembro de maravilhosos concertos de Schumann, Fauré e Bach", disse May-Eliane. "Eles se realizavam das cinco às sete todos os dias, mesmo quando o tempo esfriou." Como havia pouco aquecimento, aqueles concertos "faziam com que nos sentíssemos todos mais aquecidos".

Para os soldados franceses na Linha Maginot, os frios meses de inverno não ajudaram muito a levantar os ânimos. Quatro meses haviam se passado desde que a França declarara guerra e nada acontecera ainda. O front continuava calmo. Para matar o tempo, os soldados se dedicavam à jardinagem e plantavam roseiras ao longo da Linha Maginot. Outros pegavam binóculos e espiavam o outro lado da fronteira, fazendo apostas em jogos de futebol de soldados alemães.

A inatividade de seus "combatentes" não escapou ao povo francês. Um dos soldados, um comerciante na vida civil, recebeu uma carta irada da mulher que lhe pedia para tratar de alguma papelada. "Já que você não tem nada para fazer, trate você de escrever para o freguês. Estou atolada de trabalho."

Enquanto isso, em Paris, os restaurantes estavam repletos e havia longas filas diante dos cinemas. "Paris deve continuar Paris", explicou Maurice Chevalier, "para que os soldados de licença possam encontrar uma pitada do charme parisiense apesar de tudo."

A maioria das pessoas tinha certeza de que, se a Alemanha atacasse, a França estaria plenamente preparada. "A confiança é um dever!" diziam os jornais. Mas esse não era o único dever. O departamento de publicidade de uma grande loja descobriu outro naquele outono de 1939: "Madame, é seu dever ser elegante!", proclamou.

O governo tentava apresentar uma face confiante também. Em março de 1940, debates parlamentares sobre o preparo militar francês foram pontuados por declarações grandiloqüentes de patriotismo e fanfarronice, bem como por panegíricos inflamados das virtudes do *vin chaud du soldat*, ou o vinho quente com especiarias dos soldados. O maior aplauso foi reservado para Edouard Barthe, um representante do governo e lobista do vinho, que reivindicou a abertura de tabernas em todas as estações ferroviárias importantes onde os soldados se reuniam. Instou também para que 50 milhões de hectolitros extras de vinho fossem distribuídos como ração para os soldados no front. "O vinho é o bom companheiro dos soldados", disse. "Dá-lhes coragem."

Mas a confiança era um verniz fino e nos bastidores havia incertezas profundas. No governo, eram muitos os que achavam que seus líderes estavam passando mais tempo brincando de política do que se preparando para a guerra. Alguns, ante o pacto de não-agressão firmado pela Alemanha com a União Soviética, tinham a impressão de que a França havia mirado o inimigo errado. "Hitler é mau, mas Stalin é pior", diziam. Quase ninguém tinha algo de bom a dizer sobre a política externa francesa que, segundo um historiador, oscilava "constantemente entre o pânico derrotista e o excesso de confiança agressivo".

O primeiro-ministro Daladier — excessivamente cauteloso — acreditava firmemente que uma estratégia defensiva, simbolizada pela Linha Maginot, era a melhor maneira de proteger a França. Rejeitava as idéias de um comandante de tanque chamado Charles de Gaulle, que sustentava que as esperanças da França dependiam da criação de um exército profissional baseado em forças blindadas poderosas e móveis. As opiniões de de Gaulle, contidas em dois livros que escreveu no início da década de 1930, foram rejeitadas por Daladier e a maioria das altas patentes militares. Mesmo quando Daladier foi substituído por Paul Reynaud, de disposição mais agressiva, a estratégia de de Gaulle continuou sendo em grande parte ignorada.

Mas outros estavam prestando atenção. Jovens comandantes militares alemães haviam lido os livros de de Gaulle de ponta a ponta e estavam incorporando rapidamente sua estratégia de orientação ofensiva a seu próprio exército.

Sob alguns aspectos, a relutância do governo francês em fazer o mesmo era compreensível. Como disse o historiador Robert O. Paxton, "qualquer francês com mais de trinta anos lembrava o desperdício irracional de moços em 1914-18, que havia feito da França uma nação de velhos e inválidos. Esse fato cruel era evidenciado todos os dias pela visão de veteranos mutilados na rua. Ele assumiu particular importância em meados da década de 1930 com o advento dos 'anos vazios', o momento em que, como os demógrafos haviam previsto, o contingente recrutado anual caiu pela metade, tão reduzido fora o número de meninos nascidos em 1915-19. Mais um banho de sangue, e continuaria ainda existindo alguma França?"

Esses temores resultavam por vezes em medidas que pareciam quase paranóides. As remessas de vinho para soldados, por exemplo, eram consideradas um segredo de Estado. Os oficiais temiam que se os alemães descobrissem a quantidade de vinho que era enviada para o front — os soldados tinham direito a um litro de vinho por dia — o inimigo poderia calcular facilmente o número e a localização exata das tropas ali.

Mais preocupante era a contínua luta pelo poder entre o primeiro-ministro Reynaud e o homem que ele substituíra, Edouard Daladier, uma luta que contaminava os níveis mais altos do governo e induzia uma espécie de paralisia na tomada de decisões. Os dois homens tinham opiniões categóricas sobre como a guerra deveria ser conduzida, Reynaud defendendo uma abordagem mais agressiva, enquanto Daladier, agora ministro das Relações Exteriores, insistia numa abordagem defensiva. Lamentavelmente, ambos os homens tinham também amantes que eram igualmente teimosas, desprezavam-se uma à outra e eram extremamente chegadas a uma conversa debaixo dos lençóis quando se tratava de dizer a seus homens como *elas* pensavam que a guerra deveria ser feita. William Bullit, o embaixador dos Estados Unidos, ficou tão exasperado ao tentar negociar com o governo francês que enviou um telegrama ao presidente Roosevelt dizendo: "Veneno injetado na posição horizontal é particularmente peçonhento."

Agora era abril de 1940, haviam se passado sete meses desde que a guerra fora declarada. O inverno dera lugar à primavera e os cafés nas calçadas de Paris estavam se enchendo. Começava a parecer que se teria outro verão tal e qual o de 1939, quando, como Janet Flanner escreveu, Paris experimentou "um surto de prosperidade, alegria e hospitalidade".

Mas isso tudo estava prestes a terminar.

No dia 9 de maio, Hitler disse ao seu estado-maior: "Senhores, logo irão testemunhar a vitória mais célebre da história."

No dia seguinte, forças alemãs, empregando algumas das mesmas táticas que Charles de Gaulle advogara, transpuseram o rio Mosa e arremeteram pelas densamente arborizadas Ardenas, contornando a Linha Maginot. Oito meses depois de a França declarar guerra ao Terceiro Reich, o combate finalmente começara.

O exército francês, poderoso no papel, foi esmagado. De fato, tinha mais tanques que os alemães, mas eles estavam distribuídos de maneira esparsa e ineficaz, "prontos, como uma porção de pequenas rolhas, a tapar buracos na linha", comentou um historiador.

Apesar disso, as forças francesas combateram bravamente os invasores. "É bom que esteja começando finalmente", disse um soldado. "Podemos derrotar os boches e acabar com isto até o outono."

Na verdade, acabaria muito mais cedo, mas não como ele esperava.

DOIS

Nômades

Família do norte da França fugindo de casa, parte de um êxodo de mais de dez milhões de pessoas provocado pela invasão alemã. "Elas não sabem, ninguém sabe, para onde estão indo." *(Do diário de Paul Valéry, 1940)*

Q uando os últimos barcos de resgate desapareceram, foram-se também todas as esperanças de Gaston Huet de que ele e seus homens fossem salvos.

Era 24 de maio de 1940 e no porto de Calais, na costa noroeste da França, dezenas de milhares de soldados franceses e britânicos tinham caído numa armadilha das forças alemãs, de costas para o mar. Naquele momento Huet, um tenente do exército francês de trinta anos, teria dado qualquer coisa para estar de volta ao vale do Loire, cultivando seu vinhedo em Vouvray.

A guerra já fora longa para Huet. Um ano e meio antes ele estivera entre os primeiros a ser convocados durante a crise de Munique. Desde então, só estivera em casa uma vez, para o primeiro aniversário da filha. Agora, com as forças inimigas apertando o cerco, Huet se perguntava quando veria a família de novo, e até se a veria.

Huet comandava uma companhia de transporte que fora enviada para a Bélgica pouco antes da invasão para buscar suprimentos de gasolina de que as forças francesas estavam extremamente necessitadas. Porém essa missão se revelou impossível quando unidades motorizadas da infantaria alemã coadjuvadas por tanques e apoio aéreo precipitaram-se sobre a França, invadindo também a Holanda e a Bélgica.

"Ao chegar a Flandres, ficamos sabendo que os belgas tinham explodido o reservatório para impedir que caísse em mãos inimigas", disse Huet.

Com as comunicações interrompidas e os alemães se deslocando com incrível velocidade, era difícil saber que rumo tomar. Huet decidiu fazer sua companhia avançar para o sul e tentar voltar para a França. Como o caminho, segundo logo descobriu, tinha sido interceptado por tanques alemães, ele regressou para o norte na direção de Antuérpia, só para descobrir que praticamente todas as estradas estavam bloqueadas por uma maciça confusão de refugiados. Em desespero, Huet concluiu que ele e seus duzentos homens deviam seguir rapidamente para o porto de Calais, no canal da Mancha, onde, ele esperava, poderiam encontrar um barco capaz de evacuá-los para a Inglaterra.

"A cerca de trinta quilômetros de Calais, dei ordem a meus homens para começar a dispersar nossos caminhões e provisões para que não caíssem nas mãos dos alemães", disse Huet. Alguns dos caminhões foram levados para dentro de matas enquanto outros foram empurrados em valas, mas não antes que alguns suprimentos essenciais fossem descarregados, como comida, água e trinta caixas de Vouvray, vinho que Huet trouxera de casa "para fortalecer os homens sempre que necessário". Depois de meter algumas garrafas em suas mochilas, a companhia pôs-se a caminho de novo.

A visão que os saudou em Calais foi um pesadelo. A praia estava coalhada de milhares de soldados britânicos e franceses na esperança de ser evacuados. Mas não havia uma embarcação à vista, nem sequer um único barco de pesca. Huet começou a perder o ânimo. "Eu não sabia o que fazer", contou. "Não havia absolutamente nenhum lugar para onde pudéssemos ir. De um lado estava o canal da Mancha, do outro, os alemães."

Uma evacuação em massa estava começando naquele instante a apenas quarenta quilômetros dali, em Dunquerque, mas "não sabíamos nada a respeito", disse Huet, "e, mesmo que soubéssemos, não nos teria sido possível chegar até lá". Todas as rotas de fuga tinham sido fechadas e agora, de repente, caças-bombardeiros estavam começando a atacar as tropas na praia. E não eram os únicos; aviões britânicos os estavam bombardeando também. "Pensavam que os alemães já tinham assumido o controle e que éramos alemães", disse Huet.

Em meio ao fogo e à fumaça, apareceram vários barcos pequenos da marinha britânica. As multidões presas na praia foram avançando aos poucos para mais perto da arrebentação, com alguns dos homens mergulhando na água, tentando nadar em direção aos barcos. Os barcos, contudo, eram pequenos demais e só podiam levar poucas centenas de pessoas. Com a prioridade cabendo aos britânicos, Huet e seus homens não tiveram a menor chance. Alguém de um dos barcos gritou que tentariam voltar, mas isso nunca aconteceu.

"Fiquei estupefato", disse Huet. "Estávamos completamente abandonados." Com eles, milhares de outros soldados.

Quando o bombardeio ficou mais intenso, Huet levou sua companhia para se abrigar em um dos *bunkers* de concreto construídos como uma linha de defesa ao longo da costa. Dali, puderam ver os últimos barcos de resgate sumirem de vista. Desesperados e frustrados, contemplaram os enormes canhões montados em seu *bunker*, todos presos no lugar e apontados para o mar. Segundo Huet, "mesmo que tivéssemos podido apontá-los para os alemães, isso de nada teria adiantado. Seu alcance era longo demais; teríamos apenas atirado sobre as cabeças deles."

Dando-se conta de que sua captura era apenas uma questão de tempo — pouco tempo —, Huet e seus homens fizeram a única coisa possível: sentaram-se e abriram suas últimas garrafas de Vouvray.

Minutos depois, o bombardeio começou a amainar. Na curiosidade de saber o que estava acontecendo, Huet espiou para fora do *bunker* e ficou estarrecido. No *bunker* à sua direita, a bandeira francesa, a *tricolore*, estava sendo baixada e, no seu lugar, uma bandeira alemã estava sendo hasteada. Huet correu até o outro lado de seu *bunker* e viu a mesma cena sendo repetida em cada um dos outros *bunkers* ao longo da costa. Uma única bandeira francesa ainda tremulava, a que estava sobre seu *bunker*. Com lágrimas nos olhos e sob o olhar de seus homens, Huet aproximou-se do mastro e baixou lentamente a bandeira. Rasgou-a em pedacinhos, distribuiu-os entre todos os seus homens e enfiou um no próprio bolso. O resto ele queimou.

Depois, todos se sentaram, resignados com a sorte que os aguardava. "Não havia mais nada que pudéssemos fazer", disse Huet. "Não estávamos armados para lutar; éramos uma companhia de transporte. Quando os alemães chegaram, tivemos de nos render."

Menos de um mês depois, a própria França rendeu-se formalmente — mas não antes que 10 milhões de pessoas, um quarto da população do país, tivessem se transformado em nômades, fugindo para o sul, para longe dos alemães que avançavam. Foi a maior migração de pessoas vista na Europa desde a Idade das Trevas. "Eles não sabem, ninguém sabe, para onde estão indo", disse uma testemunha. Sob um sol escaldante interrompido apenas por violentos temporais, crianças se desgarravam dos pais; centenas de vidas se perdiam em bombardeios cerrados de aviões alemães em vôo rasante. Mas ninguém parava; ninguém se atrevia.

"Praticamente todos os franceses tinham sido criados ouvindo histórias das atrocidades alemãs durante a Primeira Guerra Mundial", considera o historiador Robert O. Paxton. Um deles, o vinicultor Henri Jayer, da Borgonha, lembrou como seu pai o prevenia, "Você deve partir imediatamente; os alemães são bárbaros! Vão lhe cortar as mãos se não fizer o que querem."

O mesmo medo levou o pai do fabricante de champanhe Henri Billiot a insistir para que sua família fugisse também. O pai de Billiot, que "perdera a saúde" na guerra anterior, estava convencido de que a família inteira seria massacrada se não fosse embora. "Em meio à correria e à confusão, um de meus avós ficou desgarrado e entrou em pânico", contou Henri. "Ele caminhou todo o dia e toda a noite à nossa procura, mas foi inútil. Finalmente, desistiu e voltou para casa, onde sofreu um derrame. Tenho certeza de que foi causado pelo medo, a incerteza quanto ao que acontecera com o resto de nossa família."

Muitos dos refugiados eram soldados que antes haviam guardado a Linha Maginot. Agora, as únicas linhas que ocupavam eram as que se estendiam por quilômetros, afastando-se da fronteira de que fugiam. "Foi uma retirada sem glória", disse René Engel, um vinicultor da Borgonha. Engel, que lutara na Primeira Guerra Mundial, lembrou soldados desfazendo-se de suas armas ao passarem por sua casa, fugindo através dos vinhedos porque as estradas estavam congestionadas demais. "Foi um quadro que nós, veteranos de Verdun, contemplamos com o coração apertado."

Para alguns, no entanto, ele foi "bastante empolgante".

Robert Drouhin, que tinha oito anos, lembra de ver pessoas sobrecarregadas com comida, colchões, até gaiolas de passarinho. "De vez em quando, minhas irmãs e eu nos levantávamos e acenávamos", disse ele. "Não compreendíamos o quanto a situação era grave."

Ou quão dramaticamente a vida estava prestes a mudar.

Os alemães tinham avançado espantosamente depressa. No dia 12 junho, já tinham ultrapassado a Champagne. Dois dias mais tarde, entraram em Paris. Outras unidades foram em frente, descendo pela rodovia que cruza os vinhedos da Côte d'Or na Borgonha. No dia 28 de junho, seu avanço chegou aos Pireneus e finalmente foi sustado. Seu destino primordial, contudo, era a cidade portuária de Bordeaux na costa atlântica, o centro comercial do comércio de vinho francês.

"Os alemães chegaram como anjos da morte", disse um morador, lembrando como a luz do sol faiscava em seus óculos de motociclistas. Em poucas horas estavam montando barreiras, requisitando casas e prédios de escritórios e assumindo o controle do porto. Para saudá-los, tinham a seu dispor o governo francês, que fugira de Paris duas semanas e meia antes e transformara a cidade em sua capital temporária. As autoridades logo entraram em discussões acerca do futuro da França.

Quase da noite para o dia, praticamente tudo nessa antiga cidade portuária mudara. Estava eriçada de plataformas de canhão; bandeiras com insígnias nazistas tremulavam por toda parte. O próprio porto, um ponto de embarque vital para os produtores de vinho bordeaux por mais de duzentos anos, estava agora repleto de soldados armados e sendo convertido numa base naval alemã.

A mudança mais dramática, contudo, foi a da população. Mais cedo naquele mês, a cidade tinha 250.000 habitantes. Agora, abarrotada de refugiados que haviam tentado escapar da invasão alemã, sua população chegava a quase um milhão.

Como Robert Drouhin, Hugues Lawton achou o drama que se desdobrava incrivelmente fascinante. O pai de Hugues, um dos mais destacados comerciantes de vinho de Bordeaux, era veterano da Primeira Guerra Mundial e lhe contara histórias da guerra. "Eu nunca sonhara que veria um dia algo tão interessante, de modo que estava decidido a ver a ação", disse Hugues, que tinha quatorze anos na época. Felizmente, calhou de ele estar olhando pela janela quando os alemães chegaram. "Vi primeiro os tanques alemães entrando e foi realmente emocionante." Mas, mesmo em sua empolgação, Hugues sentiu um arrepio de medo, "Lembro de ver um soldado alemão passar numa motocicleta; suas narinas flamejavam, estava tão orgulhoso. Eu não conseguia entender aquilo."

O que muitos não conseguiam entender era como um exército que até alguns generais alemães consideravam o mais forte da Europa podia ser derrotado com tamanha rapidez e facilidade. As baixas foram tão assombrosas — 90.000 mortos, 200.000 feridos, mais de meio milhão feitos prisioneiros — que quando um velho soldado da Primeira Guerra Mundial exortou seus compatriotas a se render todos se mostraram dispostos a concordar, com um suspiro de alívio.

O marechal Philippe Pétain, o "herói de Verdun", estava servindo como embaixador na Espanha quando o primeiro-ministro Reynaud chamou-o de volta à França para elevar o moral do país. Quando Reynaud renunciou, no dia 16 de junho, Pétain, com seus oitenta e quatro anos, concordou em assumir o cargo e formar um novo governo. No dia seguinte, ao meio-dia, estava falando para o povo da França pelo rádio. "Contristado, eu lhes digo que é necessário pôr fim à luta." Prometendo doar-se ao país (*le don de ma personne*), o velho marechal declarou que assinaria um armistício com a Alemanha e que a França, sob sua direção, retornaria à sua glória anterior. Sua lógica fundava-se na crença de que seu país estava sozinho, que a Grã-Bretanha não sobreviveria a um ataque alemão e que a França, assinando um tratado de paz com Berlim, emergeria da derrota mais forte e mais unida que nunca numa Europa dominada pela Alemanha.

As promessas de Pétain foram como um bálsamo e 95% do povo as apoiaram. Ele foi aclamado uma Joana d'Arc de calças, "o líder que nos salvou do abismo". Entre os que ouviram a radiotransmissão da fala de Pétain no dia 17 de junho estava May-Eliane Miaihle de Lencquesaing. "Suas palavras foram exatamente o que queríamos ouvir", disse ela. "Éramos todos pétainistas."

Os que estavam no comércio de vinhos ficaram especialmente entusiasmados. Sabiam que Pétain possuía um pequeno vinhedo na Riviera. Lembravam-se também do que ele escrevera sobre o papel do vinho durante a Primeira Guerra Mundial: "De tudo que se despachava para as tropas, o vinho era com certeza o item mais esperado e mais apreciado. Para conseguir sua ração de vinho, o soldado francês encarava perigos, afrontava projéteis de artilharia e desafiava a polícia militar. A seus olhos, a ração de vinho tinha um lugar quase igual ao dos suprimentos de munição. O vinho era um estimulante que melhorava seu moral e seu bem-estar físico. O vinho, portanto, foi um importante parceiro na vitória."

Embora dessa vez não houvesse nenhuma vitória, os franceses em sua maioria encontraram alívio na crença de que tinham pelo menos escapado do caos que uma outra guerra em todas as frentes envolveria. Para melhor amortecer o golpe da derrota, Pétain afirmou que, sob a Terceira República, o povo da França "não fora conduzido honestamente para guerra em 1939, mas desonestamente induzido à derrota". Era delação na sua pior forma. Como o historiador H.R. Kedward ressalta, "ninguém admitia responsabilidade; todos acusavam alguma outra pessoa. Soldados rasos culpavam seus oficiais, o estado-maior culpava os políticos, os políticos da direita culpavam os comunistas, os comunistas culpavam os fascistas internos e os fascistas culpavam os judeus." Havia, Kedward acrescenta, "fragmentação suficiente aqui para depauperar os políticos franceses por uma geração".

O que ninguém contestava era que essa fora uma guerra que a França desejara ardentemente evitar. Ao ser declarada, a reação fora um misto de surpresa, consternação e resignação. Embora as pesquisas de opinião pública no verão de 1939 indicassem que a maioria das pessoas era a favor da guerra caso a Alemanha atacasse a Polônia, houve pouco entusiasmo manifesto quando isso finalmente aconteceu — especialmente no campo de batalha. Marc Bloch, um historiador que era capitão do estado-maior no Primeiro Grupo do Exército francês, censurou a "absoluta incompetência do alto comando" e sua passividade diante da ameaça de uma derrota da França para os alemães. Descreveu como seu próprio comandante permaneceu "em trágica imobilidade, sem dizer nada, sem fazer nada, apenas contemplando o mapa espalhado sobre a mesa entre nós, como se esperasse encontrar nele a decisão que era incapaz de tomar".

O fato de a França ter o tipo errado de tanques não ajudou. A maior parte deles fora projetada para apoiar a infantaria, não para a guerra-relâmpago que Charles de Gaulle defendera e que as forças alemãs usavam com tanta eficácia. O exército foi tolhido também por um sistema de comunicações antiquado. Um oficial queixou-se a seus superiores de que um sistema de pombos-correios teria sido mais eficiente. Não só falava a sério, como provavelmente estava certo.

"Ninguém que viveu durante a *débâcle* francesa de maio-junho de 1940 conseguiu jamais superar inteiramente o choque", diz o historiador Robert O.

Paxton. "Para os franceses, que acreditavam ter um papel especial no mundo, a derrota em seis semanas para as tropas alemãs foi um trauma desnorteante."

Foi especialmente desnorteante para André Terrail, proprietário do famoso restaurante La Tour d'Argent, em Paris. Ele ficou terrificado à idéia de que os alemães poderiam descobrir sua adega de vinho.

"Para meu pai, aquela adega significava tudo e ele ficou arrasado", contou seu filho Claude. "Era a sua paixão, o trabalho de sua vida, sua própria alma."

André Terrail havia passado anos formando uma das mais esplêndidas adegas do mundo, que nas vésperas da Segunda Guerra Mundial continha mais de 100.000 garrafas, muitas delas do século XIX. A reputação dela era tão grande que, mesmo antes da Segunda Guerra, os ricos e glamourosos — de financistas como J. Pierpont Morgan à maior parte da nobreza titulada do mundo, passando por astros do cinema — eram atraídos para o Tour tanto pelas riquezas de sua cave quanto por seu famoso pato. A idéia de perder toda aquela adega era mais do que André podia suportar.

Ele já sobrevivera a duas guerras, a Franco-Prussiana em 1870-71 e a Primeira Guerra Mundial, em que fora ferido e aprisionado. Quando a guerra foi declarada de novo, André ficou tão desalentado que deixou Paris e pôs o restaurante nas mãos de seu gerente e amigo de longa data, Gaston Masson. Seu filho Claude, que estava com a força aérea francesa em Lyon, voou de volta para ajudar.

"Ser um francês significa lutar por seu país *e* pelo vinho do seu país", disse ele.

Claude chegou a Paris no dia 12 de maio de 1940, exatamente dois dias depois que os alemães haviam cruzado o rio Mosa a partir da Bélgica. Estava tépido e ensolarado, o tipo de dia que faz de Paris o mais bonito lugar da Terra. Na verdade, pairava uma atmosfera quase festiva na capital francesa. Havia longas filas diante dos cinemas e a maioria dos cafés estava cheia. Claude deve ter ficado chocado com a atitude parisiense. Sabia como a força aérea francesa era fraca e percebia que o avanço alemão era um grande golpe.

Com os militares em alerta máximo, Claude só conseguira uma licença de seis horas, e ela estava expirando rapidamente. Ele e Masson já haviam concordado que a melhor maneira de proteger o vinho do restaurante num tempo tão curto era emparedá-lo. Com tanto vinho, no entanto, logo ficou óbvio que não poderiam esconder tudo, de modo que se resignaram a escolher 20.000 das garrafas realmente melhores, especialmente as de 1867, orgulho e alegria de André Terrail.

O ritmo foi furioso, o ânimo quase frenético, quando Claude e Gaston, com a ajuda do pessoal do restaurante, começaram a selecionar garrafas. Caixas de rótulos e safras famosos eram carregadas de um lado da adega para o outro enquanto um tijolo após outro era assentado.

"Só nos restavam cinco horas para fazer o trabalho", lembrou Claude, "mas conseguimos completá-lo."

Um mês depois, no dia 14 de junho, sob um céu carregado da fuligem vinda das reservas de petróleo que o governo francês em retirada mandara queimar, forças do Terceiro Reich marcharam sobre a cidade agora deserta. Com eles vinha um emissário especial do sucessor escolhido de Hitler, o marechal-de-campo Hermann Göring. A primeira escala do emissário foi no Tour d'Argent. "Quero ver suas adegas, suas famosas adegas", ele anunciou, "e especialmente as garrafas de 1867."

Compreendendo o que estava em jogo, Gaston Masson convidou o oficial para entrar e tentou manter a calma. Respirando fundo, informou seu visitante de que todos os vinhos de 1867 tinham sido consumidos.

"O quê? Não é possível! Tem certeza? Falaram-me sobre esse vinho maravilhoso", disse o alemão.

Masson desculpou-se, mas confirmou que realmente acabara tudo. "Mas é claro, se o senhor quiser conferir...", disse.

Assim, acompanhado de um pequeno contingente de seus soldados, o alemão entrou com Masson no elevador e desceram até as adegas, cinco pavimentos abaixo. Por mais de duas horas abriram caixas, reviraram garrafas e examinaram rótulos. Revistaram cada canto, cada recesso e cada fresta, mas foi em vão. Nem uma única garrafa de 1867 pôde ser encontrada.

Porém, quando os alemães finalmente desistiram e foram embora, não o fizeram de mãos abanando. Todas as 80.000 garrafas de vinho que restavam foram confiscadas.

Era uma pequena prova do que estava por vir.

No dia 22 de junho, um vagão de trem foi empurrado para uma pequena clareira na mata no nordeste da França e restaurado. Era o próprio vagão em que a Alemanha havia sido obrigada a se render na Primeira Guerra Mundial. Agora, com Hitler e seus generais assistindo, a França era obrigada a fazer exatamente a mesma coisa — assinar um armistício que impunha muitas das mesmas condições severas que tanto haviam humilhado a Alemanha em 1918. O exército francês estava reduzido a 100.000 homens; suas tropas, antes orgulhosas, estavam relegadas à manutenção da segurança interna; custos de ocupação astronômicos foram impostos; e mais da metade do país foi posta sob ocupação formal. A *zone occupée*, que incluía três quintos da França na região norte bem como uma faixa de terra que corria da costa Atlântica até a fronteira espanhola, continha a maior parte da riqueza industrial e da população da França. A zona não ocupada, ou *zone libre*, era de longe a parte mais pobre do país e foi ali que o marechal Pétain recebeu ordens de instalar seu governo.

Separando as zonas, estabeleceu-se uma Linha de Demarcação, uma fronteira militar interna que os alemães podiam abrir ou fechar quando bem entendiam. Eram necessários passes para transpô-la e os viajantes estavam sujeitos a buscas. Nas primeiras semanas depois do armistício, a Linha foi aberta apenas para trabalhadores e administradores selecionados, aqueles que os alemães consideravam essenciais para a recuperação de indústrias básicas e serviços no norte. Milhões de refugiados que haviam tentado escapar da invasão foram impedidos de cruzá-la. Foi um lance calculado dos alemães. Ao forçar o governo de Pétain a conservar os refugiados por dois ou três meses, enquanto estabeleciam uma ocupação eficiente no norte, "isso permitiu aos alemães parecer organizados e generosos", segundo o historiador Kedward. Assim, queixas relativas a comida e outros problemas eram dirigidos às autoridades francesas e não às alemãs.

Ainda assim, naquele primeiro momento, os franceses em sua maioria não ficaram demasiadamente preocupados com a divisão. Era uma situação temporária, pensavam, e o novo governo de Pétain também acreditava nisso. No dia 29 de junho, quando os membros do governo se transferiram de Bordeaux para a estância termal de Vichy, um ministro disse aos proprietários do Hôtel du Parc, na cidade: "Não se preocupem com aquecimento, estaremos de volta a Paris até o outono."

Esse otimismo jovial murchou depressa.

O marechal Pétain acreditara que, se fosse um "bom colaborador" e cooperasse com os alemães, Hitler ficaria satisfeito e a ocupação logo seria suspensa. Estava enganado. Hitler não estava interessado em colaboração; estava interessado em butim, em extrair da França tudo que pudesse.

"Os verdadeiros tubarões nesta guerra somos nós mesmos", disse Hitler, "e vamos sair dela arrebentando de gordura! Não daremos nada em troca e arrancaremos tudo que nos possa ser útil. E se os outros protestarem, pouco me importa."

A gordura a que Hitler aludiu incluía acima de tudo uma coisa, o que o antigo primeiro-ministro francês Edouard Daladier chamou de "a mais preciosa jóia da França": vinho. Sua importância não residia somente em lucros no mercado; ele era também um símbolo de prestígio, sofisticação e poder.

Com o estabelecimento da Linha de Demarcação, a maior parte dos melhores vinhedos da França, os *grands crus*, ficaram sob controle alemão e as autoridades não perderam tempo em deixar claro para os vinicultores quem estava no comando. Menos de uma semana depois da chegada dos alemães a Bordeaux, os Miaihle, no Château Pichon-Longueville-Comtesse de Lalande, foram comunicados de que deviam achar um outro lugar para morar.

"Cerca de duzentos e cinqüenta soldados apareceram de repente, e um dos oficiais nos disse que nos queriam fora dali, juntamente com toda a nossa mobília", contou May-Eliane. "Ele foi polido, mas firme, e insistiu em que tínhamos de nos mudar imediatamente." O castelo era mobiliado com uma coleção de móveis Carlos X e objetos de arte que remontavam ao início do século XIX, reunidos pela primeira condessa de Lalande. Foi preciso a participação da família Miaihle inteira para arrastar tudo para o sótão do castelo.

Uma peça foi deliberadamente deixada para trás. Era um armário pesado que guardava provisões da cozinha. Os Miaihle decidiram usá-lo para proteger seu vinho, empurrando-o de um lado da cozinha para o outro de modo a pô-lo exatamente em frente à porta que abria para a escada que levava à adega.

Quando os Miaihle finalmente deixaram seu castelo, soldados alemães já estavam jogando enxergas de palha nos assoalhos de parquete para dormir e fincando pregos nas *boiseries*, os painéis de madeira entalhada, para pendurar suas armas.

Com o confisco de sua casa, os Miaihle mudaram-se para o Château Siran na vizinha Margaux, onde moravam os avós de May-Eliane. Encontraram o Siran apinhado de refugiados do norte da França, entre os quais alguns primos distantes de Verdun. "O lugar estava transbordando, mas realmente não tínhamos nenhum outro lugar para ir", disse May-Eliane.

Estavam lá havia apenas umas duas horas quando o oficial que requisitara o Pichon chegou subitamente. "Estava furioso e ordenou que fôssemos todos com ele", disse May-Eliane. "Ficamos assustadíssimos." O oficial mandou que entrassem no carro deles e o seguissem de volta até o Pichon. Quando chegaram, mandou que fossem para a cozinha. Ela estava cheia de soldados armados. Horrorizados, os Miaihle descobriram rapidamente por quê: o armário que escondia a porta para a adega de vinho fora removido e ela estava escancarada.

"Pensam que somos ladrões?" berrou o oficial. "Pensaram que iríamos roubar seu vinho?" Antes que os Miaihle pudessem responder, ele continuou: "Muito bem, *não* somos ladrões e não vamos tocar numa garrafa do seu vinho!" E mandou os trêmulos Miaihle embora.

Seus temores, contudo, haviam apenas começado. A tirada do oficial os fez compreender que era preciso fazer alguma coisa imediatamente com relação a seus amigos judeus italianos que continuavam no Château Palmer. "Sabíamos que não estavam mais seguros lá", disse May-Eliane, "e assim resolvemos, como uma medida temporária, mudar as duas famílias para um pequeno anexo do castelo." Uma passagem que ligava os prédios foi então murada. Nos fundos do anexo, escondida por uma sebe espessa, havia uma janelinha. Os Miaihle acrescentaram-lhe uma pequena escotilha, de modo a poder passar por ali comida, mensagens e outros suprimentos para seus amigos judeus.

Mas então algo de horrível aconteceu: os alemães anunciaram que estavam requisitando o Château Palmer.

"Quando ouvi isso, meu coração parou", contou May-Eliane. "Realmente não sabia o que iríamos fazer. Tudo que sabíamos era que nossos amigos não podiam ficar em Palmer por muito tempo mais sem ser descobertos."

Sob um aspecto, os Miaihle tiveram sorte. O oficial que requisitou seu castelo cumpriu sua promessa: seu vinho ficou intacto. Outros, contudo, não foram tão afortunados. Durante dois meses de pesadelo, produtores de vinho através de grande parte da França sofreram em meio a uma orgia de pilhagem enquanto os alemães se fartavam com o triunfo e as delícias das adegas de vinho das pessoas.

Na Borgonha, soldados punham abaixo as portas das casas de gente que tinha fugido e pilhavam suas adegas.

Na Champagne, quase dois milhões de garrafas foram roubados e levados. "Eles empilhavam tudo no centro da nossa aldeia — comida, roupas e, é claro, champanhe — depois metiam tudo em caminhões", relembra um morador. "Isso deixou as pessoas numa situação muito má."

Na aldeia de Le Mesnil-sur-Oger, Bernard de Nonancourt, rapaz de dezessete anos, estava trabalhando com o irmão e vários primos na casa de champanhe Delamotte, embalando e carregando caixas de champanhe, quando ouviram o ruído de caminhões se aproximando. Minutos depois, um comboio de quinze veículos parou e deles saíram bandos de soldados armados. Com eles estava um oficial de semblante carrancudo que disse estar ali da parte do marechal-de-campo Göring. "Os que trabalhavam para Göring eram sempre mais jovens, mais duros e mais brutais", disse Bernard. "Traficavam no mercado negro e nunca hesitavam em transgredir regras quando isso lhes convinha." Com seu jovem comandante à frente, os soldados marcharam sobre a Salon, uma das casas mais prestigiosas da Champagne, e começaram a carregar caixas de champanhe para fora. "Isso continuou por vários dias", disse Bernard. "Todas as manhãs eles voltavam e retiravam mais champanhe. Lembro-me particularmente de ver caixas de Salon de 1928 sendo carregadas."

Para a maioria dos franceses, aqueles primeiros meses da ocupação foram desnorteantes. Tudo parecia desgovernado. Até os alemães pareciam um pouco confusos.

"Uma coisa ficou clara de imediato", escreveu o historiador Philip Bell. "A política alemã não estava seguindo um projeto. A velocidade das vitórias pegou todo mundo de surpresa — o alto comando alemão, os ministros de governo, até o próprio Hitler. Assim, longe de haver qualquer programa detalhado pronto para ser posto em operação, nada estava preparado."

Em Bordeaux, o Château Haut-Brion, que fora convertido num hospital para soldados franceses por seu proprietário, o banqueiro americano Clarence Dillon, foi confiscado e transformado em casa de repouso para a Luftwaffe.

Os vinhedos do Château Montrose foram convertidos em polígono de tiro.

No Château Cos d'Estournel, os sinos decorativos pendurados nas torres da renomada propriedade vinífera começaram a tocar de repente. Os soldados os estavam usando para praticar tiro ao alvo.

No Château Mouton-Rothschild, tropas mal haviam se instalado nessa jóia de propriedade quando começaram a atirar em várias pinturas penduradas na parede. "É totalmente absurdo", disse a baronesa Philippine de Rothschild. "Lembro que me contaram sobre uma velha cozinheira a correr de um lado para outro tentando retirar os quadros antes que fossem destruídos."

Outras vezes, no entanto, os alemães eram corteses e disciplinados. A mãe de Hugues Lawton estava acabando de se sentar para o chá quando a criada entrou no salão e anunciou: "Madame, os alemães." Logo atrás dela vinham vários oficiais. "Foram perfeitamente polidos, mas ficou também perfeitamente claro que estavam tomando nossa casa", disse Hugues.

Na Borgonha, contudo, os alemães ajudaram a destruir a colheita de 1940 quando impediram os trabalhadores de entrar nos vinhedos para tratar as videiras contra o oídio e o míldio. O problema foi registrado no diário dos vinhedos do marquês d'Angerville, de Volnay: "*17 juin 1940, Pas de travail aujourd'hui, occupation par les Allemands.*" (Nenhum trabalho hoje, ocupação pelos alemães.)

No Château do Clos de Vougeot, um ponto de referência na Borgonha desde que monges plantaram vinhas ali no século XIII, soldados se instalaram abruptamente, transformando os belos salões do térreo em depósito de munição e rachando madeira no assoalho, marcando o monumento medieval para sempre. Haviam planejado também rachar o magnífico *pressoir* do século XV do castelo para fazer lenha, mas foram dissuadidos no último minuto por dois proeminentes vinicultores que alegaram que a prensa de lagar era uma peça de museu.

Um dos piores episódios de banditismo alemão aconteceu em Sézanne-en-Champagne, num dos restaurantes mais famosos da França, o Hôtel de France. Quando as tropas chegaram, descobriram que a adega estava quase vazia e todos os seus vinhos famosos tinham desaparecido. Tomados por um acesso de fúria, passaram a quebrar móveis, recortar as telas nas paredes, estilhaçando as vidraças com o cabo dos seus fuzis e carregando para fora o que vinho que sobrara.

Certamente teriam ficado ainda mais furiosos se soubessem que o proprietário, apenas algumas semanas antes, escondera seus melhores vinhos atrás das paredes que estavam golpeando com tanta violência.

Pelo final de julho, as autoridades alemãs haviam percebido que tinham de encontrar uma maneira de controlar suas tropas. Elas não estavam roubando apenas dos franceses; estavam roubando também bens requisitados pelo Terceiro Reich. Mercadorias que enchiam pelo menos duzentos e cinqüenta trens destinados à Alemanha tinham sido saqueadas. Para pôr fim a isso, as autoridades resolveram castigar exemplarmente dois jovens soldados que haviam sido presos após invadir as adegas da firma de champanhe Perrier-Jouët em Epernay. Um dia depois de sua prisão, uma corte militar sentenciou-os à morte. Embora mais tarde a sentença tenha sido revogada e os homens mandados para o front, a mensagem foi clara: saque e pilhagem não seriam mais tolerados.

O marechal-de-campo Göring, que tivera sua autoridade ampliada, passando a ditar a política econômica de todos os países ocupados, tinha aguda consciência de que os tempos haviam mudado e que manter a ordem era essencial; mas suas instruções para a Autoridade de Ocupação revelavam também uma duplicidade característica: "No passado a regra era pilhar", disse ele, "agora, as formas exteriores tornaram-se mais humanas. Apesar disso, pretendo pilhar, e pilhar copiosamente."

Seu primeiro gesto foi desvalorizar bruscamente o franco francês, tornando o marco alemão quase três vezes mais valioso do que era antes da guerra e as compras de vinho fino ou de qualquer outra coisa pechinchas formidáveis para os alemães.

Para o franceses, foi um golpe terrível. Quando alguns se queixavam de que em breve o franco não valeria mais nada, Göring tinha uma resposta pronta: "Ótimo, espero que isso aconteça. Espero que, muito em breve, o franco não tenha mais valor que o papel usado para certo propósito."

Foi difícil engolir a réplica de Göring, especialmente para um irascível padrezinho chamado Félix Kir (que deu seu nome a determinado aperitivo francês). Pouco depois que os alemães mudaram a taxa de câmbio, Kir avistou um lojista vendendo vinho a soldados alemães em Dijon. "Quanto está cobrando deles?" perguntou. O comerciante disse trinta francos. Kir gritou: "Esses sujeitos acabam de mudar a taxa de câmbio; cobre sessenta deles! Se não pagarem, não venda." Os soldados pagaram. Uma hora depois, o lojista tinha vendido o estoque todo.

O governo de Vichy foi menos franco. Seus poderes estavam apenas vagamente definidos, fixados no acordo de armistício que fora costurado em menos de quatro horas por redatores e tradutores que tinham tido de trabalhar à luz de vela.

Na teoria, a autoridade administrativa de Vichy abarcava o país inteiro. O governo podia negociar preços, até discutir taxas de câmbio, mas estava sujeito à interferência e ao veto alemães na zona ocupada. Apenas na zona não ocupada, ou *zone libre*, Vichy exercia o pleno poder executivo, mas, mesmo nesse caso, dentro das restrições do armistício, que os alemães podiam interpretar a seu bel-prazer.

Anuviando ainda mais o quadro, havia uma acerba luta de poder entre Göring, que acreditava que a França devia ser tratada como um país conquistado, uma vaca leiteira, e saqueada sem misericórdia, e o pessoal do Ministério das Relações Exteriores, encabeçado pelo ministro Joachim von Ribbentrop, que via com bons olhos uma abordagem mais sutil, que permitiria à Berlim introduzir a França numa Nova Ordem dominada pela Alemanha na condição de um poder subordinado, mas capaz de conservar um grau limitado de soberania. "Caso a França deva ser tratada como uma vaca leiteira", sustentou um oficial, "é preciso lhe dar um pouco de forragem." Uma quantidade limitada de forragem, foi mais ou menos isso que Vichy jamais conseguiu.

Apesar disso, a maioria dos franceses, naqueles primeiros seis meses, acreditava que o regime, em seu cenário modorrento e encabeçado por uma figura de avô que professava querer apenas o melhor para a França, era exatamente o que convinha ao país. Ele exaltava as tradições da velha França provincial, a necessidade do retorno à vida rural e a santidade da família segundo a qual o lugar da mulher era no lar. Sob o moto "Travail, Famille, Patrie" ("Trabalho, Família, Pátria"), Vichy passou a se empenhar em rejuvenescer a França mediante a promoção de organizações de jovens, da prática de esportes e de uma vida mais saudável, ao ar livre. Incentivou também as "boas obras" e reclamou um papel maior da Igreja católica na educação.

Mas havia um lado mais sombrio, mais sinistro. O governo de Vichy era autoritário, patriarcal e messiânico. "Desde o início", segundo o historiador Kedward, "foi um regime desagregador e punitivo, que atuava sob a ilusão de que a veneração generalizada a Pétain indicava um consenso similar em torno de seu programa político e social." Contra os valores da Liberdade, Igualdade e Fraternidade, Pétain pregava uma sociedade em que as pessoas conheciam o seu lugar — e eram mantidas nele. As mulheres casadas foram proibidas de ter empregos. Seu verdadeiro trabalho era ficar em casa e ter filhos; era um dever praticamente sagrado.

Para outros, foi muito pior. Menos de dois meses após empossado, o governo de Vichy publicou o primeiro de uma série de decretos tornando os judeus cidadãos de segunda classe. Judeus imigrantes foram despojados de seus direitos, constantemente molestados e ameaçados de deportação. A meta de Vichy era tornar a França uma nação homogênea. "A França para os franceses", diziam. Comunistas e maçons foram perseguidos; assembléias locais eleitas e prefeitos de cidades maiores foram destituídos e substituídos todos por pessoas nomeadas pró-Vichy. Nesse contexto, segundo Kedward, Vichy "apareceu como uma força não de integração nacional, mas de vingança política".

Embora o apoio ao governo estivesse prestes a declinar, a fé no homem que o liderava permanecia elevada. Para a maioria dos franceses, havia uma distinção clara: por um lado, havia Vichy; por outro, Pétain. Até o marechal traçou uma distinção, dizendo considerar-se um tutor moral da nação, que moldava mais atitudes corretas que política. As massas o adoravam e a Igreja o venerava: "A França é Pétain, e Pétain é a França", declarou Gerlier, o cardeal primaz da França. Nas estradas, os camponeses formavam alas ao longo dos trilhos quando seu trem passava; mulheres erguiam seus bebês para que ele os tocasse. Em um caso, uma mulher se jogou na frente do seu carro para detê-lo, na esperança de ter uma oportunidade de lhe tocar a mão. Segundo um relatório oficial do episódio, o prefeito se virou para Pétain para pedir desculpas, mas descobriu que o marechal dormia serenamente (tinha oitenta e cinco anos), "sem", disse o relatório, "perder a dignidade ou o porte soberano".

O caos dos primeiros dois meses chegou como um duro despertar para a maioria dos franceses, que tradicionalmente tinham os alemães na conta de disciplinados e sempre "corretos".

Na altura de agosto, porém, a maior parte da desordem fora posta sob controle, o sinal mais claro estando em Paris, onde os soldados se comportavam muito como turistas. Visitavam os pontos de maior interesse, iam ao cinema e enchiam restaurantes. As autoridades chegaram a criar uma organização chamada Jeder einmal in Paris (Todos em Paris uma vez) para proporcionar a todos os soldados umas férias na Cidade Luz.

Um oficial, que declarou considerar a França uma "segunda pátria espiritual", descreveu Paris como "ainda mais brilhante durante a ocupação do que antes". O próprio Hitler fez uma turnê pela cidade como um pé-de-vento, sua viagem de um dia tendo tido seu ponto alto numa breve visita ao túmulo de Napoleão.

Para a maioria dos alemães, no entanto, a atração primordial de Paris não eram os monumentos históricos, mas os gastronômicos, os restaurantes, que, como disse um soldado, "permitem-lhe viver como um Deus na França". Um desses restaurantes era o La Tour d'Argent, que um jovem oficial chamado Ernst Jünger visitou para descrever mais tarde a "sensação diabólica de poder que chegava enquanto se comia linguado e o famoso pato".

Claude Terrail, que três meses antes ajudara a esconder os vinhos mais preciosos do restaurante, contou que os alemães que jantavam lá sempre se comportavam corretamente. "Podiam ser assassinos lá fora, mas à noite vinham bem vestidos, se comportavam e pagavam tudo." No tocante ao vinho, os alemães sempre pediam o melhor. "Tentávamos empurrar a bebida mais barata", disse Terrail, "mas não trapaceávamos. Não valia a pena morrer por isso."

Essa era uma atitude que os Hugel de Riquewihr compreendiam. Ao contrário dos Terrail e de tantos outros, não se deram ao trabalho de esconder seu vinho. "Éramos Alemanha de novo", disse André, "e os alemães eram de novo nossos clientes, nossos únicos clientes."

Embora não houvesse menção à Alsácia no acordo de armistício, a região foi imediatamente anexada no dia 7 de agosto e tudo que era francês foi proscrito. As placas na rua foram trocadas por outras em alemão, Hugel et Fils tornou-se Hügel und Söhne e o uso de boinas foi proscrito. "Se você dissesse um simples *bonjour* podia ir para um campo de concentração", lembrou Johnny, o irmão de André. Um primo dos Hugel, de fato, foi mandado para um campo por se recusar a assinar uma declaração de que era de origem alemã.

"Você tinha de obedecer às regras, não havia alternativa", disse André. "Para poder me matricular no liceu, tive de entrar para a Juventude Hitlerista." Os irmãos Johnny e Georges viram-se diante de uma perspectiva mais sinistra: tinham de ingressar no exército alemão.

Georges foi o primeiro, porque era o mais velho. Não foi um momento feliz, "mas fiz o que tinha de fazer", disse Georges. "Tinha medo de que minha família pudesse ser enviada para um campo. Vi outros rapazes fugindo e as famílias deles foram mandadas para a Polônia."

Ao contrário de outros, o povo da Alsácia tinha pouca confiança no marechal Pétain. "Era um homem fraco", disse Georges. "Claro, era o 'herói de Verdun' e tudo isso, mas era fraco. Os soldados só gostavam dele porque achavam que havia menos chance de ser morto quando ele estava no comando; isso porque ele nunca fazia muita coisa. Muitos oficiais achavam que ele precisava de um bom pontapé no traseiro."

Agora que eram parte da Alemanha novamente, os Hugel tiveram de decidir como manter seu negócio de vinhos em funcionamento e, como pai Hugel dizia, "adaptar-se à nova situação econômica". Sob um aspecto, não era terrivelmente complicado: a Alemanha era o único cliente. "Todo o nosso vinho, como o de todos os demais, estava bloqueado pelos alemães", disse André. "Não podíamos vender para nossos clientes tradicionais como a Grã-Bretanha; só podíamos vender para a Alemanha e pelos preços que os alemães estipulassem." Os alemães, disse ele, podem não ter roubado seu vinho no sentido usual do termo, "mas roubaram-no legalmente e em grande quantidade. Esvaziaram a Alsácia de seu vinho."

Madame Marie Hugel, contudo, tinha preocupações mais imediatas. Três semanas após a anexação, ela recebeu ordens para se apresentar ao quartel-general alemão. Ninguém sabia ao certo o porquê, embora não fosse segredo que as autoridades estavam contrariadas com a recusa de Monsieur Hugel a ingressar no Partido Nazista. Cartas e avisos haviam sido enviados instando os moradores de Riquewihr a entrar no partido, mas Monsieur Hugel os havia ignorado resolutamente. Agora corriam rumores de que seu negócio poderia ser fechado e a família, deportada.

"Minha mãe estava apavorada", disse André. "Não sabia o que esperar."

Quando ela chegou ao quartel-general, um oficial a informou de que sua lealdade à Alemanha estava em questão. "Temos conhecimento de que sempre fala em francês com seu filhos", disse o alemão. "Por que odeia os alemães?"

Madame Hugel, momentaneamente confusa, logo se recobrou. "Que quer dizer?" perguntou. "Como pode dizer que odeio os alemães? Meu próprio irmão é alemão e tenho também dois filhos que estão prestes a lutar pelo seu Führer!"

Sua resposta pegou o oficial de surpresa, mas ele pareceu satisfeito. Alguns minutos depois, ele a dispensou. Quando ela se virou para sair, o alemão a deteve e acrescentou uma advertência gentil: "Madame, nós somos a Wehrmacht; não somos os maus e não terá mais problemas conosco, mas quando os amarelos vierem, vai ser terrível."

Referia-se à Gestapo.

Ninguém, naquelas primeiras semanas, personificou a dor da derrota mais que Gaston Huet. Quando as tropas alemãs chegaram a seu *bunker*, ele e seus homens se renderam imediatamente. De armas em riste, eles lhes ordenaram que se levantassem e começassem a andar, "mas um oficial muito cortês nos disse para não ter medo, que logo seríamos libertados", contou Huet.

Ele e seus homens foram obrigados a caminhar de Calais até a Bélgica. A cada quilômetro, mais e mais prisioneiros se juntavam à coluna. Em Bastogne, foram apinhados em vagões de trem usados para transportar gado para o abate.

"Estávamos completamente exaustos", disse Huet. "Havíamos andado mais de trezentos quilômetros e tínhamos nos transformado em puras máquinas, não mais capazes de pensar." Houvera pouca comida, só um pouquinho de pão, e a água estava contaminada. Cadáveres de animais, mortos nas batalhas que haviam grassado ali, estendiam-se por toda parte. "Sabíamos que estavam poluindo a água das valas, que era a única que tínhamos para beber", disse Huet. De vez em quando, ele e seus homens encontravam ruibarbo à beira da estrada e o misturavam à água para lhe dar um gosto melhor, mas "havia sempre o cheiro de estábulo". Todos adoeceram.

Quando se aproximaram da fronteira alemã, o tamanho de sua coluna se multiplicara. Agora contava milhares de homens. "Fiquei estupefato", disse Huet. "O simples número de soldados franceses feitos prisioneiros era assombroso; era algo que eu nunca tinha imaginado."

Huet ainda conservava um fio de esperança de que as forças aliadas poderiam salvá-lo, mas essas esperanças se desvaneceram quando eles cruzaram a fronteira da Alemanha. No dia 17 de junho, três semanas após sua captura, eles entraram no Oflag IV D, um campo para prisioneiros de guerra oficiais na Silésia, onde passariam os cinco anos seguintes.

"No instante em que vi aquele lugar", disse Huet, "soube imediatamente que a guerra estava terminada para mim."

TRÊS

Os weinführers

Rótulo de champanhe com o aviso
"Reservado para a Wehrmarcht" em francês e alemão.

Embora estivesse terminada para Huet e outros prisioneiros, a guerra estava apenas começando num outro front — o front do vinho.

O vinho era o único produto com que a liderança alemã estava estreitamente envolvida — pessoal, profissional e socialmente.

Homens como o ministro das Relações Exteriores Joachim von Ribbentrop e o antigo vice-chanceler Franz von Papen, agora embaixador na Áustria, haviam chegado a cargos de autoridade no nazismo vindos diretamente do comércio de vinho. O mesmo se aplicava a líderes militares, entre os quais o capitão Ernst Kühnemann, comandante do porto de Bordeaux e comerciante de vinhos que passara muito tempo naquela região antes da guerra. O general Moritz von Faber du Faur, o oficial mais graduado em Bordeaux, era um eminente economista que também nutria um interesse especial por vinho.

Outros nazistas de alta patente, como o marechal-de-campo Göring e o ministro Joseph Goebbels, orgulhavam-se de seu conhecimento de vinho e possuíam vastas coleções. Enquanto os gostos de Goebbels pendiam para o requintado borgonha, Göring preferia o nobre bordeaux, especialmente o Château Lafite-Rothschild. Segundo Albert Speer, um arquiteto que serviu como ministro para Armamentos e Munições do Terceiro Reich, poucas coisas davam mais prazer a Göring que sentar-se tarde da noite e abrir uma excelente garrafa de Lafite-Rothschild. Speer contou que a única vez que se aproximou de Göring como pessoa foi numa ocasião em que o marechal-de-campo partilhou com ele uma garrafa especial de Lafite.

Ribbentrop, o ministro das Relações Exteriores, era um grande amante de champanhe, gosto que adquiriu quando representou as casas de champanhe de Mumm e Pommery na Alemanha. Havia feito uma fortuna no comércio de vinho após cortejar e depois desposar Anneliese Henkel, filha de Otto Henkel, "o rei do champanhe alemão." (Henkel era o maior produtor alemão de vinho espumante, embora conste que o "vinho" que fazia nada mais era que suco de maçã "incrementado" por uma equipe de engenheiros em Hamburgo.) Com a fortuna que acumulou — e desposou —, Ribbentrop não teve dificuldade em financiar suas ambições políticas. Para acrescentar um toque aristocrático à sua linhagem, intitulava-se Joachim *von* Ribbentrop. Seu verniz de charme e elegância logo chamou a atenção de Hitler, que o levou para conhecer o presidente von Hindenburg. Este, um *von* de verdade, não se impressionou. "Poupe-me do seu mascatezinho de champanhe", ele disse a Hitler. Mas Hitler ficou impressionado. Ribbentrop parecia-lhe "mais notável que Bismarck", e acreditou que ele era a pessoa ideal para superinteder a Comissão do Armistício, o corpo responsável pelo estabelecimento da política econômica da Alemanha para a França.

Praticamente o único na alta liderança que não estava interessado em vinho era o próprio Führer. Conta-se que, após provar um excelente vinho francês, Hitler o teria empurrado, chamando-o de "nada senão vinagre vulgar".

Os historiadores, no entanto, dividem-se quanto à extensão do ascetismo de Hitler. Enquanto alguns dizem que ele absolutamente não bebia, outros afirmam que ele tomava cerveja e vinho diluído freqüentemente. Segundo um biógrafo de Hitler, Robert Payne, "seu ascetismo era uma ficção inventada por Goebbels para enfatizar sua total dedicação, seu autocontrole, a distância que o separava de outros homens".

Isso não contribuía para noitadas muito agradáveis quando Hitler reunia seu *entourage* diante da lareira de jade verde em sua casa de Berchtesgaden. Como Speer escreveu, "para animar esses serões bastante enfadonhos, servia-se vinho espumante e, depois da ocupação da França, champanhe confiscado de marca barata; Göring e seus marechais-do-ar haviam se apossado das melhores marcas. De uma hora da madrugada em diante, alguns membros do grupo, apesar de todos os seus esforços para se controlar, não conseguiam mais reprimir os bocejos. Mas a reunião social se arrastava monotonamente, um vazio entediante por outra hora ou mais, até que, finalmente, Eva Braun trocava algumas palavras com Hitler e era autorizada a ir para o andar de cima. Cerca de um quarto de hora depois, Hitler se levantava para dar boa-noite a seus convidados. Os que ficavam, liberados, freqüentemente arrematavam aquelas horas de torpor com uma animada festinha regada a champanhe e conhaque."

Ascético ou não, contemplando os homens que o cercavam Hitler compreendeu rapidamente o quanto o vinho podia ser prestigioso e lucrativo. Decidiu que a Alemanha deveria obter o que houvesse de melhor em matéria de vinhos franceses, e Göring se apressou em reforçar o gesto, dizendo aos comissários da ocupação que a França estava "tão empanzinada de comida que era uma vergonha". Incitou os soldados do Reich na França a se "transformar numa matilha de cães de caça, e a estar sempre à espreita do que será útil para o povo da Alemanha".

Para conseguir o melhor vinho, contudo, a liderança nazista não precisava de uma matilha; precisava de *pointers*, homens que conhecessem não só vinho como também as pessoas que o fabricavam e vendiam. Assim, os planejadores econômicos do Reich voltaram-se diretamente para o negócio de vinhos alemão para criar um corpo do que alguns chamaram de "comerciantes de vinho fardados".

Os franceses tinham um outro nome para eles: os weinführers.

Sua função como *Beaufragter für den Weinimport Frankreich* (agentes para a importação de vinhos da França) era comprar tanto vinho francês bom quanto possível e enviá-lo para a Alemanha, onde seria vendido internacionalmente com enorme lucro para ajudar a custear a guerra do Terceiro Reich.

Para fazer a seleção e as compras, o Terceiro Reich decidiu mandar para a Champagne Otto Klaebisch, da Matteüs-Müller, um produtor de vinho espumante e agente na Alemanha de várias casas de champanhe. Adolph Segnitz, presidente da A. Segnitz e Companhia e agente na Alemanha do Domaine de la Romanée-Conti, foi para a Borgonha. O mais importante deles todos, Heinz Bömers, que dirigia a maior firma importadora da Alemanha, Reidemeister & Ulrichs, foi designado para Bordeaux.

As autoridades alemãs, no entanto, haviam cometido um erro. Os weinführers eram, de fato, comerciantes de vinho e peritos em vinho, mas eram muito mais. Eram também amigos de muitos produtores e comerciantes de vinho franceses. O vínculo entre eles, formado por negócios feitos em comum ao longo de gerações, já transcendera os assuntos comerciais havia muito; eles haviam estagiado nas firmas uns dos outros e falavam fluentemente a língua uns dos outros. Por vezes, eram até padrinhos dos filhos uns dos outros.

Os weinführers tinham também aguda consciência de algo que Maurice Drouhin frisou para seu filho no início da guerra: "Um dia, seja em cinco meses ou em cinco anos, esta guerra estará terminada e a França continuará vizinha da Alemanha. Continuaremos a ter de viver juntos."

Heinz Bömers estava atrasado e seus filhos mal podiam acreditar nisso. Seu pai nunca, nunca se atrasava, nem permitiria que eles o fizessem, em especial para atividades de família como o jogo regular de *croquet* das tardes de domingo.

Quando finalmente saiu de casa, Bömers se desculpou, explicando que estivera ouvindo as notícias pelo rádio. Era o dia 3 de setembro de 1939 e ele acabara de ouvir que a Grã-Bretanha e a França tinham declarado guerra à Alemanha. Levando o filho mais velho, Heinz Jr., para longe das outras crianças, Bömers disse: "Creio que serei convocado para a guerra em breve, e depois não sei se conseguirei falar de novo com você em particular, por isso vou lhe dizer hoje que nós perdemos esta guerra. Não fale sobre isso com ninguém, nem com seus irmãos e irmãs, e sobretudo com seus amigos na escola. Seria perigoso para toda a família." Antes que Heinz Jr. pudesse responder, seu pai acrescentou: "É importante para mim que você compreenda como me sinto. Quero que esteja preparado para o que virá."

Embora tivesse então apenas treze anos, Heinz Jr. nunca esqueceu aquele momento. "Sempre guardei no meu coração aquelas palavras e a certeza dele de que a Alemanha iria perder. Meu pai me disse que os Estados Unidos certamente interviriam para ajudar os britânicos. Ele sentia que a Alemanha, embora estivesse muito poderosa naquele momento, jamais poderia derrotar um país tão grande quanto os Estados Unidos."

Nessa ocasião, a família estava em sua casa de verão, perto de Bremen. Bömers olhou em volta com tristeza quando fecharam a casa naquele fim de semana para voltar para sua residência permanente. "Não sei se teremos oportunidade de voltar aqui no próximo ano", disse à família. Seus receios eram fundados; eles não voltariam por sete anos.

Quando a família Börmers chegou em casa, um visitante inesperado estava lá para recebê-la. Era o diretor da escola do jovem Heinz. "Por favor, ajude-me, Herr Bömers", ele implorou. "Seu filho é o único aluno da nossa escola que não pertence a uma organização nazista. Se não permitir que ingresse em uma, haverá muitos problemas para a escola." Bömers, que se recusara invariavelmente a assinar papéis inscrevendo o filho na Juventude Hitlerista, perguntou que outros grupos nazistas havia na escola. O diretor lhe deu uma lista e Bömers notou a orquestra da escola entre os grupos. "Com que freqüência a orquestra ensaia?" perguntou. Ao saber que ela se reunia três vezes por semana, disse: "Está bem. Como Heinz toca flauta, vai entrar para a orquestra."

Depois que o diretor saíra com os papéis assinados, Bömers disse ao filho que ele deveria ir ensaiar apenas uma vez por semana. "Se alguém lhe criar problemas e disser que deve ir com mais freqüência, responda que está obedecendo a seu pai e que eles devem vir falar comigo." Ninguém jamais o fez.

A família Bömers já tinha a reputação de discordar dos nazistas, e especialmente de Hermann Göring. Em 1930, Göring fora primeiro-ministro do estado alemão da Saxônia quando o pai de Bömers era senador por Bremen. O senador Bömers não fizera nenhum esforço para disfarçar seu desprezo por Göring e sua política e, quando o primeiro-ministro foi a Bremen, Bömers se recusou a vê-lo. Göring ficou furioso e não esqueceu a desfeita.

Quatro anos depois, após a morte do senador, Heinz Bömers foi informado de que perderia o negócio da família a menos que ingressasse no Partido Nazista. Com relutância, acedeu. "Ele tinha de pensar em sua família, em protegê-la", disse Heinz Jr. "Tinha de fazer concessões e sei que sofreu por isso. Mas ele sempre teve a convicção de que a época do nazismo era transitória, de modo que era preciso fazer o possível para sobreviver."

Foi por isso que, em maio de 1940, quando recebeu um telegrama do Ministério da Economia da Alemanha oferecendo-lhe o cargo de *Beaufragter* em Bordeaux, Bömers, que estava com quarenta e sete anos e fora dispensado do serviço militar ativo por razões de saúde, concordou em ir. "Era um cargo que ele poderia ter recusado, eu acho", disse Heinz Jr., "mas tenho a impressão de que sentiu que aquela era uma posição em que poderia ajudar, tornando as coisas mais fáceis para todos. Ele tinha muitos, muitos amigos em Bordeaux."

Bömers aceitou o cargo com várias condições: que não seria pago pelos nazistas e arcaria com as próprias despesas; que ficaria livre para trocar em francos quantos marcos desejasse; que não teria de usar farda; e que teria o poder de intervir se lhe parecesse que as ações das tropas alemãs eram inadequadas. "Ele temia que alguns daqueles nazistas, como Göring, fossem gostar de ter alguns excelentes Mouton-Rothschilds antigos, e imaginava que alguns dos soldados pensariam que poderiam simplesmente apanhá-los para eles", disse Heinz Jr.

Bömers chegou a Bordeaux logo depois da assinatura do armistício. De certo modo, era como voltar para casa. Antes da Primeira Guerra Mundial, sua família possuíra o Château Smith-Haut-Lafitte e fizera vinho ali até que o governo francês o confiscara juntamente com as demais propriedades pertencentes a alemães. Nos anos seguintes, Bömers, trabalhando em seus escritórios em Bremen, importara vinhos franceses e desenvolvera estreita relação com produtores-chave.

Assim foi que, para muitos cidadãos de Bordeaux, sua chegada em 1940 suscitou um dilema cruel: seu velho amigo e parceiro de negócios representava agora o inimigo. Para aplacar temores, um dos primeiros atos de Bömers como weinführer foi reunir o pessoal do ramo de vinhos e assegurar a todos que ainda era seu amigo. "Vamos levar nosso negócio à frente tão normalmente quanto possível", disse, "mas quando eu for embora um dia, espero que tenham estoques de vinho melhores do que têm agora." Era sua maneira de dizer que estava comprometido com os interesses deles e que, quando a guerra terminasse, esperava continuar fazendo negócios com eles.

"Ele veio à nossa casa e disse alô a todos nós", disse May-Eliane Miaihle de Lencquesaing. "É claro que todos nós o conhecíamos de antes da guerra, quando vinha aqui, por isso lhe dissemos: 'Contanto que não esteja de farda, pode aparecer à noite e jantar conosco como de costume'."

Muitos, no entanto, estavam apreensivos. "Bömers era um homem muito poderoso", disse Jean-Henri Schÿler, do Château Kirwan. "Se você não quisesse lhe vender seu vinho, ele podia obrigá-lo a fazê-lo."

Até Daniel Lawton, que estagiara na firma de Bömers em Bremen e dirigia uma das casas de corretagem mais antigas de Bordeaux, sentiu na pele o temperamento de Bömers. Quando ficou sabendo das demandas de vinho de Bömers e dos preços que os alemães pagariam, Lawton não teve nenhuma hesitação em fazer frente a Bömers e recusar.

Bömers ficou furioso. Fulminando Lawton com os olhos, avisou: "Se não concordar em nos vender vinho nos nossos termos, haverá sentinelas com baionetas na frente de todas as adegas de vinho de Bordeaux amanhã!"

"Vá em frente, faça isso", Lawton respondeu.

A ameaça não se concretizou. Os comerciantes de vinho de Bordeaux, contudo, praticamente não tinham alternativa senão negociar com Bömers. "Não podíamos mais vender nossos vinhos para a Grã-Bretanha ou para os Estados Unidos", disse Schÿler. "Estava tudo bloqueado. Não tínhamos escolha: ou vendíamos nossos vinhos para os alemães ou teríamos de jogá-los no rio Gironde."

Hugues Lawton, cujo pai desafiara Bömers, concordou: "Era preciso lidar com uma situação que não se desejara. Quando você é derrotado, tem de fazer o que lhe mandam."

Embora muitos deles considerassem Bömers duro, até autocrático, os cidadãos de Bordeaux o respeitavam. Haviam temido que ele fosse em busca dos melhores vinhos da região, tesouros que, segundo um produtor, constituíam um "inestimável museu do vinho". Outro expressou seu medo: "Será que esta parte integral da civilização francesa vai ser confiscada, pilhada, enviada junto com os Renoirs, os Matisses, os Georges de La Tours para o outro lado do Reno?"

Bömers prometeu que isso não aconteceria, embora seus senhores na Alemanha o estivessem pressionando fortemente.

Em vez disso, ele fez um favor à cidade: livrou-a dos grandes estoques de vinho de baixa qualidade acumulados após as colheitas da década de 1930. Uma de suas compras sozinha equivaleu a um milhão de garrafas.

Bömers fazia a maior parte de suas transações com *négociants*, homens que compravam vinho a granel dos produtores, engarrafavam-no e revendiam-no. Um deles era Louis Eschenauer, cuja firma se especializara em exportar para a Alemanha muito tempo antes da guerra. "Tio Louis", como era chamado, era quase tão afamado por suas amizades íntimas com líderes alemães, como Ribbentrop, quanto por seu extraordinário conhecimento de vinho. Com setenta anos quando Bordeaux foi ocupada, ele havia feito vastos negócios com todos os líderes alemães, bem como com Heinz Bömers, nos anos anteriores à guerra, e agora, em conseqüência, seu negócio estava florescendo. "Eschenauer era um dos melhores amigos de meu pai", disse Heinz Jr., "e sei que trabalharam muito juntos, experimentando vinhos e escolhendo vinhos para comprar."

Mas Eschenauer era apenas um de muitos *négociants* que estavam disputando a atenção de Bömers e tentando abocanhar a maior parte de seus negócios que pudessem. Segundo a secretária de Bömers, Gertrude Kircher, o comportamento dos *négociants* de vinhos de Bordeaux variava "do cinismo comercial absoluto à bajulação absoluta. O modo como se inclinavam diante dele e lhe faziam rapapés era embaraçoso." Promoviam grandes festas, uma após a outra, e faziam tudo que podiam para assegurar a presença do weinführer. "Costumavam telefonar e me dizer os nomes de todos os outros convidados importantes", contou Kircher. "Contavam o que planejavam servir, o que estava no *menu*; alegavam que queriam conversar com meu chefe sobre música e literatura alemãs. Herr Bömers achava tudo isso ridículo."

Bömers tinha suas próprias listas de compras e de fornecedores. Preferia trabalhar com as velhas ligações que ele e sua família haviam estabelecido ao longo dos anos, pessoas como os Miaihle, que possuíam vários *châteaux* e vinhedos em torno de Bordeaux.

"Ele era um homem muito honesto", disse May-Eliane Miaihle de Lencquesaing. "Meus pais costumavam me dizer: 'Graças ao sr. Bömers, ainda temos nosso vinho.' Ele fez o que podia para manter um bom equilíbrio, não enfurecer os alemães e cuidar de seus amigos franceses."

Por vezes, porém, aquele era um trabalho perigoso. Segundo Jean-Henri Schÿler, "Bömers tinha de andar na corda bamba. Era um certo jogo duplo que ele tinha de jogar."

Para ajudá-lo a jogar esse jogo, havia um comerciante chamado Roger Descas, representante de Vichy junto à sede do Serviço Econômico alemão em Paris. Como Louis Eschenauer, Descas era um velho amigo de Bömers. Era também o homem com quem Bömers negociava preços e cotas de vinho. Descas, no entanto, estava em desvantagem. Se fixasse preços muito altos, arriscava-se a estimular a inflação ou, pior ainda, a retaliação por parte das autoridades alemãs. Por outro lado, se os preços fossem baixos demais, os produtores de vinho francês fariam um tumulto.

Bömers compreendia e se solidarizava. "Tenho uma idéia", disse o weinführer a Descas num telefonema. "Por que não janta comigo? Vou lhe explicar tudo pessoalmente."

Os dois se encontraram aquela noite no La Crémaillère, um dos melhores restaurantes de Paris. Ali, enquanto comiam *filet de boeuf en croûte* e *turbot en sauce champagne*, Bömers esboçou o que tinha em mente. "A coisa vai requerer um pouco de encenação", ele disse. "Você e eu nos encontraremos aqui à noite, na véspera do dia em que deveremos comparecer ao Serviço Econômico;

combinaremos todos os detalhes e decidiremos então quanto vinho posso comprar e quanto você deveria receber por ele. Na manhã seguinte, no entanto, quando apresentarmos nossos pareceres, fingiremos estar em atrito, e esperemos que isso dissipe qualquer idéia de que estamos em conluio."

Descas não precisou pensar muito sobre a idéia. "Vamos fazer isso", disse a Bömers.

Quando os dois homens chegaram ao Hôtel Majestic, onde se localizava o Serviço Econômico alemão, passaram pelas formalidades de praxe. Cada um fez um pequeno discurso expondo o que considerava justo. Em seguida o verdadeiro teatro começou. Bömers acusou Descas de tentar extorqui-lo e pediu que baixasse seus preços. Descas sustentou que os preços eram justos e afirmou que era o weinführer que estava extorquindo. Bömers fingiu um acesso de fúria e a discussão ficou mais acalorada. Quando a manhã terminava, chegaram finalmente a um acordo quanto a uma série de números. Eram exatamente os números que haviam preparado na noite anterior.

"Aquilo funcionou muito bem", disse Heinz Jr. "Meu pai contou que os representantes do governo geralmente aceitavam seus números de saída e ficavam convencidos de que ele estava levando a melhor."

Mas nem sempre. Em várias ocasiões, Bömers foi chamado a Paris para se explicar diante de queixas de que estava sendo benevolente demais com os comerciantes de vinho franceses.

Esses encontros, entretanto, não eram nada comparados com os que enfrentou quando foi convocado, em três ocasiões, ao gabinete de Göring em Berlim. Ali, Bömers sentiu o pleno impacto da fúria do marechal-de-campo.

"Fiquei apavorado", Bömers lembrou mais tarde. "Ele disse que eu estava sendo camarada demais com os *négociants* de vinhos franceses e praticamente me acusou de traição. Eu lhe respondi: 'Se não está satisfeito com o meu trabalho, encerro e vou para casa.' Mas como ele sabia que eu era um especialista em vinho bordeaux e o melhor homem para o cargo, acabou por não fazer nada. Mas não posso lhe dizer o quanto esses encontros foram desagradáveis e até aterrorizantes."

Duas vezes por ano, Bömers tinha uma licença para voltar à Alemanha e passar algum tempo com a família. Quando voltou para o Natal em 1941, ocorrera uma mudança drástica: a RAF (Royal Air Force) britânica estava fazendo bombardeios noturnos de surpresa sobre a Alemanha, e os Estados Unidos tinham acabado de entrar na guerra. Pior ainda, Hitler lançara uma "guerra de extermínio" contra a União Soviética, uma ofensiva que, segundo ele previa, estaria terminada em seis semanas. Agora, seis meses já se haviam passado e não havia nenhum desfecho à vista. O inverno russo entrara e as tropas alemãs, já esparsas de tão esticadas, estavam morrendo no frio paralisante.

Esses acontecimentos deixaram Bömers mais convencido do que nunca de que a Alemanha perderia a guerra e o levaram a transferir sua família para a Baviera, onde esperava que ficasse mais segura. "Todo dia você ouvia que esse ou aquele rapaz, alguém que você conhecia muito bem, fora morto", disse Heinz Jr. "Era terrível. Toda noite ouvíamos os bombardeiros indo para Munique, onde minhas duas irmãs freqüentavam a universidade. Terrível, terrível. Mesmo agora, quando tento explicar o que foi, bem, é algo que simplesmente não se consegue explicar, mas tínhamos de viver com aquilo."

No verão do ano seguinte, em visita à sua casa, Bömers ficou sabendo que seu cunhado, um pastor luterano, fora preso depois que os SS descobriram que ele estava dizendo uma prece pelos judeus no final de cada serviço. "Minha mãe ficou transtornada; era muito ligada ao irmão e pediu a meu pai para tentar ajudar", disse Heinz.

Bömers foi ao quartel-general da SS em Berlim para interceder pelo cunhado. O oficial encarregado lhe disse que "expusesse seu caso". Quando Bömers terminou, o oficial falou: "Muito bem, acabou agora? Porque quero lhe dizer uma coisa. Sabemos que seu cunhado é um bom alemão; sabemos tudo sobre as medalhas que ele ganhou na Primeira Guerra Mundial. Mas ele não é um bom nazista. Merece pena de morte."

Bömers voltou do encontro tão abalado que não conseguia nem se lembrar do que havia dito ao oficial da SS. O oficial, no entanto, acabou concordando em libertar seu cunhado, mandando-o trabalhar no correio e proibindo-o de continuar suas atividades pastorais. "Você tem sorte", disse o oficial a Bömers. "Eu devia tê-lo mandado para um campo de concentração."

"Meu pai odiava os nazistas", disse Heinz Jr. "Era totalmente contra Hitler e o considerava um criminoso."

Mas Bömers reservava um ódio especial por Göring. Via-o como um bandido pretensioso cuja perversidade só era igualada por sua cobiça. Era em Göring que estava pensando quando disse aos cidadãos de Bordeaux que se algum alemão, fosse qual fosse seu posto ou posição, se aproximasse deles e pedisse seu vinho, deveriam chamá-lo imediatamente e ele viria e poria um basta naquilo. "Isso aconteceu, certamente aconteceu", disse Heinz Jr. "Ele pegou o carro e partiu — não sei ao certo onde foi isso — e ordenou às tropas que se retirassem imediatamente. E elas obedeceram."

No entanto, Bömers não podia estar em toda parte e sempre havia aqueles que conspiravam para contornar o sistema. Trabalhando com comerciantes franceses que reduziam seus preços ilegalmente, alguns oficiais alemães, sem documentos ou autorização oficial, iam com seus caminhões militares diretamente para os vinhedos e carregavam grandes quantidades de vinho.

Bömers suspeitava que Göring estivesse por trás de muitos desses episódios. Tinha certeza de que o marechal-de-campo queria pôr as mãos em tantas garrafas de bordeaux de primeira quanto possível. Certa feita, recebeu de Göring um pedido de várias caixas de Château Mouton-Rothschild. "Mouton é bom demais para gente da laia dele", pensou Bömers, e assim pediu aos trabalhadores do *château*, um dos poucos que engarrafavam seu próprio vinho, que o ajudassem numa pequena trapaça. Mandou-lhes garrafas de *vin ordinaire* com a instrução de colarem rótulos de Mouton nelas. Os trabalhadores obedeceram com muito gosto. As garrafas de vinho foram então despachadas para o gabinete de Göring em Berlim. Bömers nunca ouviu uma palavra de queixa do marechal-de-campo.

Havia um limite, no entanto, para as ações do weinführer. Quando um grupo de *négociants* sugeriu que a liderança alemã jamais descobriria a diferença se ele comprasse vinho barato do sul da França em vez dos seus *grands crus* para atender a encomendas, Bömers ficou furioso. Algumas garrafas para enganar sua nêmesis era uma coisa; uma falcatrua indiscriminada que comprometeria sua reputação profissional era outra bem diferente. A maioria dos bordeleses parecia respeitar isso.

Eram poucos os que o consideravam um nazista. Bömers confessou a um produtor que estava ansioso para "jogar fora aquela farda" e negociar da sua maneira usual. "Ele evitou prejudicar o vinho francês tanto quanto possível", disse um comerciante. Até a autoridade britânica em vinhos, Harry Waugh, que negociou amplamente com produtores de vinho em Bordeaux tanto antes quanto depois da ocupação, qualificou Bömers de "sensível".

Outros foram muito além. "Ele salvou nosso vinho", declarou May-Eliane Miaihle de Lencquesaing. "Assegurou que ninguém tinha de vender vinho demais e assegurou que ele fosse sempre pago. Depois que chegou, não houve mais vinho roubado."

No final de outubro de 1940, pouco depois de chegar a Beaune, Adolph Segnitz, o recém-designado weinführer da Borgonha, recebeu um bilhete anônimo. "Por favor, esteja avisado", ele dizia, "de que alguns aqui estão tentando lhe enganar. Estão escondendo seus melhores vinhos e vendendo-lhe outros não tão bons."

Alguns dias depois, Segnitz convocou os vinicultores para uma reunião. Com o bilhete na mão, informou-os: "Tenho algo aqui que gostaria de ler para os senhores." Quando terminou, fez-se um silêncio contrafeito. Alguns na audiência se contorceram de nervoso em seus assentos. Após vários segundos, Segnitz continuou: "Pois bem, quero lhes dizer uma coisa. Para mim este bilhete não significa nada. No que me diz respeito, ele não existe." Com isso, rasgou-o. O alívio foi quase tangível.

"Ele detestava vira-casacas", disse Mademoiselle Yvonne Tridon, secretária do Syndicat des Négociants en Vins Fins de Bourgogne. "Não aprovava franceses que delatavam franceses."

Os vinicultores que ouviram Segnitz o consideram um homem de honra, com quem podiam fazer negócios. "Ele nunca nos ameaçou ou acusou qualquer pessoa de tentar trapacear", disse Louis Latour, *négociant* e vinicultor de Beaune. "Era o único alemão com quem podíamos conversar porque vinha do nosso mundo."

A família de Segnitz dirigia uma firma de vinhos em Bremen que importara vinhos finos franceses desde sua fundação em 1859. Alguns anos antes da Segunda Guerra Mundial, Adolph Segnitz assumira a frente da A. Segnitz e Companhia e começara a se especializar em borgonha. Era fascinado pela região, sua história e cultura, e amava especialmente os vinhos lá produzidos.

"Ele era um verdadeiro francófilo", recordou Mademoiselle Tridon. "Nunca pensávamos nele como um estranho ou um estrangeiro porque estava sempre por aqui. Trabalhava bem com a gente daqui e ninguém tinha medo dele."

Segnitz estava na casa dos sessenta anos quando autoridades nazistas lhe ofereceram o cargo de *Beauftragter* na Borgonha. Como seu amigo Heinz Bömers em Bordeaux, desprezava os nazistas e não sentia prazer em trabalhar para eles. Concordou em fazê-lo, contudo, com a condição de ter carta branca para fazer seu trabalho e a garantia de que Berlim não iria interferir. "Meu pai foi claro quanto a isso", disse seu filho Hermann. "Estava determinado a ser completamente independente."

Desde o início, Segnitz procurou demonstrar aos membros da comunidade do vinho borgonha que compreendia seus problemas e se condoía dos reveses causados pela ocupação. "Mas vamos trabalhar juntos e tentar tirar o melhor proveito da situação, de modo a ter alguma coisa quando esta guerra terminar", disse. Segnitz prometeu que nenhuma tática violenta seria usada e que os vinicultores poderiam decidir por si mesmos se desejavam negociar com ele. "Estou aqui para comprar vinho", disse, "se desejarem vendê-lo para mim, ótimo, mas não os forçarei a isso."

Um dos que preferiu não o fazer foi a Maison Louis Latour. "Meu pai se recusou categoricamente a negociar com qualquer comerciante de vinhos alemão após a Primeira Guerra Mundial", disse seu neto Louis. "A Alemanha havia sido um mercado importante para nós antes da guerra, mas meu avô ficou tão contrariado que jurou que nunca mais voltaria a fazer negócio com quem quer fosse da Alemanha." O Avô Latour morreu pouco depois da chegada de Segnitz, mas seu filho teve a mesma atitude. "Meu pai gostava de Segnitz pessoalmente, mas era tal qual meu avô e se recusou a lhe vender qualquer vinho", disse Louis. Segnitz aceitou isso e não tentou forçá-lo.

Embora Segnitz tivesse vindo para Borgonha "com muito dinheiro no bolso", não havia muito vinho que pudesse comprar. As colheitas entre 1939 e 1941 tinham sido minúsculas. O clima estivera horrível, com verões secos demais no início, ao que se seguia chuva pesada e às vezes granizo. Em 1939, ano que não passou de medíocre, houve tão pouca uva para colher que a colheita levou dez dias em vez das duas ou três semanas de costume. Mesmo que a estação de crescimento tivesse sido perfeita, a situação teria sido difícil porque a maior parte dos rapazes que colhiam a uva fora convocada pelo exército.

Em 1940 as condições foram ainda piores. Dessa vez, a colheita durou só três dias. Como a uva não amadurecera inteiramente, os vinicultores quiseram misturar açúcar ao mosto para elevar seu teor alcoólico, mas isso foi impossível por causa da escassez de açúcar. Foi difícil também para vinicultores clarificar seu vinho — isto é, remover a matéria particulada que com freqüência deixa o vinho tinto turvo. Normalmente, a clarificação era feita mediante a adição de clara de ovo, que adere às minúsculas partículas e as arrasta para o fundo. Os ovos, no entanto, estavam ainda mais escassos que o açúcar. Em conseqüência, muitos vinicultores tiveram de apelar para o que seus pais e avós faziam. Usaram carvão para clarificar seus vinhos.

Segundo o marquês d'Angerville, um dos mais importantes vinicultores da Borgonha, "nosso vinho ficou tão ruim em 1940 que não nos demos ao trabalho de vinificá-lo; simplesmente o despejamos no chão".

O ano seguinte não foi muito melhor. A maioria dos homens válidos que teriam estado trabalhando nos vinhedos encontrava-se agora nos campos alemães de prisioneiros de guerra. Além disso, segundo o órgão do governo *Revue de Viticulture*, os fertilizantes químicos eram "praticamente inexistentes" e as rações de inseticidas, "inadequadas".

Conseqüentemente, o pouco vinho que Segnitz conseguiu comprar era na melhor das hipóteses medíocre. Alguns dos melhores, contudo, vinham de Maurice Drouhin. Ele e Segnitz haviam feito negócios antes da guerra e eram bons amigos. Na opinião de Drouhin, Segnitz não só entendia de vinho como era também sensível aos sentimentos das pessoas. Condoía-se de seu desespero por ser um país ocupado e compreendia como impacientavam-se sob a escassez de produtos, os toques de recolher e outras restrições.

Apesar disso a ocupação de Beaune, pelo menos no início, "não foi terrível", segundo Mademoiselle Tridon. "Desagradável sem dúvida, mas fazíamos o necessário para sobreviver." Como a correspondência estava censurada, Tridon, na condição de secretária do sindicato dos *négociants* de vinho, recorreu a um outro sistema de entrega: espetava as cartas que não queria que os alemães vissem atrás da porta do toalete das mulheres. "Os alemães eram elegantes demais para ir espiar lá", contou.

Por causa do toque de recolher, geralmente às oito da noite, embora os alemães pudessem mudar a hora a seu bel-prazer, os negócios e a maior parte das demais atividades terminavam cedo. Os faróis das bicicletas foram pintados de azul e os moradores eram obrigados a pendurar cortinas de blecaute sobre suas janelas. "Ficava tão escuro que até eu, que morei aqui a vida toda, podia me perder", disse Tridon.

Mais perturbadoras eram as patrulhas militares, que se moviam constantemente pelas ruas calçadas de pedras, conferindo os documentos de identidade das pessoas e às vezes revistando-as à procura de armas escondidas. "Faziam-nos perguntas, mas era ridículo, porque nenhum deles sabia falar muito francês", disse Tridon. "Todo mundo ria porque, sempre que os alemães faziam uma pergunta, respondíamos com alguma coisa totalmente grosseira."

Segnitz, que falava francês, tinha aguda consciência do quanto os alemães eram desprezados e fez o que pôde para se entrosar. Antes da Primeira Guerra Mundial, sua família possuía duas propriedades viníferas em Bordeaux, o Château Chasse-Spleen e o Château Malescot-Saint-Exupéry. Quando a Primeira Guerra Mundial foi deflagrada, as adegas do Chasse-Spleen foram pilhadas por moradores do lugar, que se viraram contra os colheiteiros de uva, acusando-os de trabalhar para o inimigo. Ambos os *châteaux* foram depois confiscados como propriedade inimiga pelo governo francês.

Dados esses precedentes, Segnitz era infalivelmente polido e nunca usava sua farda militar em público. Lamentavelmente, mesmo assim continuava destoando e chamando a atenção. "Segnitz andava pela cidade num paletó verde-oliva, e parecia o ator alemão Erich von Stroheim, sem tirar nem pôr", declarou Louis Latour. "Ele devia ficar um pouquinho frustrado, porque sempre perguntava: 'Como as pessoas sabem que sou alemão?' Falo francês perfeitamente, mas todo mundo sempre diz: 'Ah, o senhor deve ser alemão.'"

Embora a opinião pública fosse intensamente antigermânica, na Borgonha, como em outras partes da França, a maioria continuava pró-Pétain e apoiava o programa de estreita colaboração com a Alemanha do marechal. A reverência por Pétain era tal que o sindicato dos *négociants* de borgonha resolveu mandar ao marechal sessenta e seis caixas de vinho, algumas delas engarrafadas em 1856, ano em que ele nascera. Mademoiselle Tridon foi despachada para Vichy para fazer a entrega formal do presente. Lendo uma carta do sindicato, ela disse: "Oferecemos este presente como um sinal de nosso respeito e prova de nossa fidelidade às suas determinações e à unidade nacional." Mais tarde Tridon lembrou que Pétain "foi muito gentil, mas o que mais me lembro daquele dia é do quanto ele parecia incrivelmente velho e do fato de um médico ter ficado postado ao seu lado o tempo todo".

Pouco depois de seu tributo a Pétain, comerciantes e produtores de vinho tiveram o choque de saber que Maurice Drouhin fora preso. Em agosto de 1941, ele ia a pé para uma reunião nos Hospices de Beaune, sociedade filantrópica da cidade, quando uma patrulha alemã o prendeu.

"A notícia caiu como um raio", disse Louis Latour. "Como todos sabiam que Maurice e Segnitz trabalhavam em estreita colaboração, todos aqui ficaram muito surpresos quando os alemães o prenderam."

Praticamente o único que não ficou surpreso foi o próprio Drouhin. Como reservista do exército francês, ele acompanhara generais a Washington durante o intervalo entre as guerras e assumira missões especiais periódicas. "Meu pai nunca disse o que eram essas missões, mas encontrava-se freqüentemente com o general Douglas MacArthur", disse seu filho Robert.

O serviço secreto alemão monitorava atentamente essas viagens e tinha certeza de que Drouhin estava envolvido em atividades antigermânicas. Quando o prenderam, alegaram ter encontrado uma arma em sua casa. Era um velho e enferrujado revólver das forças armadas da Primeira Guerra Mundial, que fora deixado por Maurice numa gaveta e depois esquecido. Mas era todo o pretexto de que os alemães precisavam.

Maurice foi encarcerado em Fresnes, nos arredores de Paris. Como falava alemão, deu-se razoavelmente bem com seus guardas. Durante uma conversa, contou-lhes algumas de suas experiências de guerra, entre as quais o episódio em que ajudara a salvar a vida de um soldado alemão.

"Ah, então não odeia a Alemanha ou os alemães?" perguntou um dos guardas, surpreso.

"Não, só a política e o governo de vocês", Drouhin respondeu.

Pouco depois de sua prisão, o guarda de Drouhin deu-lhe um lápis para que pudesse escrever para sua mulher, Pauline.

14 de agosto de 1941: Minha querida mulherzinha, antes de mais nada quero lhe assegurar que minha saúde está ótima. Sofro apenas de uma coisa, e essa é estar longe de você e longe dos nossos queridos filhos. Até agora ninguém me interrogou, mas espero com impaciência porque tenho certeza de que estou aqui em conseqüência de um simples engano. Coragem, minha querida, os belos dias haverão de voltar.

Com o passar dos dias, Maurice foi ficando cada vez mais preocupado, não só com sua própria sorte mas com seu negócio de vinhos e com o desempenho de Pauline na sua ausência.

7 de setembro de 1941: Se eu não estiver de volta para a colheita, confie nos conselhos de outros. Tenha muito cuidado em volta dos barris quando o mosto começa a fermentar; os vapores podem ser perigosos. Não se preocupe se perdermos dinheiro enquanto estou longe. O melhor é pôr um freio em novos negócios e continuar apenas com nossas encomendas regulares, especialmente com aqueles clientes que possam ajudá-la a conseguir garrafas vazias que possamos usar. Depois comece a engarrafar aos poucos o Romanée-Conti de 1938. Comece com os melhores vinhos e faça tudo que puder para manter o pessoal.

Numa carta de cerca de uma semana depois, Maurice contou a Pauline que acabara de comparecer perante um tribunal militar.

Fui interrogado ontem e devo render homenagem à perfeita lealdade daquele que presidiu meu interrogatório. Senti durante todo o tempo que estava diante de juízes que não buscavam nada senão a verdade. Permaneço firme na esperança de que minha inocência será reconhecida, de modo que nossa separação durará muito pouco.

Perfeitamente ciente de que os alemães estavam lendo cuidadosamente tudo que escrevia, Maurice voltou a falar desses sentimentos em várias outras cartas a sua mulher.

1º de outubro de 1941: Fiz parte do Conselho de Guerra de minha divisão em 1939, por isso sei que é a lealdade que motiva os juízes militares. Não posso acreditar que eles considerariam como arma aquele revólver velho e imprestável que esqueci em minha gaveta e que me puniriam por um simples ato de esquecimento. Seja como for, estou totalmente inocente e nada tenho a esconder. No fim de cada dia, digo a mim mesmo que tenho um dia a menos dessa provação para atravessar.

Mas Maurice estava apavorado. Isso era algo que não conseguia esconder de sua mulher, por mais que tentasse tranqüilizá-la.

O que quer que você faça, não se deixe cair em melancolia ou tristeza por mim. Você deve garantir que nada mude na vida de nossos filhos, em suas brincadeiras, em sua alegria. Deve fazer isso por mim, pois isso me dará coragem para seguir em frente.

Seus momentos de maior consolo aconteciam quando Pauline tinha permissão para visitá-lo. Numa dessas visitas, ela lhe contou que metade do Domaine de la Romanée-Conti fora posto à venda, e que, como a Maison Joseph Drouhin era o maior distribuidor dos vinhos daquela famosa propriedade, Maurice teria chance de comprá-la. Por mais que se sentisse tentado, Maurice sacudiu a cabeça. "Isso significaria tomar dinheiro emprestado", disse. "Não quero fazer isso." Tomar dinheiro emprestado era algo que os vinicultores raramente faziam naquela época e, com seu próprio destino incerto, Maurice ficou ainda mais relutante.

Percebendo o quanto o marido estava preocupado e tendo plena consciência do perigo em que ele se encontrava, Pauline entrou em contato com o chefe da prisão e pediu uma entrevista.

"Meu marido é inocente", ela lhe disse. "Certamente aquela pistola velha que seus soldados encontraram ao revistar a casa não faz dele um criminoso. Ela nem funciona."

O oficial alemão ouviu polidamente. Elogiou sua devoção ao marido e depois se desculpou. "Lamento, mas não há nada que eu possa fazer", disse. Pauline ficou desesperada.

Assim, ficou surpresa quando, não muito depois, recebeu uma carta daquele oficial. "Como lhe disse, há muito pouco que eu possa fazer", dizia ele. "Nem mesmo seu nobre espírito, que testemunhei, pode ser levado em consideração, pois isso iria contra todas as normas. Mas posso lhe dizer que esse pesadelo que Monsieur Drouhin está atravessando não vai durar muito mais. Por favor, seja paciente. Farei tudo que estiver em meu poder para abreviar tanto quanto possível o curso dessas formalidades."

A paciência, contudo, estava se esgotando. Nos Hospices de Beaune, que Drouhin dirigia como vice-presidente, os colegas se queixavam de que era difícil continuar sem seu líder.

Os Hospices eram a pedra angular da vida em Beaune e tinham tido esse papel desde 1443, quando Nicolas Rolin, chanceler do duque da Borgonha, fundou um hospital de caridade com esse nome, doando-lhe todos os seus bens materiais e dotando-o com alguns dos mais excelentes vinhedos da região. Ao longo dos séculos, outros borgonheses legaram seus vinhedos aos Hospices para sustentar sua obra.

Agora, as autoridades advertiam, todo esse trabalho estava em risco. Os vinhedos precisavam de atenção e assim também as instituições filantrópicas que os Hospices dirigiam, como o hospital, um orfanato e um asilo para homens idosos. Numa carta ao chefe do tribunal militar, o conselho diretor disse que a prisão de Maurice estava prejudicando toda a organização. "Sua ausência está pondo todos os serviços que prestamos em grande dificuldade. Instamos para que faça todo o possível para acelerar a solução desse caso."

O que poucos percebiam era que as atividades de Drouhin iam muito além dos Hospices e de seu negócio de vinhos. Ele estava, na verdade, profundamente envolvido com a Resistência, algo de que os alemães suspeitavam havia muito, mas nunca tinham sido capazes de provar. Mesmo da prisão, Maurice continuava a dirigir as atividades da Resistência. Com livros como *O conde de Monte Cristo* e outros de Alexandre Dumas que Pauline enviara para a prisão, os dois mantinham uma correspondência secreta usando o código que Maurice ensinara a ela. A correspondência continha mensagens para a Resistência sobre a posição de tropas alemãs e conselhos sobre como fazer passar pessoas clandestinamente pela Linha de Demarcação.

Pouco antes do Natal, os alemães anunciaram que Maurice iria a julgamento. Seu amigo e colega *négociant* Louis Latour correu à prisão para ver se havia alguma coisa que pudesse fazer. O encontro dos dois foi breve, mas longo o bastante para convencer Latour de que Maurice estava em séria dificuldade. "Ele estava apavorado", disse Latour. "Estava com medo de ser executado."

Pauline, desesperada para salvar o marido, lembrou-se da carta que ele lhe escrevera durante a Primeira Guerra Mundial, em que descrevia como salvara a vida de um soldado alemão. Sabia que a guardara, mas onde? Finalmente, encontrou-a enfiada numa gaveta, com outros objetos pessoais. Pondo a carta num envelope, meteu-a numa sacola com um número do jornal em que ela fora reproduzida e rumou para a prisão.

Lá, entregou o envelope ao comandante alemão. Ele prometeu que leria a carta e o artigo e os levaria em consideração.

No dia 13 de fevereiro de 1942, o inesperado aconteceu: os alemães libertaram Maurice. Não deram nenhuma explicação. Sem dúvida a carta e o jornal ajudaram, mas muitos em Beaune ficaram convencidos de que a amizade de Maurice com o weinführer Adolph Segnitz foi também um fator importante.

Embora estivesse livre, Maurice se dava conta de que os alemães ainda desconfiavam dele e que, mais dia, menos dia, tentariam prendê-lo de novo. Ao voltar para casa, a primeira coisa que fez foi preparar uma maleta de roupas e outros objetos de uso pessoal e escondê-la debaixo da cama. Depois voltou suas atenções para o reinício das operações na Maison Joseph Drouhin, negócio em que dissera a Pauline para "pôr um freio" durante os meses que passara na prisão. Retomou também seu trabalho nos Hospices de Beaune.

Maurice estava em casa havia três meses quando os Hospices receberam uma carta do *préfet* regional, em Dijon. A autoridade queria saber se os Hospices se disporiam a doar uma parte de seus vinhedos para o marechal Pétain.

Maurice convocou os membros do conselho diretor dos Hospices para pedir sua opinião. Cabeças se inclinaram e houve murmúrios de aprovação. Todos concordaram que, não tivesse sido Pétain, a França teria tido um destino muito mais cruel nas mãos dos alemães do que o que agora enfrentava. Quando se procedeu à votação, ela foi unânime. Eles escolheram uma seção de vinhedo de primeira qualidade numa encosta sobranceira a Beaune, terra que fizera parte dos vinhedos dos Hospices desde 1508. Em homenagem ao marechal, resolveram mudar seu nome para Clos du Maréchal.

Alguns dias depois, trabalhadores de vinhedos, pedreiros e outros convergiram para o local para construir um muro de pedra à sua volta. Ergueram também um arco de pedra ornamentado, em que entalharam o símbolo de Pétain, uma machadinha frâncica combinada com um bastão de marechal. Quando o arco estava quase pronto, os trabalhadores removeram uma das pedras perto da base e fizeram uma cavidade. Dentro, puseram uma cópia do documento que transferia a propriedade a Pétain.

Uma semana mais tarde, no dia 29 de maio de 1942, uma delegação encabeçada por Maurice Drouhin chegou a Vichy para entregar a escritura original de doação ao marechal em pessoa. Pétain recebeu-os calorosamente e os introduziu em seu gabinete. O ancião, em seus 86 anos, estava radiante. O gesto deles, disse, o tocara profundamente. "Os senhores lisonjearam uma antiga paixão minha, meu amor pela terra e meu instinto de vinicultor", disse. "Graças aos senhores, sou agora o proprietário de um dos melhores vinhedos da Borgonha. Se não dou maior publicidade a este presente, é porque quero preservar o caráter íntimo em que me foi dado pelos senhores. Estou especialmente grato por saber que estarão administrando as videiras para mim. Penso com prazer na primeira colheita que está por vir."

Não era só isso que estava por vir. A cada mês de novembro, após a colheita, os Hospices de Beaune promovia um espetacular leilão de seus vinhos. Com o passar dos anos, aquela se tornara uma das maiores festividades do ano borgonhês, com dignitários estrangeiros, compradores de vinho de dúzias de países e milhares de outros amantes do vinho afluindo a Beaune para delas participar. Havia degustação de vinhos, pródigos banquetes e o próprio leilão.

Em 1943, o evento foi ainda mais importante. Era o quinto centenário dos Hospices de Beaune. Infelizmente, havia um problema: ninguém desejava os alemães por perto. Encarregado do programa, coube a Maurice Drouhin comunicar aos alemães que não eram bem-vindos. Ele não estava muito ansioso para cumprir esse dever.

Nos últimos meses, os soldados alemães da área haviam se tornado nervosos e mais agressivos. Com as perdas no front russo, assolado pela neve, elevando-se, milhares de soldados em toda a Borgonha estavam sendo transferidos para servir ali. Soldados de expressão sorumbática, já usando os chapéus brancos de inverno, deslocavam-se pelas cidades e aldeias enquanto se preparavam para partir. Os que ficavam na Borgonha eram concentrados em áreas mais urbanizadas em que os oficiais alemães acreditavam que estariam menos vulneráveis a ataques da Resistência.

Com compreensível preocupação, Drouhin telefonou para Adolph Segnitz dizendo ter um assunto de grande urgência para discutir com ele. O weinführer prontificou-se a vê-lo imediatamente. Maurice tentou explicar, usando palavras que, esperava, não feririam os sentimentos do amigo. "Não é nada contra você pessoalmente", disse. "A celebração, no entanto, é uma tradição local que não envolve política; é uma espécie de feira rural destinada primordialmente para franceses."

Segnitz recebeu a notícia calmamente. "Compreendo o que está tentando dizer", disse. Claramente, o weinführer estava profundamente decepcionado. Mais do que ninguém, estivera esperando pela acontecimento. Em seguida, declarou: "Devo lhe avisar que isso pode me pôr numa posição desconfortável junto a meus superiores." Segnitz teria podido facilmente recusar o pedido e Maurice não teria tido escolha senão aceitar. Mas o que ele fez foi se levantar de sua cadeira, estender a mão e dizer simplesmente: "Vou ver o que posso fazer."

Alguns dias depois, Segnitz fez uma visita a Maurice. "Tenho boas notícias para você", disse. "Podem fazer seus festejos e nenhum alemão comparecerá. Tem minha palavra."

Para a surpresa do weinführer, Drouhin respondeu: "Está enganado, um alemão estará presente." E lhe entregou um ingresso. "Isso é para você. Será o único alemão lá, mas posso lhe pedir mais um favor? Tenha a bondade de vir à paisana, não de farda."

O quinto centenário dos Hospices de Beaune foi um sucesso. Apesar da ocupação e da incerteza daqueles dias, escritores, atores, figuras religiosas bem como autoridades de Vichy compareceram à celebração. Ninguém se deleitou mais com ela que Adolph Segnitz.

Não muito tempo depois, Maurice Drouhin recebeu dele uma carta de agradecimento: "Como sabe", ele dizia, "sou um grande admirador da sua cultura e das suas tradições, e todas as vezes que entrei nos Hospices fui tocado pela paz de espírito de que todos precisamos neste medonho tempo de guerra. Neste quinto centenário, é meu desejo fazer uma doação para os Hospices de Beaune; talvez vocês tenham alguma necessidade especial ou haja alguma coisa que ainda não puderam fazer por uma razão ou outra."

Preso à carta havia um cheque de 100.000 francos.

Nenhuma região teve seu vinho mais pilhado que a Champagne. Quase dois milhões de garrafas foram raptadas por soldados alemães apenas durante as primeiras semanas da ocupação.

Foi com imenso alívio, portanto, que os champanheses ficaram sabendo que as autoridades alemãs iriam enviar alguém para superintender as compras de champanhe e, esperava-se, pôr fim à pilhagem e restaurar a ordem. Ficaram ainda mais aliviados quando descobriram quem seria essa pessoa: Otto Klaebisch, da Matteüs-Müller, firma vinícola e importadora da Renânia. "Ficamos felicíssimos porque teríamos um homem do ramo de vinhos, não um cervejeiro", disse Bernard de Nonancourt. Os de Nonancourt conheciam bem Klaebisch porque antes da guerra ele fora o agente na Alemanha de várias casas de champanhe, inclusive a Lanson, que pertencia à família da mãe de Bernard.

A experiência original de Klaebisch, no entanto, fora o conhaque. Ele nascera em Cognac, onde seus pais haviam se dedicado ao comércio de conhaque antes da Primeira Guerra Mundial. Quando a França confiscara todas as propriedades do inimigo durante a guerra, a família Klaebisch perdera seu negócio e voltara para a Alemanha.

Otto, no entanto, conservara seu gosto pelas coisas mais refinadas da vida, entre elas champanhe de primeira qualidade. Desenvolvera uma carreira na indústria do vinho e bebidas destiladas, fazendo bom uso de sua experiência francesa.

Essa experiência tornou a designação de Klaebisch como weinführer da Champagne uma decisão mais fácil de aceitar. "Se íamos ficar recebendo ordens a torto e a direito, era melhor que fossem dadas por um vinicultor do que por algum nazista grosseirão bebedor de cerveja", disse um produtor.

Klaebisch começou a "dar ordens" quase imediatamente. Ao contrário de Heinz Bömers em Bordeaux, que alugara um pequeno apartamento, Klaebisch quis algo mais imponente. Um castelo, por exemplo. Encontrou o que queria ao ver onde morava Bertrand de Vogüé, diretor da Veuve-Clicquot-Ponsardin. Após uma olhada, Klaebisch expediu ordens para que o castelo fosse requisitado. Um de Vogüé enfurecido e sua família tiveram de fazer as malas.

"Klaebisch sentia-se muito feliz aqui", lembrou de Nonancourt. "Ele não gostava de combate e a última coisa que queria era ser enviado para o front russo."

Dadas suas ligações de família e seus contatos profissionais, Klaebisch conseguira seu agradável posto sem dificuldades. Seu cunhado era ninguém menos que o ministro das Relações Exteriores, Ribbentrop, cujo sogro, Otto Henkel, era um grande amigo de Louis Eschenauer, de Bordeaux. Eschenauer, por sua vez, era primo do comandante dos portos alemão, Ernst Kühnemann. Eschenauer era também sócio da champanhe Mumm, outra propriedade que fora confiscada dos proprietários alemães na Primeira Guerra Mundial. Ele havia contratado Ribbentrop para representar essa marca na Alemanha.

Só um genealogista do vinho seria capaz de desemaranhar a complicada árvore familiar e profissional que enredava vinicultores e comerciantes por toda a França e a Alemanha. Nela estava, em grande parte, a explicação do fato de Klaebisch ter se tornado o weinführer da Champagne.

Klaebisch, no entanto, era diferente dos outros weinführers. Gostava da aparência exterior da vida militar e andava quase sempre de farda. Era também impressionado com títulos. Quando conheceu o conde Robert-Jean de Vogüé, o homem com quem iria negociar compras de champanhe, mostrou-se deferente nas raias da subserviência, ou, nas palavras de um produtor, "ansioso demais por agradar".

De Vogüé, diretor da Moët & Chandon, tinha ele próprio uma árvore genealógica complicada. Tinha laços de parentesco com muitas famílias reais européias, bem como com muitos dos mais importantes produtores de vinho da França. Chegava a ter conexões até com o Vaticano. Vinha a ser também irmão de Bertrand de Vogüé, da Veuve Clicquot, a quem Klaebisch acabara de expulsar de casa.

Klaebisch enfrentou problemas praticamente desde o instante em que se mudou para a Champagne. A colheita de 1940 foi um desastre. A produção foi 80% abaixo da média. Ciente de que Berlim esperava que ele fornecesse certa quantidade de champanhe todos os meses, Klaebisch visitou as casas com que fizera negócios antes da guerra e pediu-lhes que compensassem a diferença com suas reservas.

A de Vogüé isso pareceu má idéia. Temeu que outras casas ficassem irritadas e enciumadas. Com os mercados internacionais bloqueados e as vendas a franceses civis proibidas, essas firmas poderiam facilmente ter de fechar as portas.

Mesmo as casas com que Klaebisch queria fazer negócios ficaram insatisfeitas. Sim, seu mercado estava "garantido", mas elas tinham também de aceitar o que os alemães queriam pagar, e não era muito. Os produtores temiam que as enormes quantidades de champanhe que Klaebisch estava exigindo logo esgotassem seus estoques, deixando-os presos no mesmo atoleiro econômico em que haviam estado durante a década de 1930.

Aqueles anos, mais do que qualquer coisa, haviam gerado o ânimo quase militante que ainda prevalecia na Champagne quando Klaebisch chegou. Em 1932, as casas de champanhe haviam conseguido vender apenas quatro milhões e meio de garrafas dos 150 milhões que tinham em suas adegas. O ânimo entre os produtores que vendiam sua uva para as casas estava azedo também. Em 1933 e 1934, receberam não mais que um franco pelo quilo de sua uva, quando em 1931 tinham recebido onze francos; uma perda de renda que prejudicou severamente seus negócios. O quadro melhorou em 1937 e 1938, mas turvou-se rapidamente de novo quando a guerra foi declarada em 1939. Em desespero, produtores começaram a murar seu champanhe e a despachar outros estoques para os Estados Unidos e a Grã-Bretanha como salvaguarda.

Agora eles estavam enfrentando enormes requisições. A Pol Roger, casa que fazia o champanhe favorito do primeiro-ministro Winston Churchill, recebeu ordens de enviar imensas quantidades de sua safra de 1928 para Berlim todos os meses. "Foi uma safra excepcional", disse Christian de Billy, presidente da Pol Roger, que nasceu naquele ano. "Nunca tivemos muito, e tentamos esconder o que pudemos, mas ela era tão conhecida que foi impossível mantê-la fora das mãos dos alemães. Klaebisch sabia que ela estava ali."

Quando as demandas de champanhe dos alemães aumentaram — por vezes Klaebisch exigia meio milhão de garrafas por semana — de Vogüé temeu, mais do que nunca, que casas como a Pol Roger não sobrevivessem. No dia 13 de abril de 1941, convocou os produtores e vinicultores para criar uma organização que iria representar os interesses de todos os integrantes da indústria do champanhe. "Estamos todos juntos nisso", de Vogüé lhes disse. "Vamos morrer ou sobreviver, mas haveremos de fazê-lo igualmente."

A organização que criaram foi chamada Comité Interprofessionel du Vin de Champagne, ou CIVC, que ainda hoje representa a indústria do champanhe. Na época, a meta do CIVC era permitir aos produtores apresentar uma frente única e falar através de uma única voz. De Vogüé, foi decidido, seria o ponta-de-lança. "Ele tinha coragem e audácia suficientes para representar os interesses do champanhe e para ser nosso único delegado junto aos alemães", disse Claude Fourmon, que foi assistente de de Vogüé. "Ele nunca duvidou de que os Aliados venceriam a guerra; assim, sua meta era manter tudo num nível aceitável. Queria assegurar que todos tivessem algo com que recomeçar quando a guerra terminasse."

Klaebisch ficou descontente com o CIVC e não quis negociar com ele; preferiu se ater a seus contatos de antes da guerra. Sabia que era assim que Bömers operava e queria emular o weinführer de Bordeaux assumindo controle completo sobre o negócio do champanhe. Convocou de Vogüé a seu escritório em Reims.

Ali, foi direto ao ponto. "Aqui estão as regras básicas. Vocês podem vender para o Terceiro Reich e seus militares, e também para restaurantes, hotéis e clubes noturnos controlados por alemães, e para alguns de nossos amigos como o embaixador italiano na França e o marechal Pétain em Vichy. O marechal, aliás, gosta de ter uma boa quantidade para seu uso pessoal."

De Vogüé ouviu sem interromper enquanto o weinführer resumia as condições. "Ninguém recebe amostras grátis, não há nenhum desconto seja qual for o tamanho da encomenda, e nenhuma garrafa cheia de champanhe pode ser vendida a menos que garrafas vazias sejam devolvidas primeiro." Em seguida Klaebisch disse a de Vogüé a quantidade de champanhe que queria a cada mês e o que estava disposto a pagar por ela. "Pode difundir a ordem entre as principais casas de champanhe da maneira que desejar, contanto que eu consiga o meu champanhe", disse.

De Vogüé ficou pasmo. "Não há nenhum meio de conseguirmos atender a essas exigências", disse. "Dois milhões de garrafas por mês? Como espera que façamos isso?"

"Trabalhem aos domingos!", Klaebisch retorquiu.

De Vogüé recusou. É preciso reconhecer que os dois homens pareciam ter um senso inato da medida em que podiam se pressionar um ao outro. Após outras trocas de palavras acaloradas, de Vogüé disse que os produtores de champanhe fariam jornadas mais longas para cumprir suas cotas, mas só se o weinführer ampliasse o número de horas em que podiam ter eletricidade. Klaebisch concordou.

De Vogüé não era, porém, a única pedra no sapato de Klaebisch. Em Berlim, o marechal-de-campo Göring estava exigindo quantidades cada vez maiores de champanhe para sua Luftwaffe. A marinha também estava fazendo requisições enormes. Imprensado por todos os lados, o weinführer procurou de Vogüé novamente. Dessa vez, foi mais conciliador. "Tivemos nossas divergências", disse ele, "mas estou tendo um problema com Berlim e espero que você se disponha a me ajudar." Descreveu como Göring o estava pressionando para fornecer mais champanhe. Em seguida propôs que, se o CIVC mantivesse o envio de champanhe, ele asseguraria que os produtores tivessem todos os insumos de que precisassem, como açúcar para suas *dosages*, fertilizantes para seus vinhos, até feno para seus cavalos.

De Vogüé disse que era um bom negócio.

Foi um negócio especialmente bom para a Pol Roger. Não muito tempo depois, um porta-voz da Pol Roger entrou em contato com o escritório do weinführer para dizer que estavam fazendo alguns reparos em suas adegas e precisavam de cimento. Klaebisch providenciou a entrega imediata do material. A Pol Roger usou o cimento para emparedar e esconder seu melhor champanhe dos alemães.

"As casas de champanhe fizeram o possível para praticar uma pequena escamoteação", admitiu Claude Taittinger, diretor da Taittinger Champagne. "A maioria tentou preservar seus melhores vinhos e impingir as misturas inferiores ao inimigo." Elas sabiam, por exemplo, que garrafas cujos rótulos tinham a marca "Reservado para a Wehrmacht", que eram freqüentemente cruzados por uma barra vermelha, tinham pouca probabilidade de cair nas mãos de seus clientes regulares. O resultado era que a maioria das casas não hesitava em usá-las para suas piores *cuvées*. "O que elas esqueciam", disse Taittinger, "é que Klaebisch era um *connaisseur* e capaz de falar grosso de vez em quando para mostrar que nem sempre caía nas nossas trapaças."

Um dia, na hora do almoço, Klaebisch telefonou para Roger Hodez, secretário do Syndicat des Grandes Marques de Champagne, uma associação que representava as principais casas de champanhe, e o convidou para um aperitivo. "Nunca tomamos um drinque juntos", disse o weinführer. "Por que não vem até meu escritório para tomarmos um?" Hodez sentiu que não podia recusar.

Quando ele chegou, Klaebisch o convidou para sentar e serviu-lhe um copo de champanhe. Depois serviu para si mesmo. O weinführer parecia estar de bom humor e Hodez começou a relaxar. Então, subitamente, seu nariz franziu-se a um odor horrível que subia do copo. Corajosamente, tomou um gole. O gosto era só um pouquinho melhor do que o cheiro. Não houve sinal de que Klaebisch percebera o desconforto de Hodez. "Que lhe parece?" perguntou afavelmente. Antes que Hodez pudesse responder, o weinführer debruçou-se de repente sobre sua mesa e ficou com o rosto a centímetros do de Hodez. "Vou lhe dizer o que me parece", rosnou, a voz se elevando num crescendo. "Isso tem cheiro de merda! E isso é que vocês querem que eu dê para a Wehrmacht beber? Quero que a casa que fez esta merda seja cortada da lista de firmas que fornecem champanhe para a Alemanha. Não me atreveria a mandar a beberagem deles para Berlim!"

Hodez se encolheu em sua cadeira, procurando palavras na tentativa de apaziguar Klaebisch. "Tenho certeza de que foi só um acidente", gaguejou, "uma caixa de garrafas sujas, talvez, ou quem sabe..." Antes que pudesse dizer mais uma palavra, Hodez recebeu ordem de se retirar do escritório de Klaebisch.

O perturbado representante de produtores de champanhe foi direto a de Vogüé e lhe contou o que se passara. De Vogüé entrou imediatamente em contato com a casa de champanhe e informou a seus administradores o que Klaebisch dissera. O diretor da firma deu de ombros, dizendo que não se importava. "De todo modo, não estamos ganhando muito dinheiro com os alemães. Vamos ficar em melhor situação vendendo um pouco do nosso champanhe no mercado negro e guardando o resto até depois da guerra."

De Vogüé sacudiu a cabeça. "Não se trata disso", ele disse. "Estamos todos juntos nisso e você tem de fornecer sua cota justa." Instruiu a firma a enviar sua cota de champagne para várias outras casas, que concordaram em engarrafá-la sob seus próprios rótulos.

Klaebisch, no entanto, passou a desconfiar mais do que nunca de que os produtores de champanhe estavam tentando passá-lo para trás. Começou a fazer checagens aleatórias do champanhe destinado à Alemanha, retirando garrafas, estourando suas rolhas, cheirando seu conteúdo e depois provando-o. Foi assim que François Taittinger foi parar na cadeia.

François tinha vinte anos quando foi levado para ajudar a dirigir a firma da família depois que seu tio ficara totalmente surdo. Como outros, ele subestimava o conhecimento de champanhe de Klaebisch e pensou que podia passar a perna no weinführer mandando-lhe champanhe de qualidade manifestamente inferior. Quando Klaebisch descobriu, chamou François em seu escritório.

"Como se atreve a nos mandar essa água choca espumante?" berrou.

François, conhecido por seu gênio irascível, berrou de volta: "Que diferença faz? Vai ser tomado por gente que não entende patavina de champanhe!"

Klaebisch jogou François na cadeia. Na mesma cela estavam vários outros produtores de champanhe que também haviam tentado empurrar vinho ruim para Klaebisch.

Alguns dias depois, o mais velho dos irmãos Taittinger foi ao escritório de Klaebisch interceder por François. Guy Taittinger era um ex-oficial da cavalaria e um diplomata nato. Regalou o weinführer com histórias sobre seu tempo no exército francês. Contou como certa vez tivera que "tomar uma garrafa de champanhe que tinha sido decapitada com um sabre e entornada numa espaldeira de armadura". Klaebisch divertiu-se, tanto assim que acabou por sacudir a cabeça, estender a mão e dizer: "Muito bem, você venceu. Seu irmão pode ir."

A maioria das pessoas na Champagne via Klaebisch menos como um reacionário nazista do que cómo um mediador entre a comunidade francesa do vinho e Berlim. Isso nunca ficou mais evidente do que quando Vichy lançou um programa de trabalhos forçados, o Service du Travail Obligatoire, ou STO, para fornecer à Alemanha operários para suas usinas e indústrias. Numa única semana, a Pol Roger teve dez de seus trabalhadores transportados para a Alemanha; na semana seguinte, mais dezessete.

"Desse jeito não temos como continuar", de Vogüé advertiu Klaebisch. "Não temos pessoal suficiente para nosso trabalho regular, muito menos para a colheita. Se você não trouxer alguns de nossos trabalhadores de volta, não vai ter champanhe nenhum no próximo ano." O próprio CIVC tentou manter as casas em funcionamento promovendo um rodízio de trabalhadores tarimbados entre as casas produtoras de champanhe. Ainda assim, as companhias não estavam conseguindo preencher suas cotas obrigatórias.

O weinführer, que se orgulhava de sua eficiência, entrou rapidamente em contato com as autoridades de Berlim. Tendo de escolher entre menos champanhe e menos mão-de-obra em suas fábricas, os alemães preferiram a segunda opção e permitiram que alguns dos trabalhadores mais experientes e mais velhos voltassem às suas adegas.

Cada concessão de Klaebisch, entretanto, parecia gerar mais um decreto. De agora em diante, disse ele, um oficial alemão deveria acompanhar cada trabalhador que entrasse nas caves. Os produtores acharam isso absurdo e completamente impraticável. Quando o weinführer voltou atrás, houve um grande suspiro de alívio, pois as adegas de greda, as *crayères* da Champagne, estavam sendo usadas pela Resistência tanto como esconderijo quanto para armazenar armas e suprimentos.

Na verdade, a Resistência estava fazendo muito mais que isso. Ela havia atinado com o fato de que as remessas de champanhe forneciam relevantes informações militares. Através delas, era possível saber quando os alemães estavam preparando uma ofensiva militar de vulto. Seus militantes deram-se conta disso pela primeira vez quando, em 1940, os alemães encomendaram dezenas de milhares de garrafas a serem enviadas para a Romênia, onde, oficialmente, só havia uma pequena missão alemã. Dentro de poucos dias, a Romênia foi invadida pelo exército alemão. Em seguida, garrafas de champanhe foram distribuídas entre todos os soldados, uma maneira de lhes dizer que "o Führer pensa nos seus homens em primeiro lugar".

Desse momento em diante, a Resistência, com a ajuda das principais casas de champanhe, acompanhou meticulosamente o destino das grandes remessas de champanhe. O alarme soou perto do fim de 1941, quando os alemães fizeram uma encomenda enorme e pediram que as garrafas fossem especialmente arrolhadas e embaladas de modo a poderem ser enviadas para "um país muito quente". Esse país vinha a ser o Egito, onde Rommel estava prestes a iniciar sua campanha da África do Norte. A informação foi retransmitida para o serviço secreto britânico em Londres.

Com a continuação da guerra, as relações entre Klaebisch e de Vogüé deterioraram-se. Klaebisch tinha a impressão de estar sendo cada vez mais usado e "injustiçado" por de Vogüé. Aborrecia-o que este sempre se referisse a ele como Klaebisch, nunca Herr Klaebisch, Monsieur Klaebisch ou pelo menos capitão Klaebisch, só Klaebisch.

Mas isso era mera irritação. Muito mais sério era que Klaebisch e outras autoridades alemãs estavam ficando mais e mais convencidos de que de Vogüé e seus colegas da Moët & Chandon estavam ajudando ativamente a Resistência. Suas suspeitas eram fundadas.

Nos primeiros dias da ocupação, a Moët & Chandon fora mais saqueada do que qualquer outra casa de champanhe. O château Chandon, nos terrenos da abadia Dom Pérignon, fora destruído pelo fogo e muitos outros prédios pertencentes à Moët haviam sido tomados para alojar tropas alemãs. Para somar insulto à injúria, a companhia recebeu também ordens de fornecer ao Terceiro Reich 50.000 garrafas de champagne por semana, ou cerca de um décimo de todo o champanhe que os alemães estavam requisitando.

"Naquelas condições, eu e outros na Moët, todo o primeiro escalão, não podíamos senão resistir", disse o diretor comercial da Moët, Claude Fourmon.

O próprio de Vogüé encabeçava a ala política da Resistência na região leste da França. Nos primeiros estágios da guerra, ele se opusera a uma resistência armada que poderia pôr vidas inocentes em perigo. Com o avanço da guerra, contudo, seus sentimentos começaram a mudar e ele acolheu a Resistência em vinte e quatro quilômetros de adegas da Moët. "No mínimo", disse seu filho Ghislain, "meu pai fez vista grossa à sabotagem e ao ardil, bem como à adulteração do champanhe e sua expedição."

No dia 24 de novembro de 1943, Robert-Jean de Vogüé pediu a seu primo René Sabbe para servir de tradutor numa reunião que ele e Claude Fourmon teriam com Klaebisch, já marcada. A colheita recém-terminada havia sido tão pequena — e tão boa — que eles estavam com esperança de convencer Klaebisch a reduzir a quantidade de champanhe que estava planejando requisitar.

Pouco depois que chegaram, o telefone tocou numa sala vizinha à de Klaebisch. Um jovem oficial interrompeu a reunião para dizer ao weinführer que a chamada era para ele. Klaebisch pediu licença. Minutos depois estava de volta e sentou-se à sua mesa, cruzando os braços sobre a pança.

"Cavalheiros", disse, "era a Gestapo. Estão todos presos." No momento certo, vários oficiais com pistolas em punho irromperam pela porta e levaram os três homens sob custódia.

"Ficamos totalmente estupefatos", Fourmon lembrou depois. "De Vogüé acabara de convencer Klaebisch a permitir que as casas vendessem mais champanhe para civis franceses. Não sei exatamente o que provocou o telefonema, mas acho que a Gestapo queria tirar de Vogüé da linha de comando."

A primeira reação de de Vogüé foi dizer: "Soltem Fourmon, ele não sabe de nada." Pediu também a soltura de Sabbe, dizendo que ele estava ali apenas para traduzir. Seus apelos de nada valeram.

Todos os três foram acusados de obstruir as requisições comerciais da Alemanha e presos. Sabbe foi solto alguns dias depois por causa de sua idade, mas Fourmon foi mandado para Bergen-Belsen, um campo de concentração na Alemanha.

De Vogüé foi condenado à morte.

A sentença irradiou ondas de choque pela Champagne. Pela primeira vez na história, toda a indústria — cultivadores e produtores, trabalhadores e administração — entrou em greve. Klaebisch ficou atônito e, de início, não soube o que fazer. Tachou a greve de "ato de terrorismo" e avisou que haveria uso de força a menos que ela terminasse imediatamente. Os champanheses fizeram ouvidos moucos e levaram adiante seu protesto.

Diante de uma ação tão sem precedentes, Klaebisch pareceu paralisado. Temia que a convocação de tropas pudesse resultar numa agitação ainda maior e obrigar os alemães a assumir o controle da produção de champanhe, algo para o que, ele sabia, não estavam preparados.

Klaebisch temia também mais uma coisa: a notoriedade. Chamar a atenção sobre si mesmo era o que menos desejava, especialmente agora, quando tudo parecia estar caindo aos pedaços. Para piorar a situação, o cunhado e mentor de Klaebisch, Joachim von Ribbentrop, havia caído em desfavor e ele podia muito facilmente se imaginar congelando de repente com outros soldados no front russo.

Após outros apelos infrutíferos aos champanheses para que encerrassem seu protesto, Klaebisch e os alemães entregaram os pontos. Concordaram em "suspender" a sentença de de Vogüé mas disseram que só o estavam fazendo porque ele tinha cinco filhos. Sua pena foi comutada para prisão.

Apesar de seus embates com de Vogüé, não fora isso que Klaebisch esperara ou desejara. "Não é difícil para mim imaginar que Klaebisch ficou incomodado com a prisão de meu pai", disse Ghislain de Vogüé. "Desconfio que estava apenas cumprindo ordens."

Mas a punição da indústria do champanhe apenas começara. As casas de champanhe que haviam apoiado a greve foram arrastadas perante um tribunal militar e postas diante de uma escolha. Pagar uma pesada multa de 600.000 francos (cerca de um milhão e meio de francos na moeda de hoje), ou ter o diretor da casa na prisão por quarenta dias. Quase todas pagaram a multa.

A Moët & Chandon foi a que mais sofreu. "Eles decapitaram a Möet", Claude Fourmon disse mais tarde. Quase toda a cúpula administrativa foi enviada para a prisão ou para campos de concentração.

Na esperança de desestimular mais desobediências e justificar sua repressão à Möet, Klaebisch e outras autoridades alemãs produziram um filme de propaganda. Mostrava falsas caixas de Möet & Chandon sendo apreendidas e abertas, todas cheias de rifles e outras armas. O filme foi distribuído pelos cinemas de toda a França e da Alemanha. Os alemães obrigaram também jornais franceses a publicar um artigo que dizia que de Vogüé estivera ajudando "terroristas".

Em poucos meses, a Autoridade Alemã de Ocupação havia assumido inteiramente a direção da Moët. O homem que puseram à sua frente foi Otto Klaebisch.

Sob muitos aspectos, os weinführers realizaram exatamente o que o Terceiro Reich queria. Ajudaram a deter a pilhagem, restauraram a ordem e abasteceram a Alemanha com um produto extremamente lucrativo. Mais de dois milhões e meio de hectolitros de vinho, o equivalente a 320 milhões de garrafas, foram expedidos para a Alemanha a cada ano.

Mais importante, os weinführers mitigaram uma situação que teria podido ter conseqüências muito piores para a França. Serviram de pára-choque numa batalha que campeou dentro da liderança alemã com relação ao modo de lidar com a França, batalha que opunha nazistas como Göring, que queriam "prender e arrebentar" e tratar a França como país conquistado, e os que preferiam uma abordagem menos implacável, em que se incorporaria a França numa nova Europa dominada pela Alemanha e "se daria a ela um pouco de forragem", de modo a se poder extrair dela tudo que valesse a pena.

Acima de tudo, os weinführers reconheciam a importância econômica e histórica da indústria de vinho da França e fizeram tudo que estava em seu poder para assegurar sua sobrevivência. Fizeram-no também em benefício próprio, pois compreendiam que quando a guerra terminasse e eles voltassem a seu país e a seus negócios, seria essencial ter alguém — isto é, os franceses — com que fazer negócios novamente.

Enquanto a guerra continuava, contudo, e especialmente quando ela começou a se voltar contra a Alemanha, a maioria das pessoas na França ia se convencendo de que a melhor garantia de sobrevivência estava em confiar em si mesmos, não nos weinführers e certamente não em Pétain e seu governo de Vichy, que estava se tornando mais fascista a cada dia. Isso significava encontrar métodos não convencionais e ter a coragem de contornar ou violar regras estabelecidas.

Como Janet Flanner previu assim que a guerra começou: "Dada a mania dos alemães por pilhagem sistemática — por arrebanhar e levar da França roupa de cama, máquinas, tapeçarias Gobelins, instrumentos cirúrgicos, leite, carneiro, champanhe doce — os franceses terão de se transformar numa raça de mentirosos e trapaceiros para poder sobreviver fisicamente."

QUATRO

Esconder, mentir e trapacear

Adega de vinho em Bordeaux. Vinicultores por todo o país emparedaram parte de suas caves para esconder seu melhor vinho dos nazistas.

O chefe de estação Henri Gaillard estava suando.

Já suportara a ocupação alemã por quase um ano, e ela lhe dera uma dor de cabeça atrás da outra. Seu salário estava atrasado; dinheiro para seu pessoal nunca chegava à estação de St. Thibault em dia; sumia um pacote atrás do outro. Ele preenchia zelosamente os formulários que a Autoridade da Ocupação em Dijon lhe enviava e respondia às suas intermináveis perguntas sobre o que sua estação ferroviária estava fazendo.

Mas agora estava enfrentando mais do que uma dor de cabeça burocrática: seu emprego estava em risco — e talvez mais do que isso.

Naquela manhã, ao chegar ao trabalho em sua estação na Borgonha, soubera da má notícia. Um trem descarrilara em sua seção porque uma agulha fora acionada na direção errada e agora toda a sua carga estava perdida. E não era uma carga qualquer. O trem fora carregado com os melhores vinhos da Borgonha, todos destinados à Alemanha e a pessoas cujos nomes faziam Henri tremer — Göring, Himmler, quem sabe o próprio Führer. Que iria fazer?

Apenas alguns dias antes, Henri pedira confiantemente a seu chefe alemão na Autoridade de Ocupação, o comandante do 3º Arrondissement de Dijon, um passe para cruzar a Linha de Demarcação e ir a Lyon, visitar a filha que estava prestes a ter um bebê. Tivera esperança de conseguir a permissão de modo a poder estar lá logo após o nascimento. Afinal, era seu primeiro neto e ele lembrara ao comandante que ainda lhe restava uma semana de férias. Ressaltara também que era um veterano condecorado da Primeira Guerra Mundial (talvez não a melhor coisa a dizer para alguém que estava do lado derrotado naquele conflito).

Que fariam os alemães agora? Henri se perguntava. Conseguiria ir a Lyon? Perderia o emprego? Acabaria na prisão?

Mergulhando a caneta na tinta marrom oficial, Henri Gaillard começou nervosamente seu relatório:

LIVRO DE OCORRÊNCIAS DO CHEFE DA ESTAÇÃO, ESTAÇÃO DE ST. THIBAULT, CÔTE D'OR, BORGONHA: *Tenho a honra de informá-los de que houve um acidente na linha férrea de St. Thibault. Foi a primeira vez que algo semelhante aconteceu desde que assumi a chefia da estação vários anos atrás. Não tenho absolutamente nenhuma idéia do que poderia ter acontecido com as cargas dos vagões. Muito humildemente, peço desculpas pelo transtorno e espero sinceramente que isso não se reflita negativamente sobre meu caráter ou carreira. Seu mui humilde servidor, Henri Gaillard.*

Se Gaillard não sabia o que acontecera com o vinho, era provavelmente o único nessa situação. Ao longo das vias férreas da França, agricultores, vinicultores e, especialmente, ferroviários, ou *cheminots*, estavam saqueando sistematicamente vagões cheios de mercadorias destinados à Alemanha.

"Era quase um esporte", disse Jean-Michel Chevreau, um vinicultor do vale do Loire. "Nossa diversão favorita era lograr os alemães."

O "logro" de Chevreau começou em julho de 1940, depois que uma tropa de soldados alemães, de passagem por sua aldeia, insistiu em pernoitar em sua adega. Na manhã seguinte, depois que tinham partido, Chevreau descobriu que mais de cem garrafas tinham desaparecido. Decidiu dar o troco.

Algumas noites depois, ele e alguns amigos, armados com latas de vinte litros e mangueiras, escapuliram depois do toque de recolher e rumaram para a estação ferroviária da cidade vizinha de Amboise, onde os alemães estavam carregando barris de vinho destinados à Alemanha. Quando os guardas estavam olhando para o outro lado, eles extraíram rápida e silenciosamente todo o vinho dos barris, um exercício que repetiram ao longo de várias semanas, até que autoridades em Berlim começaram a se queixar de que os barris que lá chegavam estavam vazios. Autoridades em Amboise postaram prontamente mais guardas em torno da área de carregamento da estação ferroviária. Puseram também bóias nos barris para poderem saber se estavam cheios.

Mas isso não deteve Chevreau e seus amigos. "Continuamos a extrair vinho e depois enchíamos os barris de água", disse, rindo.

LIVRO DE OCORRÊNCIAS DO CHEFE DA ESTAÇÃO, ESTAÇÃO DE ST. THIBAULT: *Por favor me informem do que gostariam que eu fizesse com o grande contêiner de barris de vinho que chegou aqui. Os barris estão todos vazios. Permaneço seu mais respeitoso servidor, Henri Gaillard, chefe da estação.*

Chevreau e outros por todo o país estavam empenhados num tipo especial de resistência — não *a* Resistência, mas uma que, como Janet Flanner definiu, consistia em "esconder, mentir e trapacear". Não só enormes quantidades de vinho eram escondidas dos alemães, como os franceses, segundo Flanner, também "mentiam patrioticamente com relação à qualidade da bebida que entregavam ao inimigo, que encomendava borgonhas de boa safra e, inadvertidamente, aceitava *piquette* (vinho ralo e acre impróprio para venda)". "Trapaceavam" os conquistadores também empurrando-lhes vinhos e conhaque batizados com água, vendendo-lhes *grands crus* diluídos, champanhe aguado, e "*eau-de-vie* a sessenta graus em vez do conhaque a oitenta graus pelo qual haviam pago".

Na Champagne, os produtores engarrafavam seus piores vinhos e os marcavam como "Cuvée especial para a Wehrmacht". Em seguida acrescentavam insulto à injúria, usando rolhas de má qualidade que normalmente teriam sido jogadas fora. Quando os alemães chegavam para investigar uma firma que supunham os estar trapaceando, a administração, segundo Patrick Forbes, "ficava muito, muito sentida, mas um cano acabara de estourar, ou o rio Marne subira, e os alemães, não desejando enlamear suas belas e lustrosas botas de cano alto numa adega inundada, iam embora. Não que jamais manifestassem grande entusiasmo por visitar as imensas adegas de greda e calcário em que as casas de champanhe armazenavam seu vinho: tinham medo de que lhes coubesse a sorte de Fortunato, o herói de 'The Cask of Amontillado' de Poe, que foi emparedado vivo nas sinistras catacumbas dos Montresors."

Grande parte do "esconder, mentir e trapacear" era resultado de lições aprendidas em guerras anteriores. Após a batalha de Waterloo, tropas prussianas haviam pilhado adegas por toda a Champagne. Antes de ir embora, alguns gravaram nas paredes seus nomes e uns tantos *dankeshön*, bem como alguns grafites menos polidos.

Na Primeira Guerra Mundial a mesma coisa voltou a acontecer, mas dessa vez os alemães não foram os únicos culpados. Tropas francesas a caminho do front também passaram a mão em numerosas caixas de champanhe. Delas fez parte um jovem soldado que mais tarde se tornaria um dos mais famosos artistas franceses. Mais tarde, quando recordou esse episódio, Maurice Chevalier riu: "Foi quase um ato patriótico", disse. "O que sentimos foi: 'Assim sobram menos para os prussianos.'"

Freqüentemente, os alemães tornavam fácil para franceses trapacear. "Eles eram incrivelmente desleixados quando faziam suas encomendas de vinho", disse Johnny Hugel, da Alsácia, com uma risadinha. "Recebíamos um pedaço de papel dizendo que mandássemos dez mil garrafas para esse ou aquele lugar, mas nunca indicavam precisamente que vinho queriam, de modo que mandávamos sempre o pior, como o de 1939, que era uma completa porcaria. Se os alemães não tivessem chegado, até hoje teríamos essa safra encalhada nas nossas adegas."

Alguns vinicultores e produtores interpretavam encomendas deliberadamente mal e as mandavam para o destino errado, de modo que o vinho da Wehrmacht, por exemplo, pedido para Hamburgo, ia parar em Homburg.

LIVRO DE OCORRÊNCIAS DO CHEFE DA ESTAÇÃO, ESTAÇÃO DE ST. THI-BAULT: *Tenho a honra de informar que recebi vários grandes contêineres de vinho com endereços ilegíveis. Embora a destinação pareça ser St. Thibault, não é especificado qual St. Thibault. Nenhum comerciante nesta área conhece o nome do remetente. Aguardando uma resposta instrutiva, sou seu servidor, Henri Gaillard, chefe da estação.*

Um dos exemplos mais inusitados do que os vinicultores fizeram na tentativa de proteger seus vinhos dos alemães durante a Primeira Guerra Mundial ocorreu em Bordeaux. O proprietário de um *château*, ao saber que as tropas do Kaiser estavam vindo em sua direção, optou por esconder suas preciosas garrafas num pequeno lago em sua propriedade. Tudo correu sem percalços até a manhã seguinte, quando um dos oficiais alojados no castelo decidiu fazer um passeio em volta do lago. Contemplando a beleza da água, parou de repente, os olhos arregalados de espanto: a superfície estava juncada de rótulos flutuantes.

Na Segunda Guerra Mundial, os vinicultores franceses haviam descoberto algumas novas manhas. André Foreau, um vinicultor de Vouvray, enterrou suas melhores garrafas sob as vagens, tomates e repolhos de sua horta. Gaston Huet, cunhado de Foreau, usou as cavernas naturais do vale do Loire para esconder seus estoques de vinho. Depois plantou ervas e arbustos diante das cavernas para esconder as bocas das cavidades.

Apesar disso, os vinicultores de Vouvray ficaram aflitos ao saber que um contingente de soldados alemães estava se dirigindo à cidade e pretendia pernoitar lá. Mas o prefeito Charles Vavasseur, ele próprio um vinicultor, teve uma idéia. Procurou um artista seu amigo e lhe pediu para tentar uma falsificação. Juntos, produziram alguns documentos, de aspecto bastante oficial, que diziam que todo o vinho de Vouvray havia sido "reservado para a Wehrmacht". Quando um representante da Autoridade de Ocupação chegou para fazer os preparativos para os soldados alemães, Vavasseur mostrou-lhe os documentos "oficiais" e explicou que os únicos lugares grandes o bastante para abrigar todos os soldados eram as caves de vinho. "Claro que pode acomodá-los lá", disse Vavasseur, "mas, bem, não posso garantir que os soldados não vão tocar no vinho da Wehrmacht. Posso apenas esperar que apareçam sóbrios de manhã." O funcionário alemão resolveu que o melhor era encontrar um outro lugar para os homens dormirem.

Essa precaução não prevaleceu em Aloxe-Corton, onde um outro contingente de soldados pernoitou. "Eles passaram a mão em muitas garrafas da minha adega", lembrou Daniel Senard, um vinicultor da Borgonha cuja casa fora requisitada pelos alemães. Senard havia escondido a maior parte do seu vinho, deixando porém um pouco deliberadamente bem à vista. "Não podíamos esconder tudo", disse ele. "Se o fizéssemos, os alemães iriam desconfiar. Na verdade, provavelmente teriam levado mais do meu vinho se não tivessem descoberto outra coisa." Essa "outra coisa" era um esconderijo com garrafas de faiança cheias de um líquido claro, que os soldados pensaram ser gim engarrafado à maneira holandesa tradicional.

"Puseram-se a consumi-lo com grande entusiasmo", recordou Senard com uma risinhadinha marota, pois o que alemães estavam bebendo não era gim, mas água purgativa, eau-de-Santenay, um poderoso laxante. "Era o tipo da coisa que a avó de todo mundo sempre tinha à mão para 'limpar o sistema.'" Naquela noite o quintal ficou cheio de soldados a andar de um lado para outro, alternando o passo de ganso com a corridinha da maçã verde.

Segundo um escritor americano que estava na França na época, os alemães "sentiam que estavam sendo constantemente logrados e alvo de chacota".

Na Alsácia, por exemplo, quando os alemães souberam que na casa dos Hugel havia um porco chamado Adolf, enviaram vários soldados à casa da família. Ao chegar, os soldados encontraram o jardineiro trabalhando e o porco cochilando ali perto. O oficial no comando aproximou-se. "Você", disse em tom ameaçador, "em que estava pensando quando chamou este porco de Adolf?" O velho jardineiro, contudo, não se intimidou nem pestanejou. "Por que pergunta?" respondeu. "No que o *senhor* está pensando?" O oficial, embaraçado, ficou sem fala. Deu meia-volta e levou seus homens embora.

Até em Paris, quando iam jantar nos restaurantes mais finos, os alemães sentiam muitas vezes que se estava armando alguma coisa contra eles. Fora-lhes servida a comida que tinham pedido? Era aquela garrafa de vinho realmente de tal safra famosa? Apesar de sua desconfiança, os alemães não tinham como saber que vários restaurantes haviam de fato maquinado um bocado para mascarar seu vinho. Isso foi feito com a ajuda de uma companhia de tapetes muito especial.

A Chevalier era uma elegante firma de tapetes que operava havia gerações. Comprava e vendia apenas os mais finos tapetes, como Aubussons antigos e persas da mais alta qualidade. Todos que precisavam mandar limpar um tapete valioso, até museus, geralmente recorriam à Chevalier. Embora ninguém se lembre quem foi, alguém teve a idéia de que aquela poeira era boa demais para ser jogada fora. Não demorou e Chevalier estava enfardando sacos de poeira antiga e distribuindo-os por alguns dos melhores restaurantes de Paris. Ali, a poeira seria polvilhada sobre garrafas de vinho novo barato, para que parecessem velhas e raras. Depois seriam apresentadas a clientes alemães que pensavam estar obtendo algo de extraordinário.

Assim como os proprietários de restaurantes de Paris, Madame Gombaud do Château Loudenne, em Bordeaux, estava decidida a não dar aos alemães o que eles queriam. Quando soube que estavam planejando usar parte de seu castelo como bordel, ficou furiosa. Correu até os celeiros e começou a catar excrementos de rato para em seguida espalhá-los à vontade por todo o castelo, particularmente nos quartos.

Alguns dias depois, chegou uma turma de inspeção para fazer uma avaliação final. Não precisaram de muito tempo para concluir que a idéia do bordel não era das melhores, e logo ela foi abandonada.

"Sabíamos que certas coisas estavam acontecendo", um oficial alemão lembrou mais tarde. "Sabíamos, por exemplo, que vinicultores estavam erguendo paredes e escondendo vinho por trás delas. Sabíamos com toda certeza que elas estavam sendo construídas, mas não tínhamos tempo de inspecionar a adega de todo mundo."

Claramente, não tiveram tempo para dar um piparote nas teias de aranha que disfarçavam a nova parede na adega de Maurice Drouhin. Tampouco tiveram tempo para derrubar a pilha de lenha que escondia a parede recém-erguida no Domaine de la Romanée-Conti. E certamente lhes teria sido impossível estudar todos os papéis e documentos que confundiam a verdadeira posse de certas propriedades viníferas.

Ninguém fez trabalho melhor para anuviar o quadro que os Barton, uma família anglo-irlandesa com interesses em Bordeaux desde o século XVIII e que possuía os Châteaux Langoa-Barton e Léoville-Barton. Quando a Segunda Guerra Mundial foi deflagrada, Ronald Barton, que dirigia as duas propriedades mas nunca adotara a cidadania francesa, compreendeu que seus dias na França estavam contados. Mesmo assim, estava decidido a cuidar de seus interesses pelo tempo mais longo possível. Toda noite, quando se sentava para jantar, Barton tinha o costume de tomar uma boa garrafa de Langoa ou Léoville, seu brinde pessoal fazendo eco ao de Maurice Chevalier. "Aqui vai uma a menos para os alemães se eles vencerem, uma a menos para os meus herdeiros se nós vencermos."

Quando o marechal Pétain assinou um armistício com os alemães naquele mês de junho, Barton, que era britânico, compreendeu que tinha de fugir e por pouco não perdeu o último navio a zarpar de Bordeaux. Foi uma partida emocionada, com Barton perguntando aos berros aos amigos "se ele iria um dia ver de novo seu amado Langoa".

Seus temores eram bem fundados. Pouco depois que Barton chegou à Inglaterra e ingressou no exército britânico, os alemães anunciaram que estavam confiscando seus castelos e vinhedos como propriedade inimiga. Mas depois aconteceu algo de inusitado. O sócio de Barton nos negócios, Daniel

Guestier, foi aos alemães em Bordeaux e sustentou que o confisco era ilegal porque Barton era irlandês. Lembrou aos alemães que a Irlanda estava neutra na guerra e que, portanto, eles não tinham nenhum direito de confiscar a propriedade. A irmã de Barton em Dublin, que era de fato uma verdadeira cidadã da República da Irlanda, desfechou uma campanha de cartas. Amigos, parceiros de negócios e até estranhos completos bombardearam as autoridades alemãs com correspondência, toda ela trazendo selos e carimbos irlandeses e enfatizando as origens irlandesas de Ronald. Até o embaixador irlandês em Berlim juntou-se à conspiração, frisando a neutralidade irlandesa e sustentando que Ronald Barton era realmente irlandês.

A manobra funcionou. Embora tenham usado os Châteaux Langoa e Léoville-Barton para aquartelar suas tropas, os alemães não confiscaram as duas propriedades como haviam pretendido.

Os Barton não foram os únicos a frustrar os alemães sob esse aspecto. Surpreendentemente, o governo francês de Vichy desempenhou um papel também.

Não era segredo que o marechal-de-campo Göring era um amante dos excelentes vinhos do Château Lafite-Rothschild e que cobiçava a famosa propriedade havia muito. Consta que Hitler planejou apossar-se do Lafite como "espólio de guerra" e dá-lo de presente ao seu sucessor escolhido. Para impedir que isso acontecesse, Vichy, que não tinha nenhum desejo de ver as mais excelentes propriedades francesas caírem em mãos alemãs, empregou um estratagema legal e confiscou o castelo e seus vinhedos. Com o Lafite pertencendo agora legalmente ao Estado francês, os alemães não mais puderam confiscá-lo como bem judaico.

Mas, como no caso do Langoa-Barton, os alemães instalaram um centro de operações no castelo e alojaram algumas de suas tropas ali. Isso deixava a guarda-livros do Lafite, Gaby Faux, muito nervosa. Madame Gaby, como era chamada, morava no Lafite e concordara em empenhar-se ao máximo para zelar pelo castelo depois que os Rothschild fugiram da França. Havia aceitado até os objetos mais sagrados da Grande Sinagoga de Paris, a ela confiados por Robert de Rothschild, chefe do Consistório da sinagoga, e escondera-os debaixo de sua cama e em seu banheiro para protegê-los. Ela tinha certeza de que os alemães nunca entrariam nos aposentos privados de uma senhora solteira. Mas não estava tão certa quanto à adega do Lafite.

Pouco antes da chegada das tropas alemãs, com a ajuda de várias outras pessoas que trabalhavam no Lafite, Madame Gaby começou a transportar parte das garrafas mais preciosas, entre elas as da safra clássica de 1797, para as adegas de *châteaux* vizinhos que haviam concordado em escondê-las em meio ao seu próprio vinho. Como precaução adicional, fez algo de ainda mais extraordinário: começou a "maquiar os livros". Noite após noite, sentava-se em seu pequeno apartamento no castelo, transferindo cuidadosamente a propriedade do vinho Lafite da velha geração dos Rothschild, que fugira da França, para os irmãos Alain e Elie. Esses dois Rothschild, que estavam no exército francês, haviam sido feitos prisioneiros quando os alemães invadiram a França. Ela sabia que, sendo eles prisioneiros de guerra, sua propriedade estava protegida pelas convenções de Haia e Genebra e não podiam ser tocadas pelos alemães.

LIVRO DE OCORRÊNCIAS DO CHEFE DA ESTAÇÃO, ESTAÇÃO DE ST. THIBAULT: *Os senhores afirmam que havia gado faltando em minha última remessa. Eram touros ou vacas? Seu servidor, Henri Gaillard.*

Os alemães percebiam a obstrução e a tramóia, mas pouco podiam fazer a respeito, exceto redobrar sua segurança e vigilância. Até Henri Gaillard sentiu a pressão. Como vinho, comida e gado continuavam a desaparecer misteriosamente de trens que passavam por sua estação, Gaillard passou a ser bombardeado com cartazes enviados pelas autoridades alemãs, lembrando-lhe de que estava sendo atentamente vigiado. "O país está de olho em você, *cheminot*", advertia um deles. Gaillard recebeu ordem de pendurar o cartaz em seu escritório e mantê-lo lá por um mês.

Mas tramóia e obstrução não eram o que mais inquietava os alemães. Era a crescente sabotagem, especialmente ao longo das linhas ferroviárias. Em retaliação, os alemães começaram a obrigar os próprios franceses a ajudar a melhorar a segurança. O que foram incapazes de perceber é que muitas das pessoas que alistaram para ajudá-los eram exatamente as mesmas que estavam causando os problemas, gente como Jean-Michel Chevreau, que andara esvaziando seus barris.

"Foi um tempo de drama intenso aliviado por momentos de travessuras intensas", disse Chevreau.

Algumas dessas travessuras intensas ocorriam durante as patrulhas noturnas que Chevreau e outros eram obrigados a fazer. "Tínhamos de percorrer todas as noites o caminho entre nossa aldeia e Amboise e reportar quaisquer acidentes", disse ele. "Os alemães nos deram também bastões de madeira com que deveríamos cutucar objetos suspeitos."

Num esforço de assegurar que Chevreau e outros estavam fazendo seu trabalho, autoridades de Chançay, a aldeia de Chevreau, carimbavam seus papéis, registrando a hora em que partiam; os papéis eram novamente carimbados em Amboise, registrando o momento em que terminavam. "Mas nunca fizemos trabalho algum", disse Chevreau. "Tudo que fazíamos era calcular o tempo que seria necessário para andar ao longo dos trilhos entre nossa aldeia e Amboise; depois pegávamos nossas bicicletas, íamos para Amboise e fazíamos hora por algum tempo antes de levar nossos papéis para ser carimbados lá. Depois pedalávamos para casa."

LIVRO DE OCORRÊNCIAS DO CHEFE DA ESTAÇÃO, ESTAÇÃO DE ST. THIBAULT: *Respondo à indagação dos senhores com respeito ao paradeiro de uma remessa de vinho perdida. Não foi feita nenhuma remessa de vinho de minha estação este mês. Henri Gaillard.*

Não foi surpresa para Gaillard receber um outro cartaz, este exortando-o a lembrar o slogan da Revolução Nacional do marechal Pétain: "Trabalho, Família, Pátria". Era um slogan com relação ao qual Gaillard e muitos franceses estavam ficando cada vez mais cínicos. Trabalho? Ele só beneficiava os alemães, as pessoas zombavam. Família? Com um milhão e meio de franceses agora como prisioneiros de guerra na Alemanha, muitas famílias estavam sem pais, maridos e filhos. Pátria? Nada além de uma vaca leiteira para os alemães.

Apesar das promessas de Pétain, a maioria dos franceses compreendia que não havia um tratado de paz com os alemães à vista, que os prisioneiros de guerra não estavam prestes a voltar para casa e que a ocupação não iria acabar tão cedo.

A cada dia que passava, a ocupação, com seu racionamento, suas barricadas e seus toques de recolher, parecia infectar mais um aspecto da vida francesa. Autoridades abriam rotineiramente correspondência privada para controlar a opinião pública. Os cinemas eram obrigados a exibir cinejornais alemães. Os filmes americanos estavam banidos e ouvir o jazz americano era proibido. Mas, à medida que as normas e restrições cresciam, crescia também a genuína resistência.

De início ela se manifestou de maneiras sutis, com o que o historiador H.R. Kedward chamou de "gestos mínimos de rebeldia, praticados para parecer acidentais ou impensados: derrubar o drinque de um alemão, informar o caminho errado a um turista alemão, fingir não ouvir ou compreender ordens dadas na rua, ou usar combinações de roupas que compunha o proibido tricolor azul, branco e vermelho."

A mulher de um vinicultor lembra ter passeado pela rua em sua cidade no 14 de julho, o dia da Tomada da Bastilha, de braço dado com a mãe e a cunhada. Todas as celebrações do dia nacional da França tinham sido proibidas por Vichy, mas aquelas mulheres encontraram sua própria maneira de comemorar debaixo dos narizes das autoridades. Ela usava um vestido azul, sua mãe estava de branco e a cunhada usava vermelho.

Na Champagne, uma jovem manicure também encontrou uma maneira de protestar contra a presença alemã. Ao ver entrar no salão em que trabalhava um oficial que vinha regularmente fazer as unhas, ela se levantou, vestiu o casaco e foi embora. "Eu não conseguiria me obrigar a tocar nas mãos dele."

Esses "gestos de rebeldia" obedeciam a um discurso que quase ninguém ouviu. No dia 18 de junho de 1940, apenas um dia depois que a França concordou em se render, um general-de-exército francês de quarenta e nove anos falou pelo rádio, de Londres, para instar seus compatriotas a resistir. Seu nome era Charles de Gaulle. Ele disse que a França não perdera a guerra, apenas uma batalha. "Conclamo os franceses, homens e mulheres, em toda parte a resistir e continuar a luta." Muito poucos, no início, ouviram seu apelo.

Poucas horas depois, no entanto, um panfleto clandestino intitulado *Conselho aos ocupados* exortava o povo a obedecer ao toque de recolher porque isso lhes permitiria estar em casa a tempo para ouvir a BBC. Todos, dizia o panfleto, deviam "aparentar perfeita indiferença, mas manter acesa a chama da sua ira; ela vai se tornar útil".

Muitos levaram o conselho em conta e passaram a ouvir a BBC não para receber mensagens ou ordens secretas, mas para obter notícias precisas em contraposição à propaganda oficial alemã e de Vichy. "Havia uma aura especial naquilo e em sussurrar todas as notícias", disse May-Eliane Miaihle de Lencquesaing. "Quando as transmissões terminavam, todo mundo sintonizava seus rádios numa estação francesa ou na Rádio Vichy. Era algo que todos fazíamos automaticamente, por precaução, caso os alemães viessem bisbilhotar."

No dia 11 de novembro de 1940, houve um boletim especial: em Paris, estudantes haviam entrado em choque com a polícia alemã no Arco do Triunfo quando tentavam comemorar a vitória da França sobre a Alemanha na Primeira Guerra Mundial. Segundo a transmissão, tiros haviam sido disparados e estudantes tinham caído sangrando. Quando seus colegas correram para apanhá-los, policiais com cassetetes investiram.

O embate produziu uma "mudança palpável" na atmosfera. "Muito pouco tempo atrás, a opinião pública estava fraca e mole, disposta a concordar com qualquer coisa", escreveu um memorialista francês. "Agora Vichy e Berlim conseguiram tornar o país inteiro consciente dessa servidão."

E a consciência deu lugar a um cinismo mordaz.

"Se tivéssemos sido 'ocupados', para usar o termo polido, pelos suecos", comentou um parisiense, "teria nos sobrado pelo menos uma dança, um gosto por fitas azuis e amarelas; se tivessem sido os hotentotes, ou os italianos, ou os húngaros, teríamos ficado com uma canção, um sorriso, certa maneira de sacudir a cabeça... Mas no caso deles, todo mundo sabe perfeitamente que não

vão nos deixar nada. Nem mesmo uma melodia, uma careta. Nenhum mole-
que de rua sonharia em imitar aquele passo de ganso."

Apesar do seu temor das repercussões, o chefe de estação Henri Gaillard
também estava ficando irritado, e suas mensagens às autoridades alemãs em
Dijon refletiam isso. Elas haviam se tornado mais concisas e mais cínicas. No
que é especialmente revelador, ele não estava mais usando os fechos formais,
estilizados — as chamadas *pâtisseries*, que os franceses tanto amam —, em suas
comunicações com os alemães. Agora, Gaillard estava simplesmente assinando
seu nome.

LIVRO DE OCORRÊNCIAS DO CHEFE DA ESTAÇÃO, ESTAÇÃO DE ST. THI-
BAULT: *Conviria que os senhores se lembrassem de que suas remessas de vinho
não podem chegar tão rapidamente quanto seus pedidos. Não receberão as remessas até que me enviem os papéis corretos. Já lhes disse isto antes. Há também
um assunto adicional. Meu toalete está quebrado. Seria bom tê-lo reparado antes
do inverno, especialmente porque agora ele esta vazando na minha adega de
vinho! Henri Gaillard, chefe da estação.*

Na altura de 1941, a desilusão de Gaillard era partilhada praticamente por
todo mundo no país. Haviam aparecido jornais clandestinos exortando os
franceses a desafiar os alemães. Também haviam aparecido grupos ativos da
Resistência tanto na zona ocupada quanto na não ocupada.

Um dos primeiros grupos foi o Combat, criado por oficiais e reservistas
militares franceses. Jean Monmousseaux, um vinicultor e *négociant* de Touraine, era um de seus membros. Monmousseaux servira no regimento de blindados de de Gaulle e era um dos poucos que haviam ouvido a transmissão do
discurso que fizera em Londres. Ficara profundamente comovido. "Meu pai
achava muito difícil aceitar a derrota da França", disse seu filho Armand.

Monmousseaux encontrava-se freqüentemente com seus colegas do exército, dizendo: "Deveríamos estar fazendo alguma coisa, mas o quê?" Um dia a
resposta apareceu à sua porta na pessoa de um de seus velhos camaradas.
"Venha comigo, Jean, vamos precisar de você", ele disse.

Como morava perto da Linha de Demarcação, Monmousseaux se tornara
uma visão familiar para os alemães, sempre cruzando de uma zona para a
outra com seus barris de vinho. Aqueles barris, seus amigos salientaram, eram
grandes o bastante para conter um homem. Jean compreendeu imediatamente
e, cheio de entusiasmo, concordou em ajudar.

Enfiar uma pessoa num barril, no entanto, não é fácil. Os barris de vinho
são feitos para ser estanques. Suas duas extremidades eram lacradas e fixadas
sob as pontas curvas das aduelas, e cada aduela é feita para se ajustar perfeita-

mente às vizinhas. Para meter alguém num barril é preciso primeiro remover os anéis de metal que o envolvem e desmembrá-lo completamente, aduela por aduela, e finalmente montá-lo de novo da mesma maneira, em torno da pessoa. "Não há outro jeito", disse Armand. "Você não pode simplesmente enfiar uma pessoa por aquele buraquinho."

Jean e seu tanoeiro fizeram algumas experiências. O melhor tempo que conseguiram fazer em todas as tentativas foi de duas horas, duas horas para desmontar o barril, pôr um homem dentro e montá-lo de novo em torno dele. Depois havia a viagem propriamente dita e a espera junto à Linha de Demarcação, que podiam demandar horas a mais. Era um tempo longo para um homem ficar espremido num espaço tão minúsculo, quase sem ar, mas era possível.

"Vale a pena correr o risco", Monmousseaux anunciou a seus colegas. "Vamos fazer a coisa."

Assim, durante os dois anos seguintes, Monmousseaux conduziu um tráfico de seres humanos, transportando líderes da resistência para dentro e para fora da Zona Ocupada no bojo de seus barris de vinho. A cada missão realizada, ele remontava seus barris, enchia-os de vinho e voltava para casa. Os alemães nunca desconfiaram do que estava fazendo.

A essa altura, incidentes ao longo das linhas férreas eram uma ocorrência quase diária. Vagões descarrilavam, remessas de vinho, alimento e outras mercadorias para a Alemanha desapareciam ou eram destruídas.

Praticamente toda semana, o chefe de estação Gaillard tinha de notificar seus chefes alemães em Dijon de que um outro carregamento de mercadorias estava faltando. Em uma semana, ele relatou que um engradado de vinho que chegara à sua estação pesava substancialmente menos do que quando fora embarcado no trem. Na semana seguinte o informe de Gaillard foi ainda pior. "Estou lhes devolvendo um caixote de fardos de alimentos embrulhados mas totalmente vazios", ele escreveu. "Eles deveriam conter trinta e sete quilos de alimentos, mas não o fazem. Falta também um saco de cinqüenta quilos de sal."

Incidentes de furto e logro aos alemães haviam se tornado tão freqüentes que por vezes os envolvidos se viam tropeçando uns nos outros. Em Bordeaux, por exemplo, um grupo local da Resistência avistou um trem com vinho para Berlim e resolveu afanar sua carga. "Não deixaram uma garrafa para contar a história", lembrou um bordelês.

Uma vez em casa, ficaram empolgados ao descobrir que as garrafas furtadas vinham de algumas das melhores safras e dos mais excelentes *châteaux*. Imediatamente, começaram a abrir algumas delas para comemorar seu sucesso. Então, um por um, seus rostos foram tomados pela consternação. O vinho era intragável. *Négociants* de Bordeaux haviam passado a perna nos alemães, colando rótulos de primeira classe em garrafas que continham simplesmente zurrapa.

LIVRO DE OCORRÊNCIAS DO CHEFE DA ESTAÇÃO, ESTAÇÃO DE ST. THI-BAULT: *Um grande contêiner de garrafas de vinho acaba de chegar à minha estação. Por favor, digam-me o que gostariam de fazer com ele. As garrafas estão todas vazias. Aguardando uma resposta instrutiva, Henri Gaillard.*

Afrontar os alemães era um jogo perigoso. Em Bordeaux, um homem foi morto a tiro ao erguer um punho fechado quando soldados alemães faziam uma parada. Um outro foi executado por cortar fios telefônicos.

Até os Hugel da Alsácia, que impingiam vinho de má qualidade aos alemães sempre que possível, compreenderam que deviam ter cuidado. "Quando recebíamos uma encomenda da Platterhof, a casa de hóspedes de Hitler, sempre mandávamos nosso melhor vinho", disse Georges Huet. "Em geral recebíamos duas encomendas por ano da Platterhof e na maioria das vezes elas eram muito precisas. Havia lá muitas pessoas — não Hitler, porém — que apreciavam bom vinho. Não ousávamos frustrá-las."

Outros, especialmente os que eram jovens como Gerald Boevers, de dezessete anos, eram mais atrevidos. Boevers, que morava na aldeia produtora de champanhe de Louvois, estava aborrecido. Era 14 de julho, o dia da Tomada da Bastilha, mas autoridades de Vichy haviam proibido todas as celebrações tradicionais, temendo que pudessem levar a demonstrações antigermânicas. Boevers e três amigos resolveram celebrar de todo modo. Encontraram vários contêineres de metal e os encheram com pólvora de munição de caça que haviam escondido dos alemães. Depois alguém acendeu um fósforo enquanto os outros corriam em busca de abrigo.

"Foi uma explosão de bom tamanho", disse Boevers, "grande o bastante para trazer a polícia e um punhado de soldados para cima de nós." Boevers e os outros foram levados imediatamente ao quartel-general da Gestapo onde, pelo resto daquele dia e durante a noite, foram interrogados e severamente surrados. "A certa altura", disse Boevers, um homem da Gestapo me disse: 'Se você tivesse dezoito anos, teríamos lhe metido uma bala.' Foi a única vez em que fiquei feliz por ser jovem demais para ingressar no exército francês."

Um outro jovem francês, Marcel de Gallaix, também resolveu se arriscar. Marcel era um advogado especializado em direitos de propriedade. Apesar dos temores de sua mulher, concordou em representar vinicultores da Borgonha que queriam contestar requisições e confiscos alemães. Para ir ao encontro de seus clientes, ele muitas vezes tinha de cruzar a Linha de Demarcação, um exercício que, além de exasperante, consumia tempo. Trens podiam ser detidos por horas enquanto se revistavam passageiros e vagões. Quando Marcel finalmente chegava a seu destino, descobria um outro problema: ninguém tinha dinheiro. "Está certo", ele dizia. "Pode me pagar com vinho."

Assim, a cada viagem, ele voltava para casa com uma sacola cheia de bons borgonhas — todos em garrafas sem rótulo. "Assim ele podia dizer aos alemães que era um vinho de mesa qualquer que arranjara", disse sua mulher Gertrude. "Dias ou semanas depois, talvez, recebíamos um pacote de rótulos, às vezes pelo correio, às vezes trazido por alguém ao nosso apartamento. Meu Deus, que maravilha aquele vinho sempre fazia por aquelas medonhas refeições da guerra!"

No inverno de 1941, que foi um dos mais frios de que se tem notícia, as condições de vida em ambas as zonas da França "haviam declinado da austeridade para a escassez severa", segundo o historiador Robert Paxton. Com as importações interrompidas, as provisões de petróleo e carvão minguaram. Segundo Jean-Bernard Delmas, do Château Haut-Brion, "a gente sentia tanto frio que não conseguia pensar em mais nada". Jean-Bernard estava na escola primária naquele tempo. "Nunca vou esquecer do quanto nossa classe era fria. Usávamos o sobretudo o dia inteiro. A professora nos fazia correr em torno da sala a intervalos de poucos minutos, só para nos aquecermos."

LIVRO DE OCORRÊNCIAS DO CHEFE DA ESTAÇÃO, ESTAÇÃO DE ST. THIBAULT: *Gostaria de lhes lembrar que já estamos em dezembro e meu toalete ainda não foi consertado. Estou também anexando minha lista de cargas perdidas nesta semana: sete pacotes de artigos de mercearia num total de 210 quilos. Favor investigar isto o mais rápido possível. Henri Gaillard, chefe da estação.*

Comida se tornara a preocupação primordial de todos. As requisições alemãs haviam criado terríveis carências, não só para as pessoas comuns como para os militantes da Resistência que estavam se escondendo nas matas e montanhas.

Felizmente, havia gente como Jean e Madeleine Casteret, trabalhadores de vinhedo transformados em ladrões de gado. Os Casteret moravam em St. Yzans, não muito longe do Château Loudenne, que os alemães haviam em certa altura pensado em usar como um bordel. Agora estavam criando gado e plantando alimentos para os soldados deles aquartelados no castelo.

"Fazíamos nosso roubo à noite, depois que os alemães tinham ido para a cama", disse Jean. "A Resistência nos mandava um sinal codificado pelo rádio e partíamos." Iam sorrateiramente até o Loudenne e, silenciosamente, conduziam o maior número possível de animais até as matas próximas, onde os *maquis* estariam esperando. "Era perigoso porque nunca sabíamos quando um dos guardas poderia nos avistar e acordar todo mundo, mas era um enorme prazer *narquer les allemands* (passar a perna nos alemães)."

Talvez até Henri Gaillard tenha sentido uma ponta de satisfação de vez em quando.

LIVRO DE OCORRÊNCIAS DO CHEFE DA ESTAÇÃO, ESTAÇÃO DE ST. THI-BAULT: *Tenho a honra de informá-los de que o trem 9.305, que deveria chegar às 14h30min, foi detido no quilômetro 45 por causa da presença de duas vacas sobre os trilhos. Ao que parece alguém abriu as portas de vários vagões e soltou os animais. Alguns desapareceram. Henri Gaillard, chefe da estação.*

CINCO

O ronco do estômago

Sopa servida ao ar livre em Paris.

Gertrude de Gallaix estava afobada. Era pouco mais de seis horas da manhã, mas ela sabia que longas filas de mulheres e crianças já deviam estar se formando na feira vizinha.

Agarrando sua cesta de compras e o carnê de racionamento, Gertrude deixou a toda pressa seu apartamento no terceiro andar de um prédio em Paris, desceu a escada em espiral e ganhou a rua. Levava na cesta uma embalagem para ovos (nenhum comerciante tinha caixas de papelão), e um *filet*, uma sacola de rede, para colocar todas as verduras que conseguisse comprar. Havia também duas garrafas vazias do vinho que ela e o marido haviam terminado durante a semana. Por causa da escassez de garrafas, Gertrude sabia que nenhum comerciante lhe venderia mais vinho a menos que ela tivesse garrafas vazias para devolver.

Deixando seu prédio, Gertrude virou à esquerda e seguiu pela rue Boissière na direção sul, rumo à Place d'Iéna, a dois quarteirões de distância. Embora houvesse apenas uma sugestão de aurora, as ruas já estavam movimentadas. Um gari empunhando uma vassoura de gravetos abria um hidrante para empurrar o lixo que varrera da calçada para a sarjeta. Um afiador de facas, parado junto à esquina com seu carrinho e sua pedra de amolar, tocava uma sineta, gritando: "Facas, tesouras, alguma coisa para amolar? Baratinho!"

Seguindo em frente pela rue Boissière, Gertrude olhou à direita. Na rue du Bouquet de Longchamp, dois soldados alemães estavam de sentinela. Gertrude sentiu um leve estremecimento. Era ali que se localizava o Comissariado de Polícia e era ali que ela, uma americana, era obrigada a se apresentar pelo menos uma vez todos os dias. Embora fosse casada com um francês, os alemães a consideravam uma estrangeira inimiga e insistiam em saber seu paradeiro em todos os momentos.

Gertrude havia quase chegado ao cruzamento junto à Place d'Iéna quando se deu conta de que alguma coisa estava errada. Embora aquela fosse a maior feira do 16º Arrondissement, não havia nenhuma fila, nenhuma aglomeração de fregueses alvoroçados tentando fazer suas compras antes da hora de levar os filhos para a escola, nenhuma avó ou avô guardando lugar na fila para os filhos e filhas. Ninguém. Ao chegar mais perto, descobriu o porquê. Não havia comida. Às seis e cinco da manhã, o que quer que tivesse sido trazido do campo naquele dia já fora escolhido e desaparecera.

E, o que era ainda mais chocante, não havia uma gota de vinho. O espaço em que o vendedor de vinhos costumava montar sua barraca estava tão vazio quanto as garrafas na cesta de Gertrude.

"Comida era uma coisa, mas escassez de vinho? Na França? Isso era algo que eu nunca tinha pensado que veria", Gertrude lembrou mais tarde.

A falta de vinho, que estava sendo sentida em toda a França em 1941, era apenas uma das muitas causadas pelos nazistas em seu esforço para tornar a Alemanha auto-suficiente e independente de importações. Requisitando a maior parte das matérias-primas e dos produtos acabados franceses, em especial alimentos e vinho, Hitler acreditava que a Alemanha estaria numa posição mais forte para vencer a guerra. O Führer pôs seu herdeiro presumido, o marechal-de-campo Hermann Göring, à frente das requisições. Göring, que pesava quase cento e quarenta quilos e era chamado pelas costas de "traste gordo", não teria podido ficar mais satisfeito. "Os franceses estão tão empanzinados de comida que é realmente uma vergonha", ele disse. "Esse é o segredo da sagacidade e da alegria deles. Sem essa fartura de comida, não seriam tão felizes."

Imediatamente, Göring começou a despojar a França de sua fartura: trigo da Île de France, queijo e verduras do vale do Loire, frutas dos pomares da Normandia, carne bovina Charolais da Borgonha e, sobretudo, trens e mais trens repletos de vinho, milhares de garrafas que iam parar na adega pessoal do marechal-de-campo.

Como chefe do Planejamento Econômico para Territórios Ocupados, Göring gozou na prática de uma onipotência econômica. Uma de suas primeiras medidas no novo cargo foi vedar a entrada de franceses nos restaurantes de luxo de Paris, que isentara da maior parte das restrições que incidiam sobre o vinho e cujas adegas haviam sido guarnecidas para atender às exigências de sua clientela alemã. "É para nós que o Maxim's e o La Tour d'Argent devem fazer a melhor cozinha", disse. "Três ou quatro restaurantes de primeira classe reservados para os oficiais e os soldados alemães será perfeito, mas nada para os franceses. Eles não precisam desse tipo de comida."

Tivesse ele parado por aí, poderia ter sido apenas um tapa na cara. Mas deu também um chute no estômago, declarando que os franceses teriam de se contentar com uma dieta de 1.200 calorias diárias, metade do que uma pessoa normal precisa para sobreviver. Pessoas idosas, aquelas que os alemães consideravam menos produtivas, recebiam carnês de racionamento que as limitavam a 850 calorias por dia.

As medidas de Göring geraram profundo ressentimento, em especial entre vinicultores, vinhateiros e outros ligados ao ramo do vinho. Léon Douarche, vice-presidente da Associação Francesa de Vinicultores, queixou-se de que Göring estava arrancando o vinho de quem mais precisava dele. "Os velhos e os doentes precisam de vinho", declarou. "É um alimento excelente para eles; é de fácil digestão e uma fonte vital de vitaminas e minerais. É o melhor elixir para assegurar uma vida longa que jamais se inventou."

A mensagem de Douarche sensibilizou. Médicos por todo o país pediram às autoridades alemãs e às de Vichy que estabelecessem uma distribuição mais eqüitativa do vinho de modo a compensar a perda de calorias. Os que se dedicam a "trabalho intelectual", disseram eles, deveriam ter direito a meio litro de vinho por dia; trabalhadores manuais deveriam ter pelo menos um litro e, em alguns casos, um litro e meio (duas garrafas cheias) desde que fosse consumido às refeições; as mulheres deveriam receber um terço a menos que os homens.

Para enfatizar o quanto a situação era crítica, os médicos citaram uma visita que haviam feito a um abrigo para idosos, onde encontraram vários pacientes de idade fingindo estar à beira da morte. "Perguntamos por que faziam isso: 'Não querem ficar bons, não querem ir para casa?' Eles responderam, 'Não, aqui, quando o pessoal da casa acha que você está morrendo, lhe dá vinho no almoço duas vezes por semana.'"

Os médicos concluíram seu relatório com uma advertência: "Seria um erro recusar vinho aos que estão verdadeiramente doentes. Isso pode levar a um desequilíbrio."

Suas advertências e recomendações foram ignoradas.

Pela primeira vez desde o sítio de Paris em 1870, indícios de desnutrição grave apareceram na França. Embora ainda produzisse mais alimentos que qualquer outro país europeu, o país era agora o mais mal nutrido, e todos sentiam isso. "Éramos obcecados por comida", disse Gertrude de Gallaix, "não conseguíamos pensar em outra coisa."

Gertrude jogou fora os seus gerânios e começou a cultivar verduras na sua sacada. "Algumas das minhas vizinhas criavam galinhas e coelhos nas delas. Uma tinha até uma cabra amarrada na arca para ter leite para o bebê."

Na zona rural, a situação era ligeiramente melhor. No Château Siran, por exemplo, sempre houvera uma horta, mas à medida que a escassez de alimentos se agravou, ela assumiu uma importância muito maior, segundo May-Eliane Miaihle de Lencquesaing. "Além dos vinhedos, nossas vidas passaram a girar cada vez mais em torno do jardim. Nossa maior preocupação era sempre o jardim."

Levantamo-nos todas as manhãs às 6h30min, nem um minuto depois [ela escreveu em seu diário]. *Após fazer nossas camas e antes do café da manhã, regamos a horta. Nossa vida cotidiana é marcada por uma falta total de produtos básicos, pouco aquecimento, uma dieta muito restrita sem nenhum açúcar, pouco pão, quase nenhuma carne, manteiga não existe ... Vivemos de acordo com o ritmo das estações. A colheita de ameixas para geléia levou muito pouco açúcar; é amarga e não dura muito. Raspamos milho para fazer uma farinha grossa que serve de base à maior parte da nossa comida. Torramos cevada para fazer café falso.*

Era esse tipo de dieta e de estilo de vida que prevalecia por toda Bordeaux. Muitos vinicultores plantavam milho e milhete entre os renques de videiras para ter alguma coisa com que alimentar seus animais. Para se alimentarem, alguns arrancaram videiras para abrir espaço para hortas maiores. Mas o solo cascalhento, que era perfeito para as videiras porque proporcionava boa drenagem e forçava as raízes a se aprofundarem, era inóspito para verduras. Enquanto as videiras cresciam melhor quanto mais sofriam, as verduras tinham de ser mimadas.

Um dia, a avó Miaihle resolveu que sua família, que andara trabalhando longos dias em seu vinhedo e na horta, merecia um pouco de mimo também. Anunciou que iriam fazer um piquenique. Havia colhido alguns tomates e rabanetes naquela manhã e guardara um pouco de pão de milho da noite anterior. Agora arrumou tudo numa cesta, com um pouco de geléia também. May-Eliane e as outras crianças mal podiam esperar a hora de começar.

Saltando em suas bicicletas seguiram uma estrada sinuosa e empoeirada que os levou além dos vinhedos e através de matas sombreadas de pinheiros até o Château Cantemerle, a quase cinco quilômetros de distância. Foi um passeio agradável. O sol brilhava, passarinhos cantavam e, o melhor de tudo, não havia um alemão à vista. Meia hora depois, quando chegaram a Cantemerle, uma das mais antigas propriedades de Bordeaux, todos estavam animados. O *château* era o local ideal para uma excursão como aquela, cercado por altos carvalhos e um parque grande, adorável. Os adultos tagarelaram sobre o tempo, seus vinhedos e a guerra, enquanto as crianças brincaram de *cache-cache* (esconde-esconde) e outros jogos. Até o almoço foi uma espécie de brincadeira.

Começamos correndo para todo lado atrás de rãs [May-Eliane escreveu em seu diário]. *Foi isso que comemos: rãs. Bastou correr por ali e apanhá-las do chão.*

Algumas brincadeiras eram mais sérias que outras. No verão de 1940 a França foi invadida uma segunda vez, agora por uma praga da batata chamada dorífero. A "invasão" foi especialmente aguda na Borgonha, onde imensos campos de batata foram atacados. Os alemães, que estavam expedindo batatas francesas para a pátria, ficaram irritados com o fato de os franceses ainda não terem erradicado a praga. Para resolver o problema, os professores das escolas primárias receberam ordem de enviar seus alunos para catar insetos nos campos. Robert Drouhin se lembra de sua professora dando frascos para ele e seus colegas e dizendo: "Vamos ver quem cata mais." Para as crianças, era uma festa sair correndo da sala de aula para o campo e se pôr a arrancar os insetos das batatas. "No fim de cada dia, nossa professora tinha de entregar os insetos que havíamos colhido para um soldado alemão", disse Robert. "Não sei o que os alemães teriam feito se não tivéssemos colhido insetos suficientes."

Não demorou e os franceses, que chamavam os alemães de *les Boches*, tinham um novo apelido para seus opressores: *les doryphores*. *"Ja"*, zombou um soldado ao ouvir o nome pejorativo, "somos mesmo os *doryphores*. Vamos comer as batatas todas e vocês não vão comer nenhuma."

Ou quase nenhuma. Na altura de 1942, disse um historiador, a verdadeira voz da França se tornara "o ronco do estômago".

Para aplacar a besta, lançava-se mão de quase tudo. Em Bordeaux, o repórter de um jornal local estava atravessando a Praça Laffite a caminho do trabalho quando parou de repente. Tudo parecia extraordinariamente quieto. Onde estavam os pombos? Começou a contar. Mais tarde, escreveu no jornal: "A população de pombos despencou de 5.000 para 89." *Pigeon rôti* havia se tornado a peça de resistência em muitas mesas bordelesas.

E isso não foi tudo.

"Estávamos tão famintos que comemos os peixinhos dourados do tanque", lembrou um jovem americano que chegou à França em 1940. Varian Fry, que tinha trinta e dois anos, fora enviado para o porto de Marselha, na costa do Mediterrâneo, numa missão humanitária. A tarefa que lhe fora dada pelo Emergency Rescue Committee de Nova York era ajudar artistas e intelectuais a escapar aos nazistas.

A notícia de sua operação, com a promessa de documentos de identidade falsos e fuga para o exterior, espalhou-se rapidamente, e pessoas começaram a fazer fila na escada que levava ao seu escritório. Mas tirar alguém do país clandestinamente levava tempo, e logo Fry tinha a casa cheia de pessoas para alimentar e proteger até que os arranjos necessários pudessem ser feitos. Entre seus "hóspedes" estiveram Marc Chagall, Marcel Duchamp, André Breton, Hannah Arendt e Max Ernst. Haveria um total de mais de 1.500 antes que o próprio Fry também tivesse de deixar a França.

"O que ajudava muito era o vinho", ele contou. "À medida que a comida ia escasseando, nós o tomávamos cada vez mais. De vez em quando, nas noites de sábado, comprávamos dez ou doze garrafas de Châteauneuf-du-Pape, Hermitage, Mercurey, Moulin-à-Vent, Juliénas, Chambertin, Bonnes Mares ou Musigny e passávamos o serão bebendo e cantando."

Ao longo dos treze meses seguintes, a situação deteriorou-se. "Durante vários dias, não tivemos nenhum pão e praticamente nenhuma carne", Fry escreveu num relato de suas experiências. Foi então que se lembraram dos peixinhos dourados do tanque. "Mas o pior de tudo foi que se tornou também cada vez mais difícil encontrar vinho", ele lamentou.

Isso estava acontecendo até em Bordeaux, a maior região de vinhos finos da Terra. "Os bordeleses pararam de tomar seu vinho!" exclamou um jornal. Eles não tinham muita escolha. Com tanto vinho sendo requisitado, muitos restaurantes limitaram a quantidade que serviam aos clientes. Alguns pararam de servir qualquer vinho, levando um cliente a dizer: "Temos de beber tanta água hoje em dia que isto mais parece a Arca de Noé!"

Mas as requisições alemãs eram apenas em parte a razão da escassez de vinho. Muitos vinicultores não estavam mais conseguindo pôr seu vinho no mercado porque os alemães haviam confiscado seus caminhões. Os que ainda tinham veículos não podiam ir muito longe porque a gasolina estava severamente racionada.

Novas leis também reduziram a quantidade de vinho disponível. Os vinicultores receberam ordem de destilar parte de seu vinho para fazer combustível e álcool industrial, de que os alemães precisavam como solvente e anticongelante para seus veículos a motor e também como base para seus explosivos. Os que produziam mais de 5.000 hectolitros de vinho por ano foram obrigados a destilar metade de sua colheita.

Essas normas — de par com clima desfavorável, falta de mão-de-obra e escassez de produtos químicos para o tratamento das videiras — asseguraram que a produção de vinho iria cair, e cair bruscamente. Em 1940, a produção baixou quase 30%. Em 1942, ela mal chegou à metade do que fora em 1939.

PRODUÇÃO DE VINHO E RENDIMENTO
DURANTE A SEGUNDA GUERRA MUNDIAL (em hectolitros)

Ano	Produção	Rendimento por hectare
1939	69.015.071	46,2
1940	49.427.910	33,6
1941	47.585.638	32,7
1942	35.022.362	24,4

Entre os que foram drasticamente afetados estavam os Miaihle, que possuíam cinco vinhedos em Bordeaux: os Châteaux Siran, Palmer, Pichon-Longueville-Comtesse de Lalande, Ducru-Beaucaillou (até 1943) e Coufran. "Mas há um velho ditado aqui", relembrou May-Eliane anos depois. "Quanto mais *châteaux* você tem, mais pobre você é. Com certeza naquele tempo ninguém tinha nenhum dinheiro e isso nos incluía."

Mesmo antes da guerra, os vinhedos dos Miaihle, como tantos outros, estavam em péssimas condições por causa da recessão da década de 1920 e das colheitas de má qualidade da década de 1930.

Na primavera de 1942, Edouard Miaihle, pai de May-Eliane, informou à família que eles não teriam mais condições de pagar seus trabalhadores e teriam de vender um de seus vinhedos. Avisou também que teriam de extirpar muitas de suas videiras porque não tinham como cuidar delas.

Mas isso foi apenas o começo. Naquele ano, os alemães requisitaram dezenas de milhares de cavalos — 30.000 de uma única região vinífera — para transportar soldados e material para o front. Louis, irmão de Edouard, recebeu ordem de levar todos os cavalos dos Miaihle para a praça em frente à prefeitura. Ficou transtornado mas engoliu em seco. Com duas famílias de judeus italianos escondidas em um dos *châteaux* da família, a última coisa que queria era chamar atenção sobre si.

Ao chegar, Louis achou a praça cheia de cavalos pertencentes a outros vinicultores, os animais arremetendo e rinchando em seu descontentamento por estar apertados num espaço pequeno. Enquanto vinicultores desconsolados seguravam as rédeas, alemães de canetas e pranchetas em punho examinavam os animais cuidadosamente, inspecionando-lhes os dentes, batendo-lhes nos flancos, decidindo quais deles valia a pena tomar. Alguns tentaram enganar os alemães pondo pedras nos cascos de seus cavalos para fazê-los coxear.

Finalmente o nome de Miaihle foi chamado. "São seus?" perguntou um oficial, dando uma olhadela nos seis cavalos que Louis segurava. Miaihle assentiu. O alemão começou a dar voltas, parando a certa altura para levantar os cascos de um dos cavalos. Após fazer algumas anotações, observou: "São bons", e fez sinal a um outro soldado para que os levasse.

"Aquilo quase matou tio Louis. Ele era apegadíssimo a seus cavalos", disse May-Eliane. Seu tio havia trabalhado longas horas com aqueles animais, treinando-os para andar em linha reta entre as videiras e a puxar com a força exata para que a lâmina do arado penetrasse o solo pedregoso o suficiente para arrancar as ervas daninhas, mas não tão profundamente que as raízes das videiras pudessem ser danificadas.

Enquanto outros vinicultores tinham mulas ou bois para substituir seus cavalos, aos Miaihle só restaram vacas. Era uma visão lamentável. As vacas resistiam às suas cangas, mugindo em protesto enquanto se esfalfavam para puxar o arado entre as videiras. "Ah, aquelas pobres vacas, levavam uma vida terrível e tinham de dar leite também!" lembrou May-Eliane.

A perda de seus cavalos, no entanto, não foi o único problema que os Miaihle tiveram de enfrentar. Não havia também sulfato de cobre. A substância pulvérea, por vezes chamada de vitríolo azul porque deixava trabalhadores e vinicultores azuis quando pulverizada de maneira descuidada, era usada para combater o oídio e o míldio, doenças fúngicas que atacavam videiras em anos úmidos. O produto químico praticamente desaparecera do mercado depois que os alemães requisitaram cobre e outros metais para sua indústria bélica.

Foi então que Louis Miaihle pediu a seu filho Jean para deixar a escola. "Preciso da sua ajuda", explicou. "Quero que fique em casa e trabalhe comigo."

Jean, com dezesseis anos, olhou bem para o pai e viu um homem cansado que estava envelhecendo depressa demais, sua doença cardíaca exacerbada pela tensão de dois anos de ocupação alemã, dois anos de luta para manter a família alimentada e os vinhedos produzindo. Por mais que gostasse da escola, especialmente das aulas de ciências, Jean sabia que não podia recusar.

"Que quer que eu faça?" perguntou.

Seu pai respondeu: "Descubra um meio de fazer sulfato de cobre."

No início da ocupação, os alemães haviam permitido aos *vignerons* trocar produtos de cobre por sulfato de cobre. Os vinicultores reviraram suas casas e adegas em busca de tudo quanto pudessem encontrar, fios de cobre, potes e panelas velhas e por fim até enfeites, que arrancavam das paredes. Mas esse sistema de troca tornara-se rapidamente impraticável e o sulfato de cobre acabara.

Jean debruçou-se sobre livros e outras publicações à procura de idéias. A maior parte do que encontrou era risível. "Eis aqui como enfrentar a escassez de sulfato de cobre", dizia o *Bulletin International du Vin*. "Trate as videiras com menos freqüência, reduza a dose, evite desperdício dirigindo os pulverizadores com mais cuidado, deixe mulheres e crianças fazerem o trabalho para compensar a falta de trabalhadores homens."

Frustrado, Jean fez uma visita a seu ex-professor de química, explicando que precisava encontrar uma maneira de fazer dez toneladas de sulfato de cobre a cada quatro meses. "Meu professor conhecia todo tipo de fórmula e ficou animado para experimentá-las." Antes que qualquer coisa pudesse ser experimentada, porém, eles tinham de achar cobre. Os alemães haviam confiscado todo o metal em que haviam conseguido pôr a mãos em Bordeaux, inclusive um grupo de estátuas de bronze comemorativas da Revolução Francesa, que ficavam na Place Quinconces. Elas haviam sido fundidas e o metal fora enviado para a Alemanha.

Felizmente, a família de Jean tinha um grande amigo no cônsul-geral da Bélgica em Bordeaux. Quando Jean lhe explicou do que precisava, o cônsul concordou em ajudar. A Bélgica ainda estava recebendo cobre de suas colônias na África. Em troca de vinho, o cônsul assentiu em contrabandear algum cobre para Bordeaux em caminhões que transportavam vinho para a Bélgica e de lá voltavam com garrafas.

Agora Jean e seu professor de química estavam prontos. Montaram seu "laboratório muito simples, primitivo" no Château Coufran, onde a família do menino morava. O velho galpão que usaram era longe o bastante da casa principal para ficar a salvo dos olhares curiosos de qualquer passante.

Foi uma má escolha.

Em 1943, Coufran tornou-se de repente parte da *zone interdite*, uma terra de ninguém que os alemães estabeleceram ao longo da costa de Bordeaux como defesa contra uma invasão dos Aliados. Ordenaram aos Miaihle que deixassem seu castelo e lá instalaram soldados. De agora em diante, disseram as autoridades, precisarão de um passe especial para vir à propriedade, até para cuidar de seus vinhedos.

Mas com o laboratório já montado em Coufran e os seus implementos lá, Jean resolveu ir adiante de qualquer maneira, transpondo as linhas alemãs às escondidas à noite ou se escondendo no fim do dia em vez de ir embora quando o trabalho nos vinhedos terminava. O trabalho noturno ajudava a esconder a fumaça que se desprendia do laboratório e este estava a uma distância suficiente da casa para que o cheiro de enxofre não chegasse aos narizes alemães, contanto que o vento estivesse soprando na direção certa.

Por alguns meses, tudo correu tranqüilamente. Debruçado sobre tubos de ensaio e outros equipamentos, Jean misturava ácidos nítrico e sulfúrico e aplicava isso ao cobre que acumulara. Em pouco tempo havia feito uma notável quantidade de sulfato de cobre. Seu pai estava impressionado.

Mas então, abruptamente, o fornecimento de cobre belga foi sustado. O cônsul disse a Jean que aquilo se tornara perigoso demais, que os alemães estavam ficando desconfiados e que o contrabando tinha de ser encerrado.

Jean não sabia o que fazer — até que um dia avistou na rua um ambulante que comprava ferro velho. O homem admitiu que conseguia algum metal "aqui e ali" e ficaria feliz em fornecer cobre a Jean se este lhe fornecesse vinho. "Foi nosso pequeno trato pegue-e-pague", Jean recordou mais tarde. "Não fiz nenhuma pergunta e não demos os nossos nomes."

O principal problema deles era levar o cobre para o laboratório. A única saída era usar carros de gasogênio, carros comuns que, por causa da escassez de combustível, tinham sido convertidos para rodar com o gás produzido por lenha em combustão. "Entrávamos em nossos carros em Bordeaux e partíamos para Coufran. A cada encosta, mesmo as pequenas, tínhamos de sair para empurrar o carro", disse Jean. "Não sei quantas vezes em cada viagem tínhamos de parar e pegar a picareta para quebrar o carvão que estava bloqueando o motor. Aqueles carros a gasogênio eram horríveis. Eram lentos demais e estávamos sempre nervosos, temendo ser parados e revistados pelos alemães, mesmo tendo passes para trabalhar nos vinhedos."

Embora tivesse consciência dos riscos, Jean achava emocionante, até empolgante, fazer sulfato de cobre debaixo do nariz dos alemães. "Na verdade eu queria estar envolvido na guerra e daquela maneira tinha a impressão de estar mesmo."

Mas aconteceram duas coisas, quase simultaneamente, que levaram a realidade da guerra para muito perto de Jean. Uma noite, quando trabalhava no laboratório, foi avisado por um amigo que seu ambulante de ferro velho havia sido preso. Descobrira-se que o cobre que o homem vinha fornecendo a Jean havia sido roubado de um depósito dos alemães.

Jean ficou aterrorizado, sem saber o que aconteceria em seguida. Iria o ambulante falar? Viriam os alemães atrás dele? Havia sido preso uma vez por estar na rua depois do toque de recolher e só fora solto porque um amigo de seu pai, que era de uma família alemã, intercedera por ele. "Foi um momento de pânico absoluto", disse Jean. "Não consegui dormir por vários dias e fiquei extremamente nervoso."

Quando semanas se passaram e nada aconteceu, ele começou a relaxar. Mas não por muito tempo. Num dia de manhãzinha, quando ainda estava no laboratório, Jean foi sobressaltado por uma explosão de bateria antiaérea, seguida por um estrondo ensurdecedor. Após fechar rapidamente seu laboratório, saiu. Ali, no meio do vinhedo, estavam os destroços em chamas de um avião americano. Minutos depois, latidos de cães revelaram que patrulhas alemãs estavam saindo do castelo e começando a procurar a tripulação abatida.

Jean correu de volta para o seu laboratório e começou a desmontá-lo o mais rápido possível, escondendo peças no celeiro de feno e onde mais pôde, chegando a enterrar partes no vinhedo. Depois partiu silenciosamente rumo a Bordeaux.

A carreira de químico de Jean Miaihle chegara ao fim.

Deus fez o homem —
Frágil como uma bolha;
Deus fez o amor —
O amor fez a desdita,
Deus fez a videira —
Estaria o homem a pecar
Quando fez o vinho
Para sua desdita nele afogar?
Anônimo

Agora não havia vinho bastante nem para isso, e tudo que o governo de Vichy fez só agravou as desditas dos vinicultores.

Cada vez mais, eles viam o regime colaboracionista de Pétain como intrometido e manipulador, mais ansioso por saciar a sede de vinho de Berlim do que em satisfazer as necessidades de seu próprio povo.

Para esticar as reservas cada vez mais minguadas de vinho, Vichy, a pretexto de promover uma vida mais saudável, lançou uma cruzada antialcoólica. Em certos dias, designados "sem álcool", os bares e restaurantes eram proibidos de vender drinques alcoólicos. A propaganda de bebida alcoólica foi proibida e, pela primeira vez em todos os tempos, foi estabelecida na França uma idade mínima para se beber; fixaram-na em quatorze anos. Quando o povo se queixava, Vichy, de maneira pouco convincente, procurava justificar suas medidas mostrando que uma das razões por que a França perdera a guerra era que ela tinha bares demais, um para cada 80 pessoas, enquanto na Alemanha havia um para cada 270.

Pressionado a satisfazer a demanda de vinho da Alemanha, Vichy enredou-se num terrível nó. Ao mesmo tempo em que tentava convencer o público francês a beber menos, estava fazendo um enorme esforço para convencer os vinicultores a produzir mais. Eles foram informados de que poderiam agora fazer vinho com variedades de uva "indesejáveis" ou "proibidas". Foram também incentivados a adicionar água a seu vinho. Os que tinham compromisso com a qualidade ficaram horrorizados.

Um novo esquema de arrecadação de receita foi igualmente perturbador. Desesperado por dinheiro para pagar os custos da ocupação exigidos pela Alemanha, o governo de Vichy impôs uma taxa de 20% sobre todo o vinho que os vinicultores vendiam. As lojas tinham de acrescentar outros 20% quando revendiam esse vinho ao freguês comum. Como não é de surpreender, cada vez menos vinho era vendido nas lojas porque agora ele estava caro demais para a maioria das pessoas. Os comerciantes de vinho perdiam dinheiro e os vinicultores também.

Em conseqüência, o vinho começou a fluir numa nova direção, para um florescente mercado negro em que comerciantes e vinicultores podiam vender seu vinho "por baixo do pano". Os amantes do vinho francês apressaram-se em tirar vantagem e os alemães não ficaram atrás. Apenas entre julho de 1942 e fevereiro de 1943, os alemães, cheios dos seus marcos supervalorizados, compraram mais de dez milhões de garrafas de vinho no mercado negro.

O governo de Vichy ficou furioso com a atividade do mercado negro e retaliou assumindo o controle total de tudo que se relacionava com a comercialização do vinho. De agora em diante, advertiram as autoridades, nós decidiremos como, quando e onde o vinho deve ser expedido e distribuído. Os cidadãos individuais receberão carnês de racionamento ao passo que comerciantes e expedidores receberão certificados de aquisição especificando que vinhos podem comprar. Para tapar qualquer brecha, as autoridades declararam também que os vinicultores perderiam uma prerrogativa de que desfrutavam desde tempos imemoriais: o direito de conservar grandes quantidades de vinho para "consumo familiar", isento de impostos. Esse vinho era geralmente vendido a amigos, proporcionando aos produtores uma pequena renda extra.

O negócio de vinhos francês estava em polvorosa. Quanto maior a pressão de Vichy, maior a reação de vinicultores. O mercado negro na realidade cresceu. Em resposta, o governo desencadeou seu "Esquadrão da Fraude". Inspetores prenderam dúzias de suspeitos de conduzir operações fraudulentas com o vinho. Muitos outros foram postos sob investigação. Um único vinicultor foi acusado de pôr rótulos falsos em 50.000 garrafas de vinho.

Claude Carrage, um vinicultor dos Mâconnais, no sul da Borgonha, observou com crescente consternação o agravamento da repressão.

Carrage era dono de um pequeno vinhedo perto de Vinzelles, uma área conhecida sobretudo por seu vinhos brancos secos, inclusive o Pouilly-Fuissé. Foi ali, entre os declives e aclives dos montes gredosos da região que os monges austeros e intelectuais do mosteiro de Cluny, no século XII, ensinaram pela primeira vez aos camponeses como plantar videiras e cuidar dos seus vinhedos.

Naquele tempo, os vinhos dos Mâconnais eram desconhecidos fora da região e quase todo ele era consumido localmente. Por volta de 1660, porém, um vinicultor ousado e imaginativo chamou Claude Brosse e decidiu mudar isso. Pondo numa carroça dois barris de seu melhor vinho, partiu de Mâcon com destino a Paris, a quatrocentos quilômetros de distância, por um caminho descrito como "a estrada da espada à mão, onde uma luta nada custava, e a morte muitas vezes acompanhava a queda de um lenço de renda".

Brosse fez seu trajeto até Paris em segurança, e sua chegada, após uma viagem de um mês, despertou a atenção do Rei Sol da França. Luís XIV ficou curioso acerca de um vinicultor que se aventurara tão longe de casa e ainda mais curioso sobre o vinho dele. Quando Brosse lhe ofereceu uma prova, o rei aceitou de bom grado. Depois de alguns goles, o rei disse a Brosse que o vinho era muito bom, talvez não tão excelente quanto Chambertin, o *grand seigneur* da Borgonha, mas ainda assim muito saboroso. "Acha que pode trazer mais dele a Paris?" o rei perguntou a Brosse. Quando este respondeu que podia, o monarca fez uma encomenda para suas adegas. Desde então, os vinhos dos Mâconnais tornaram-se extremamente conhecidos e muito procurados.

Esta era uma história que Claude Carrage conhecia bem. Que ironia, ele pensava; Brosse fez todo o caminho até Paris com seu vinho e cá estou eu, quatro séculos depois, incapaz sequer de levar meus vinhos até a feira de Dijon, só a cento e vinte quilômetros daqui. Em vez de salteadores, tenho os alemães para me amedrontar.

Para proteger seu vinho, Carrage escondeu suas melhores safras numa minúscula cabana no meio de seu vinhedo. "Ninguém jamais teria imaginado quanto vinho podia ser guardado atrás das ferramentas e dos feixes de gravetos naquela cabaninha", disse seu sobrinho. "Eu lhe asseguro que ela parecia muito maior por dentro do que por fora!" O vinho estava acondicionado em sete pipas, "vinhos brancos maravilhosos, secos e frescos", lembrou o sobrinho. "Eram de um amarelo pálido com um matiz de verde. Ele me fez provar cada um deles. E a cada vez, brindávamos: 'Este é mais um que Pétain não vai dar para os boches!'"

Mas a fanfarronada de Carrage logo deu lugar à cólera e ao desespero. "Ele ficou fora de si", lembrou sua sobrinha Lucie Aubrac. "Seu marechal Pétain, 'vitorioso em Verdun', o traíra ignominiosamente."

Aconteceu quando os inspetores do vinho de Vichy chegaram para requisitar o estoque de vinho de Carrage para a produção de álcool industrial. "Quando terminaram, derramaram um copo de óleo combustível em cada barril para adulterar o vinho e torná-lo impróprio para consumo. Desse modo, asseguravam sua entrega."

Carrage ficou em lágrimas. "O vinho na realidade não é nada", disse. "Mas as pipas! Elas estão aqui desde o tempo do meu pai. Quanto mais velha a pipa, melhor o vinho. Elas estão perdidas. Aquele óleo fedorento deixa um cheiro que não sai nunca. Agora elas só servem para lenha! E pensar — tudo isso só para mandar vinho para ser destilado e virar combustível para os boches. Eles podem ter o suficiente para fazer todo o caminho até a Rússia, mas não vai lhes sobrar nada para voltar — vão morrer todos. Ah — aquele marechal é um ótimo homem! Merece levar doze tiros."

Para Vichy e os alemães, esse incidente e outros parecidos tiveram conseqüências imprevistas. "Mais do que qualquer argumento racional, mais do que qualquer explicação patriótica", disse a sobrinha de Carrage, "aqueles copos de óleo combustível adulterando um excelente Pouilly-Fuissé jogaram os vinicultores dos montes Mâcon na Resistência."

E não só os do Mâcon. Por toda a França, dos dois lados da Linha de Demarcação, grupos da Resistência brotavam como ervas daninhas no vinhedo.

Da mesma maneira, brotava uma hostilidade genuína a Pétain. Até então, a reprovação pública se dirigira sobretudo a seu governo e ao sofregamente pró-nazista primeiro-ministro Pierre Laval. Agora, era o próprio velho chefe de Estado que estava sendo coberto de desprezo. Corriam piadas sobre sua devassidão. ("As únicas coisas que importam são sexo e comida", ele havia dito.) Sua tendência a adormecer durante reuniões era também ridicularizada. Após sua designação para a Espanha, Pétain fora apelidado "o conquistador". Agora faziam-se referências sarcásticas a *"le con qui se dort"* (o idiota que dorme).

Irritado com as piadas e alarmado com uma Resistência mais militante, o marechal de oitenta e seis anos voltou-se para os vinhedos do sul da França para desancar *vignerons*. Acusou-os de violar a lei e de afrontar suas políticas, advertindo que um "vento frio" estava soprando através da França. Suas palavras surtiram pouco efeito.

O povo prestou atenção, contudo, quando em novembro de 1942 forças alemãs cruzaram a Linha de Demarcação e ocuparam todo o país. Falando pelo rádio, Pétain convocou seus compatriotas a permanecerem unidos. Sou seu guia, seu verdadeiro líder, disse-lhes. As coisas vão se resolver se tiverem fé em mim.

Mas quando as pessoas ouviram a transmissão seguinte, o resquício de fé que pudessem ter começou a murchar e a morrer. Desta vez, era o primeiro-ministro Laval falando. Com a guerra indo mal para Berlim — sua aura de invencibilidade havia sido abalada, primeiro no céu, na Batalha da Grã-Bretanha, depois nas areias da África do Norte e agora na lama e na neve da Rússia —, Laval viu uma oportunidade para si e a agarrou. Ele sabia que as indústrias de guerra alemãs estavam desesperadas por mão-de-obra e que o povo francês estava ansioso pela devolução dos prisioneiros de guerra. Pelo rádio, Laval anunciou que fizera um trato: por cada três trabalhadores que se apresentassem voluntariamente para ir para a Alemanha, um prisioneiro de guerra seria trazido de volta.

O plano de Laval foi um fiasco. Praticamente ninguém se ofereceu. "Eu não queria ir trabalhar para os alemães", disse um vinicultor, expressando os sentimentos da maioria. "A última coisa que eu queria era ir trabalhar na Alemanha."

Laval ficou melindrado e os chefes nazistas em Berlim ficaram espumando. Laval resolveu lançar mão de todos os meios. No início de 1943, anunciou a formação de batalhões de trabalhos forçados, um programa chamado Service du Travail Obligatoire, ou STO. Pelo programa, homens entre as idades de dezesseis a sessenta anos seriam obrigados — não convidados — a ir para a Alemanha. Quem resistisse ou tentasse fugir seria perseguido e severamente punido. Para respaldar sua ameaça, Laval criou uma força policial paramilitar chamada Milice. Armada pelos SS e vestida ao estilo da Gestapo, sua especialidade era a captura e tortura de recalcitrantes. A visão de seus próprios compatriotas envergando camisas cáqui, boinas e gravatas pretas espalhava medo e ódio por toda a população.

Quase 700.000 franceses se apresentaram para o STO quando convocados, entre eles um rapaz de Vosne-Romanée, Henri Jayer, que iria se tornar um dos mais importantes vinicultores da França. "Eu tinha mulher e uma filha bebê. Temi pelo que pudesse acontecer com minha família se não me apresentasse", ele explicou. Jayer foi mandado para trabalhar numa fábrica de motores de submarino em Viena. (Vários meses depois ele fugiu e passou o resto da guerra escondido na casa de um primo perto de Vosne-Romanée.)

No início, os trabalhadores dos vinhedos recebiam dispensa do STO, mas, quando a necessidade de mão-de-obra da Alemanha aumentou e mais pessoas fugiram para a Resistência, as dispensas foram eliminadas.

Foi então que Bernard de Nonancourt, seu irmão Maurice e vários primos foram chamados com urgência ao escritório de seu tio na Lanson Champagne, em Reims.

"Acreditamos que o governo está prestes a convocar todo mundo para o STO", ele disse. "Vou falsificar suas datas de nascimento para poder transformá-los todos em aprendizes, jovens demais para ser convocados."

Vinte outros trabalhadores na Lanson, idosos demais para serem transformados em aprendizes, receberam ordem de se apresentar para STO. Maurice, o irmão de Bernard, que já estava envolvido com a Resistência, decidiu ajudá-los. Por meio de seus contatos, ficou sabendo que um trem seria enviado para o sul para buscar carne. Os *cheminots*, ou ferroviários, haviam concordado em desligar a refrigeração em alguns dos vagões até que o trem tivesse cruzado a Linha de Demarcação.

No dia marcado, pouco antes do alvorecer, Maurice transportou os trabalhadores até a estação ferroviária, onde os vagões estavam à espera. Reuniu-os ali junto aos trilhos, e assegurou-lhes tranquilamente que tudo estava organizado e que estavam em boas mãos. "A Resistência estará lá e abrirá as portas", disse. "Eles já providenciaram esconderijos."

Os homens subiram rapidamente os degraus e entraram nos vagões ainda gélidos, mas, no instante em que o trem estava prestes a partir, um deles entrou em pânico. "Não, não posso fazer isto", disse ele a Maurice. "O que vai ser da minha família?" Maurice implorou que reconsiderasse, mas logo todo o grupo ficara acovardado. "Temos ordem de nos apresentar para o STO, temos de ir", diziam. Um por um, saltaram do trem, alguns parando para se desculpar com Maurice, outros tão apavorados que correram para casa.

Maurice ficou perturbado. A história daquela missão abortada iria certamente transpirar e toda a sua família ficaria em perigo. A única maneira de preservá-los e de salvar a própria pele, concluiu, era dar o fora, esconder-se e, com sorte, fugir para a Espanha. Mas a Gestapo foi mais rápida. Encontrou seu rastro quase imediatamente e prendeu-o.

Foi um momento decisivo para Bernard; soube então que teria de entrar na luta contra os alemães.

"O Grande Charles já me havia inspirado", ele disse. "Maurice e eu ouvimos o apelo que de Gaulle fez de Londres pelo rádio", sua exortação ao povo da França em 1940, dizendo-lhe que a guerra não fora perdida e que ele deveria resistir. "Mas agora eu sabia que não podia esperar mais. Tinha de vingar meu irmão."

A meta de Bernard era ir para Londres e ingressar nas Forças Francesas Livres. Sua mãe, contudo, estava atormentada. Seu marido morrera em conseqüência da Primeira Guerra Mundial, depois Maurice fora capturado. A idéia de perder um segundo filho era mais do que podia suportar.

"Ela me implorou que não fosse, mas após algum tempo compreendeu que era inútil", disse Bernard. "Deu-me o endereço de alguns primos distantes, duas solteironas muito idosas, que moravam logo ao sul da Linha de Demarcação. Sabia que elas me acolheriam e me ajudariam." Uma vez lá, seu plano era prosseguir até Grenoble, de onde, ao que lhe haviam dito, a Resistência poderia levá-lo até Londres.

Era inverno quando partiu, primeiro escondido num caminhão carregado de garrafas de champanhe vazias, depois andando a pé, evitando estradas principais sempre que possível.

Quando finalmente se aproximou da Linha de Demarcação, Bernard ouviu uma patrulha alemã se aproximando. Para se esconder, mergulhou no rio Creuse, mas a corrente era mais forte do que havia imaginado. Agarrando um galho que se projetava da margem, lutou para se agüentar ali até que os alemães tivessem passado. Por fim, quando eles tinham sumido de vista, soltou-se e avançou cuidadosamente até a outra margem do rio. Chegou, porém, sem as calças e os sapatos; tinham sido completamente arrancados. "Eu estava congelado e imundo dos pés à cabeça", disse Bernard, "mas uma coisa me sobrava: o frasco de conhaque que meu tio Victor Lanson me dera. Pensei: 'Nunca haverá um momento em que precise mais disso.'"

Uma vez fortalecido, continuou seu estirão.

Foi no meio da noite que Bernard chegou à cidadezinha onde suas primas idosas moravam. "A única pessoa que vi foi o bobo da aldeia, que estava perambulando pelas ruas. Com a aparência que eu tinha, isso foi provavelmente uma sorte. Perguntei-lhe: "Onde fica a casa das irmãs St. Julien?" Com algum esforço, Bernard obteve a informação e encaminhou-se para a casa, na orla da cidade. Eram três da madrugada quando ele começou a bater à porta. "As duas velhinhas foram até a porta, agarradas uma à outra e tremendo que nem varas verdes, terrivelmente apavoradas", lembrou Bernard. "Pensaram que eu era o monstro da Lagoa Negra."

Depois de deixá-lo entrar e de lhe preparar um banho, as mulheres foram ao sótão procurar alguma coisa para Bernard vestir. Ao voltar, tudo que traziam era um par de calções de sua avó. "'Então este é o preço da liberdade', pensei, e os vesti."

Ao raiar do dia, o de Nonancourt de dois metros estava montado na bicicleta de suas primas, pedalando rumo a Grenoble, ainda vestindo o calção da vovó.

Para Georges e Johnny Hugel, ingressar na Resistência nunca foi uma opção. Com a Alsácia anexada pela Alemanha, os dois irmãos não tinham como escapar da sorte que aguardava todos os rapazes alsacianos: o ingresso no exército alemão. Os que tentavam escapar eram apanhados e executados. Os poucos que conseguiam escapulir às mãos alemãs viam suas famílias presas e deportadas para campos de concentração.

"Nenhum de nós desejava ser um soldado alemão, mas nossa família já estava em apuros com a Gestapo", disse Georges. "Nunca teríamos feito alguma coisa que pudesse pô-la numa situação pior."

Os problemas dos Hugel haviam começado em 1936, quando as Olimpíadas de Verão se realizaram em Berlim. O pai de Madame Hugel, Albert Zoll, cuja companhia o mandara a trabalho para a Alemanha, marcou a ocasião hasteando as bandeiras francesa e alemã diante de sua casa. Pouco amigo dos nazistas, pôs a bandeira francesa deliberadamente acima. Em menos de uma hora a Gestapo chegou, advertindo que a menos que as bandeiras fossem invertidas ele poderia ser levado ao quartel-general. Albert aquiesceu, dizendo que não pretendera fazer nenhum insulto e que suas ações não passavam de um gesto de boas-vindas para os visitantes da Olimpíada. A Gestapo não prendeu Albert, mas registrou em seus arquivos que aquela família de alsacianos era "francesa demais" e devia ser atentamente vigiada.

Três anos depois, os Hugel tornaram-se objeto de uma vigilância mais rígida. Dessa vez, foi durante uma cerimônia em frente ao Monument aux Morts em Riquewihr, em homenagem aos mortos na Primeira Guerra Mundial. A data foi 14 de julho de 1939, dia da Tomada da Bastilha. A França e a Alemanha ainda não estavam em guerra, mas Hitler já estava aquecendo os músculos, tendo devastado a Áustria e estando agora a ameaçar o resto da Europa. Alguns de Riquewihr haviam expressado abertamente sua admiração pelo Führer, queixando-se de que a Terceira República francesa era fraca e que a França merecia um líder mais forte. Esse tipo de comentário irritou o avô Hugel, que era prefeito de Riquewihr. Quando chegou a hora de fazer seu discurso, ele investiu violentamente. Dardejando com os olhos a multidão reunida diante do monumento, apontou para o rio Reno e declarou: "Para aqueles de vocês que não gostam da França, a ponte está aberta!"

Eles deixaram de ser vistos apenas como "franceses demais"; agora eram considerados também antinazistas.

Até o tempo parecia estar olhando de esguelha para eles. Naquele mês de setembro, quando a colheita começou, ficou patente para os Hugel e para praticamente todo mundo que a safra de 1939 seria desastrosa. Chovera na maior parte do verão e as uvas, embora abundantes, nunca tinham chegado a amadurecer. Transportar as uvas para os lagares não foi fácil porque sobrara aos Hugel apenas um cavalo e nenhum veículo. Seus outros cavalos e todos os seus caminhões tinham sido requisitados pelo exército francês, que estava se mobilizando para enfrentar os alemães.

Ao longo dos dois meses seguintes, Jean Hugel vigiou seu vinho atentamente, registrando seu progresso enquanto ele fermentava em pipas de madeira. No dia 21 de dezembro, foi novamente à adega para inspecionar seu vinho. Ficou horrorizado. Estava muito pior do que temia: a melhor pipa tinha apenas 8,4% de álcool, muito menos que o padrão mínimo de 11% e longe do nível desejável de 12,5 ou 13%. "O vinho estava péssimo", disse Johnny. "Era ralo, diluído, o pior que jamais tínhamos feito."

No ano seguinte, quando a Alsácia foi anexada, as autoridades alemãs tornaram a vida ainda mais difícil para os Hugel ao "bloquear" seu vinho, proibindo-os de vendê-lo até para comerciantes de vinho alemães. Com exceção de uma minúscula quantidade que foram autorizados a vender para amigos e restaurantes locais, todo o vinho teve de ser reservado para o exército e a marinha alemães ou para certos líderes do Terceiro Reich. Os oficiais nazistas, no entanto, não fizeram nenhuma promessa quanto à data em que comprariam o vinho, não especificando sequer que quantidade desejariam. "Se eles nos diziam para enviar algumas caixas para o front russo, tínhamos de fazê-lo", disse Johnny. "Mas foi assim que nos desembaraçamos da horrível safra de 1939. Como os alemães eram desleixados ao redigir suas encomendas e nem sempre especificavam a safra que queriam, sempre mandávamos o de 1939."

Esse foi o único vinho que tentaram vender. Com outros mercados fechados e os preços fixados em níveis tão baixos que mal compensavam os custos, os Hugel resolveram fazer um esforço e segurar seu vinho. "Começamos a inventar desculpas sempre que recebíamos alguma encomenda dos alemães", disse Johnny. "Dizíamos: 'Não temos rolhas', ou 'Nossas garrafas acabaram', ou 'Não temos transporte'." Na maioria das vezes, as desculpas funcionavam.

Mas os problemas dos Hugel com os alemães não terminaram por aí. Quando as autoridades enviaram prisioneiros de guerra poloneses para a Alsácia a fim de minorar a escassez de mão-de-obra nos vinhedos, os Hugel foram deixados de fora. Com isso, Johnny e seu pai tinham de fazer a maior parte do trabalho. "Eu estava passando todo o meu tempo no vinhedo, trabalhando atrás de um cavalo e um arado. Naqueles dias quentes de verão em que o cavalo não queria se mexer e havia moscas por todo lado, era um pesadelo."

Pesadelo ainda pior ocorreu quando os alemães notificaram o pai de Johnny que sua firma familiar de vinhos de trezentos anos de idade estava prestes a ser fechada. Nenhuma razão foi dada, mas isso também não era segredo: Jean Hugel nunca ingressara no Partido nazista. Os Nazistas haviam enviado carta após carta, mas Jean sempre as pusera de lado, na esperança de poder manter o negócio de vinhos da família em funcionamento sem entrar para o partido. Ele desejava também preservar a firma para seus filhos. Agora, no entanto, dois deles haviam sido convocados para o exército alemão.

Johnny tentou adiar sua convocação matriculando-se numa escola de medicina, mas foi designado para uma unidade médica no norte da Itália.

A Georges, que fora enviado para uma escola de treinamento de oficiais depois de seu ingresso no exército, coube um destino mais aterrador, um lugar para onde nenhum soldado alemão queria ir: o front russo.

Mais de um milhão de alemães já haviam perecido lá e outros três milhões estavam agora atolados numa guerra de atrito que cobrava alto preço em vidas humanas. Alguns dos sobreviventes haviam prevenido Georges quanto ao que esperar. "Como meu treinamento fora bom, eu me sentia preparado", Georges disse. "Não estava com medo."

Sua família, no entanto, estava apavorada. Na véspera da partida do rapaz sua mãe soluçou incontrolavelmente; seu pai mal era capaz de falar. Por fim, seu avô se levantou de sua cadeira. Cruzando a sala lentamente até sua escrivaninha, abriu a gaveta e tirou a faixa tricolor que usara quando, como prefeito de Riquewihr, pronunciara sua censura aos alsacianos pró-germânicos. "Tenho uma coisa que quero lhe dar", disse. Pegando uma tesoura, cortou um pedaço da faixa com as cores azul, branco e vermelho da bandeira francesa e disse: "Isto é a coisa mais importante que tenho. Leve-a sempre com você. Caso se veja em algum apuro, diga-lhes que você é francês, não alemão." O Hugel mais velho deu ainda a Georges duas moedas de ouro. "Isto é tudo que posso fazer por você", disse tristemente.

Georges chegou à Ucrânia no dia 15 de julho de 1943. Em contraste com a guerra no Ocidente, em que as regras militares convencionais se aplicavam, as coisas ali eram completamente diferentes. Hitler a chamara de "guerra de extermínio". Conquistar a Rússia, ele declarara, seria mais fácil do que conquistar a França. Mas havia subestimado a determinação do Exército Verme-lho.

"Hitler estava demente", disse Georges. "Havia um punhado de fanáticos no nosso grupo que acreditava no que ele dizia, mas a maioria de nós pensava que ele estava demente. Não estávamos lutando por Hitler. Estávamos apenas esperando nos manter vivos."

Desde o dia em que chegaram, Georges e sua unidade se viram na defensi-va, quase sempre recuando. Nada era motorizado e tudo, inclusive comida e munição, tinha de ser transportado por cavalo. Dia após dia eles caminhavam, grande parte do tempo encharcados sob uma chuva que transformava as vastas planícies da Ucrânia num interminável mar de lama. "Eram sessenta centímetros de lama, chegando-nos aos joelhos", disse Georges. "Mal conse-guíamos andar. Nossos cavalos e carroças estavam sempre atolando."

E por toda parte à volta deles, quase em todo lugar, espalhava-se o fedor da morte. Atrocidades e táticas de terra arrasada praticadas por ambos os exérci-tos haviam transformado a paisagem num ermo relegado a cadáveres em putrefação. As piores atrocidades eram cometidas pelos Einsatzgruppe, co-mandos alemães que seguiam na esteira do exército alemão, arrebanhando metodicamente eslavos, judeus, ciganos e comunistas e matando-os. "Era pior do que você imagina", disse Georges, "as pessoas, os animais estirados ali..."

"Você tinha de ter alguma coisa a que se agarrar, senão enlouquecia." Para Georges, era uma motoneta que seu pai lhe comprara como presente de for-matura quando terminara o curso secundário em 1939. "Eu tentava não pen-sar sobre minha casa, minha família, os vinhedos; isso era penoso demais. O que eu fazia era me concentrar na motoneta e numa viagem que fizera aos Alpes com ela. Revivia cada quilômetro, visualizava tudo que vi. As monta-nhas, as florestas, era nisso que tentava pensar."

Mas nada podia cancelar os horrores com que ele se defrontou à medida que avançava a custo com seus homens para o oeste: as aldeias incendiadas e abandonadas, os corpos de vítimas pendendo de árvores ou cadafalsos a que tinham sido pendurados pelos SS. Aqueles eram os piores momentos. Quando os corpos não estavam muito altos, Georges ordenava a seus homens que os apeassem.

"Não sentíamos coisa alguma", disse Georges. "Estávamos entorpecidos, incapazes de sentir qualquer emoção. Tínhamos andado tanto, mais de 1.500 quilômetros, e estávamos além da exaustão."

Mas conscientes o bastante para ouvir os gritos obsedantes de guerrilhei-ros russos armados com alto-falantes, chamando-os de assassinos e incendiá-rios por queimar suas aldeias.

Quando possível, Georges e seus homens seguiam atrás de tanques, atendo-se às trilhas que os veículos blindados sulcavam através da lama. Georges aconselhou seus homens a não seguir os tanques muito de perto, porque eles eram freqüentemente alvos de armas russas. Apesar de sua advertência, muitos soldados eram descuidados e pagavam com suas vidas.

Chegou setembro e a tepidez do verão desapareceu. Mas não a chuva. Nunca a chuva. Se houve alguma diferença, é que ela se tornou mais pesada e a lama mais profunda. Uma única coisa mantinha Georges e seus homens avançando: o conhecimento do que aconteceria se caíssem em mãos russas. "A rendição nunca foi uma escolha. Sabíamos o que eles faziam com os alemães que capturavam", disse Georges.

Uma tarde, Georges sentiu uma ardência nos pés. Tentou ignorar aquilo, mas a dor persistiu e ele foi obrigado a parar. Tirando as botas, descobriu que estavam cheias de sangue. Seus pés haviam sido perfurados por fragmentos de projéteis e infeccionado, e, em resultado das semanas de caminhada através de água e lama, ele foi também tomado por septicemia. Incapaz de andar, Georges foi deixado à beira da estrada. Sua unidade seguiu em frente.

"Aquele foi meu momento mais apavorante. Um soldado ferido não tinha nenhuma serventia para os russos e eu sabia que, se me encontrassem, estava morto."

Georges acabou tendo o maior golpe de sorte de sua vida. Um caminhão da Cruz Vermelha passou por ele e parou. O motorista estava perdido e perguntou se ele sabia onde ficava certa cidade, explicando que seu carro estava cheio de soldados feridos que estava levando para um hospital de campanha. Georges respondeu que sabia onde ficava a cidade e mostraria o caminho se pudesse pegar uma carona. O motorista concordou e ergueu Georges para a já apinhada ambulância.

Depois de algumas semanas num hospital de campanha, Georges foi enviado de volta para a Alemanha, onde passou, recuperando-se, seus últimos meses como soldado alemão. Nunca voltou à Rússia.

Bernard de Nonancourt estava entusiasmado; seu papel como soldado nas Forças Francesas Livres estava prestes a começar. Pelo menos, era o que esperava. Depois de dois meses na estrada, o jovem produtor de champanhe de Reims finalmente chegara a Grenoble.

Bernard olhou em volta, tentando se orientar. Antes que deixasse a Champagne, alguns amigos de seu irmão lhe haviam dado o nome e o endereço de um padre que era contato da Resistência.

Como não é de surpreender, o padre só teve uma coisa a dizer a Bernard: "Vá se confessar, meu rapaz, mas vá à catedral de Notre-Dame e certifique-se de escolher o confessionário do Abbé Pierre Goundry." Em seguida o padre deu a Bernard uma senha que ele deveria introduzir na litania da confissão.

Ao chegar à Notre-Dame, Bernard percorreu rapidamente a catedral góti-ca, confirmou que encontrara o confessionário certo e entrou na fila atrás de várias outras pessoas que esperavam para se confessar. Quantas delas, pensou, estão aqui pela mesma razão? Bernard repetiu sua senha muitas e muitas vezes na sua mente, sua emoção crescendo à medida que se aproximava do confes-sionário. "É aqui que tudo realmente começa", pensou. "Em apenas poucos dias estarei na Inglaterra com de Gaulle."

Finalmente chegou a sua vez e ele entrou de mansinho na pequenina cabine. "Padre, eu pequei", recitou de cor, "faz seis dias que me confessei pela última vez..." E então chegou o momento e ele introduziu sua senha na litania: "Vamos nos encontrar de novo."

O Abbé Pierre inclinou-se, chegando mais perto da tela, e sussurrou para Bernard que fosse vê-lo em sua casa naquela noite. Depois surpreendeu Ber-nard continuando com a confissão, deixando o jovem produtor de champanhe confuso, a procurar as palavras certas, e impacientando-se pelo fim do ritual.

Já estava escuro quando Bernard chegou à casa do Abbé Pierre, as sombras da noite tornando o momento ainda mais eletrizante aos olhos de Bernard.

O padre, contudo, era um homem prático, sem queda pelas fantasias românticas que dominavam de Nonancourt. "Muito bem", ele disse, "agora diga-me o que quer."

"Quero ir para a Inglaterra para lutar com de Gaulle", Bernard respondeu imediatamente.

"Alto lá, vamos com calma", disse o Abbé Pierre. "Que experiência você tem? Qual é seu treinamento? Que acha que pode fazer lá?" As perguntas foram se sucedendo e Bernard começou a se inquietar. Teria cometido um erro? Seria esse o padre certo? Poderia ele fazer alguma coisa para ajudá-lo? Seria pelo menos de fato membro da Resistência?

O que Bernard não sabia era que o Abbé Pierre, que iria se tornar um dos principais cruzados humanitários da França, fizera parte da Resistência desde a primeira hora. Era um de seus organizadores originais, traçando estratégias, trabalhando para tirar pessoas do país e recrutando novos membros.

"Veja, não pretendo desencorajá-lo", disse o padre, "mas deve entender que é mais necessário aqui na França. Há muito trabalho a fazer e precisamos de jovens como você."

Foi um momento desalentador para Bernard. Ele sentiu que o sonho que viera alimentando desde a fala de de Gaulle transmitida de Londres estava se despedaçando, mas finalmente assentiu. "Certo, o que quer que eu faça?" perguntou.

"É simples", respondeu o padre. "Combater os alemães. Vamos treiná-lo para ser membro de um comando."

SEIS

Lobos à porta

Rua principal de Riquewihr em seguida à anexação da Alsácia em 1940.
"Quase da noite para o dia, tudo que tinha sido francês tornou-se alemão."
(Johnny Hugel)

Antigamente, na Borgonha, os lobos viviam às soltas. Rondavam pelas florestas e, em tempos de escassez, erravam pelas ruas de cidades e aldeias. Consta que, no século X, suas alcatéias eram tão grandes e selvagens que forçaram os duques da Borgonha a trocar Auxerre, sua capital fustigada pelo vento, pelo clima mais resguardado de Dijon. Era a maldição dos lobos, declararam os duques; o infortúnio se emboscava onde quer que as feras fossem encontradas.

Hoje em dia, muitos zombam dessas histórias, mas os velhos juram que são verdadeiras. Monsieur Le Brun, que viveu em Auxerre pouco antes da Segunda Guerra Mundial, contou: "Os lobos costumavam nos importunar um bocado. Sempre foi assim nas regiões de vinicultura. Como os animais selvagens aprendem a comer tudo que encontram, tínhamos de vigiar as uvas."

Isso era especialmente verdadeiro em tempos de escassez. Ao longo dos séculos, as regiões pedregosas em que a uva é cultivada na França, cujo solo é impróprio para outros tipos de cultura, foram com freqüência assoladas pela fome e tornaram-se uma atração irresistível para lobos esfaimados que sobreviviam comendo uvas. Mas as pessoas notavam algo de estranho. Segundo Monsieur Le Brun, as uvas tinham um efeito euforizante sobre os lobos. "Suspeito que o estômago do lobo é formado de tal modo que a fermentação dos sucos da fruta tem lugar rapidamente depois que o animal come as uvas. Seja como for, o resultado é freqüentemente a embriaguez."

Cenas como essas são raramente vistas hoje, já que a maior parte dos lobos foi exterminada, mas Monsieur Le Brun conta que se lembra de ter visto uma alcatéia bêbada correndo junto à sua casa. "Entraram exatamente por esta rua", disse ele, apontando a ruela calçada de pedras que corria pelo meio da cidade. "Poucos dos que viram a cena irão esquecê-la."

"Os lobos estavam todos embriagados. Era isso, para começar, que os fazia entrar na cidade, e era também o que salvava os moradores depois que entravam. Estavam bêbados demais para lembrar que eram lobos."

O moradores, encolhidos em suas cabanas, espreitavam aparvalhados os animais que corriam pelas ruas, uivando e babando, antes de cair em letargia.

"Eles simplesmente se deitavam na rua, estuporados de bêbados", disse Monsieur Le Brun.

Então a gente da cidade, facas de caça em punho, deixava cautelosamente suas casas. Quando os lobos tinham cessado de se mover, matavam-nos todos. Aquele, segundo Le Brun, foi o último susto causado por lobos na Borgonha.

A não ser, talvez, pelas noites de tempestade, quando a chuva tamborila nos telhados e o vento sibila chaminés abaixo. É nessas ocasiões que os mais velhos dizem ainda poder ouvir o uivar dos lobos à medida que se aproximam cada vez mais dos portões das cidades e das portas dos que nelas vivem.

. . .

A porta da casa na rue d'Enfer nº 7, em Beaune, estremeceu. Ainda não eram seis da manhã e a família Drouhin dormia. Quando as pancadas começaram, todos acordaram imediatamente; sabiam quem era.

Maurice não hesitou. Enfiando a mão debaixo da cama, agarrou uma maleta. Ela fora preparada dois anos antes no temor desse exato momento. Não houve tempo para despedidas. Maurice murmurou "Eu te amo" para sua mulher, que assentiu, e deixou o quarto, apressado. Desceu silenciosamente a escada, atravessando a casa fria, e entrou na adega de vinho.

Sua mulher, Pauline, foi até a janela, abriu as folhas e olhou para a rua lá embaixo. Vários oficiais da Gestapo acompanhados por uma dúzia de soldados estavam parados em frente à porta. "Que é?" ela perguntou.

"Queremos falar com seu marido", um deles gritou de volta. "Abra a porta!"

"Ele não está aqui", Pauline respondeu com toda convicção.

"Bem, nesse caso, onde está? Precisamos vê-lo imediatamente."

"Está viajando a negócios. Acho que disse alguma coisa sobre ir a Paris", respondeu Pauline, tentando ganhar o máximo de tempo possível para a fuga do marido. Os alemães não acreditaram nela e pediram novamente que abrisse a porta.

Robert, de oito anos, que dormira no quarto dos pais, não perdeu uma dessas palavras. Ao ouvir o que a mãe dissera, saiu da cama de gatinhas, avançou de mansinho rente à parede do quarto, transpôs a porta e entrou no quarto das irmãs, que ficava ao lado.

As meninas já estavam acordadas e tentando ouvir o que estava acontecendo. Afobado, Robert contou o que transpirara: "Mamãe disse à Gestapo que papai foi a Paris a negócios", contou ofegante. Depois, mais uma vez de gatinhas, voltou às pressas para o quarto dos pais e se enfiou na cama.

A essa altura, sua mãe havia finalmente concordado em descer ao térreo e deixar os homens da Gestapo entrar para revistar a casa. "Fique na cama", admoestou Robert. A Gestapo andou pela casa, vasculhando cada quarto, abrindo cada armário, empurrando as roupas para o lado, arrancando os lençóis, espiando debaixo das camas e atrás das portas. Ao entrar no quarto das filhas de Drouhin, perguntaram-lhes onde estava seu pai. "Foi para Paris", elas responderam nervosamente.

Em seguida invadiram o quarto vizinho, onde Robert fingia estar dormindo. "Onde está seu pai?" um deles perguntou, sacudindo-lhe o ombro.

Robert sentou-se, esfregou os olhos e olhou para aqueles homens enormes à sua frente. Baixinho, respondeu: "Foi a Paris a negócios." Os homens da Gestapo ficaram confusos. Um garotinho adormecido, que acabara de acordar, com certeza devia estar dizendo a verdade, pensaram. Vexado, o oficial fez um gesto de cabeça em direção à porta. "Estamos perdendo o nosso tempo, vamos cair fora daqui", disse.

Lá embaixo, sob a casa, Maurice acendeu uma vela e começou a avançar pelo labirinto de túneis que compunham sua adega. Séculos antes, aquele imenso dédalo subterrâneo, cavado na rocha dura, guardara os vinhos dos duques de Borgonha e dos reis da França. Agora, esperava Maurice, iria lhe fornecer um meio de fugir. Desde que fora libertado de uma prisão alemã em 1941, Maurice tivera a certeza de que mais dia, menos dia, os alemães, que estavam convencidos de que pertencia à Resistência, viriam buscá-lo de novo.

Movido pela terrível certeza de que seria morto se o pegassem, Maurice procurou freneticamente certa portinha de madeira que o levaria à segurança. Apesar da vela e de seu conhecimento da vasta adega, tinha dificuldade em se orientar na escuridão. Em um dos quatro níveis de corredores que compunham sua adega, encontrou finalmente o que procurava. Espanou as teias de aranha e se enfiou atrás das pipas de vinho; depois segurou a maçaneta da porta e puxou. Ela se abriu com facilidade. Abaixando-se ligeiramente ao transpô-la, Maurice desceu rapidamente os vários degraus que levavam à rua lá fora, a rue du Paradis, ou rua do Paraíso.

Parou por alguns segundos, observando e ouvindo atentamente. Nada se mexia. Nenhum alemão à vista. Só o tênue clarão da aurora no momento em que os primeiros raios de luz pincelavam os telhados antigos da cidade adormecida. Maurice desapareceu na quietude do amanhecer.

. . .

Os Miaihle se arrepiavam ao pensar no que aconteceria se os judeus que haviam escondido no Château Palmer fossem descobertos. Sabiam muito bem que os alemães haviam instalado um campo de trânsito em Mérignac, na periferia de Bordeaux, e que trens abarrotados de judeus de todas as idades e nacionalidades estavam agora sendo despachados da Gare St. Jean diretamente para Auschwitz.

Sabiam também mais alguma coisa: não tinham mais tempo. Com soldados alemães ocupando a parte principal do Palmer, tinham de tirar seus amigos do anexo onde os haviam escondido pouco antes da chegada deles.

Como a maioria dos bordeleses, os Miaihle tinham esperado que as coisas corressem de modo inteiramente diferente. Tinham ficado aliviados quando o marechal Pétain assumira o poder como chefe de Estado e se sentido tranqüilizados com suas promessas de avô de que iria protegê-los servindo de pára-choque entre os franceses e os piores excessos dos alemães. Seus sentimentos tinham começado a mudar, porém, ao ver 5.000 judeus de Bordeaux sendo obrigados a usar a Estrela de Davi amarela. Tinham se sentido ainda mais desalentados quando o governo de Pétain despojara os judeus imigrantes e refugiados de seus direitos e propriedades e começara a deportá-los.

Mas foi um episódio em 1942 que convenceu os Miaihle de que não tinham tempo a perder. Naquele mês de julho, os alemães, com a ajuda da polícia francesa, desfecharam seu primeiro cerco em massa aos judeus em Paris. Quatro mil crianças judias foram arrancadas dos pais e arrebanhadas num estádio de Paris, o Vélodrome d'Hiver. Foram deixadas lá por cinco dias sem água, comida ou instalações sanitárias adequadas. Quando líderes eclesiásticos, pela primeira vez, se levantaram contra o colaboracionismo de Vichy e pediram ao primeiro-ministro Laval que interviesse, ele se recusou. O sofrimento das crianças não o afetava em nada. "Todas elas vão partir", disse.

As crianças foram deportadas para o campo de trânsito de Drancy juntamente com outras 70.000 vítimas judias.

Até esse momento, os Miaihle e seus amigos judeus haviam tido sorte. Os alemães nunca haviam suspeitado de que bem ali, do outro lado da parede da cozinha do Château Palmer, escondiam-se duas famílias: quatro adultos e três crianças.

As providências para a fuga deles ficaram a cargo de Edouard e Louis Miaihle. Os alemães estavam acostumados a ver os dois irmãos, especialmente Louis, que visitava a propriedade quase todos os dias para inspecionar o vinho e supervisionar o trabalho nos vinhedos.

Agora, no entanto, eles passaram a amiudar as visitas e a fazê-las em horas variadas, a pretexto de inspecionar o vinhedo. Na realidade, sua intenção era assegurar que os alemães se acostumassem às suas idas e vindas.

Freqüentemente, Louis caminhava para cima e para baixo entre os renques de videira com sua podadeira, fingindo podar as plantas, parando aqui e ali para catar lagartos ou examinar as uvas em busca de sinais de míldio. Edouard geralmente estava junto, carregando o que as sentinelas alemãs supunham ser uma cesta de ferramentas do vinhedo. Debaixo das ferramentas, no entanto, havia comida, roupa e outros itens necessários para seus amigos judeus. Quando os alemães desapareciam de vista, Louis e Edouard atravessavam furtivamente a sebe e iam até o anexo, enfiando as provisões para os judeus por uma escotilha.

Transmitiam também as últimas notícias, e nos últimos tempos a maioria delas fora má. Explicavam o que estava acontecendo com outros judeus em Bordeaux e aconselhavam os amigos a serem extremamente cautelosos, não fazerem barulho algum. O menor grito de uma criança os denunciaria a todos. Edouard assegurava-lhes que estavam elaborando um plano para tirá-los da França, mas isso demandaria algum tempo. "Procurem ter paciência", dizia.

Finalmente, um dia, os irmãos Miaihle tiveram algumas notícias boas para dar. Tinham encontrado uma pessoa para falsificar documentos de identidade para seus amigos. Tinham também conseguido passagens para eles num navio que deixaria a França.

Isso fora conseguido graças à ajuda de um vizinho, um velho inválido, confinado à cadeira de rodas por uma artrite. Ou pelo menos era isso que ele queria que os alemães pensassem. Na realidade, o general Brutinel, um franco-canadense e oficial do exército reformado, estava operando uma rede de fuga a partir de sua casa no Château Lascombes, ajudando aviadores britânicos cujos aviões tinham sido derrubados a voltar para a Inglaterra.

Edouard Miaihle travara conhecimento com Brutinel logo depois que o general adquirira Lascombes, no início da década de 1930. Seu mútuo interesse em vinho logo levou a uma estreita amizade. Muitas noites, os dois se reuniam na grande biblioteca do Château Lascombes para comparar as características de vinhos e grandes safras que haviam tomado. Quase sempre essa conversa era regada por uma garrafa especial de vinho.

Com freqüência, no entanto, suas discussões iam muito além do vinho, para incluir assuntos como arte, política, guerra e as últimas notícias da BBC. Em muitas dessas ocasiões, Edouard era acompanhado por sua filha May-Eliane. Ela se lembra de ouvir maravilhada o general Brutinel, "aquele homem brilhante, extremamente culto", descrever sua filosofia de vida e a crueldade com que os seres humanos por vezes se tratam uns aos outros. "Muitas vezes o homem se comporta como lobo para com outros homens", ela se lembra de tê-lo ouvido dizer.

"Isso pode ser verdade?" May-Eliane sussurrou para seu pai. "Sim", ele respondeu com tristeza.

A fuga dos judeus italianos do Château Palmer aconteceu à noite. Louis, que morava no Château Coufran, encontrou-se com Edouard no Château Siran, onde o resto da família Miaihle estava morando na época. Tomando dois carros, os irmãos transpuseram os três quilômetros até o Palmer e estacionaram na sombra, a alguma distância do castelo. Em seguida os Miaihle rastejaram pelo terreno até o anexo e bateram na escotilha. As duas famílias estavam prontas. Rápida e silenciosamente, começaram a passar sua bagagem através da pequenina abertura, antes de se enfiarem eles mesmos por ela.

Embora houvesse guardas alemães patrulhando o perímetro da propriedade, não havia nenhum à vista. Com gestos e sussurros, os Miaihle guiaram os italianos pelo terreno até os vinhedos, onde os carros estavam estacionados. Com vozes abafadas, os irmãos contaram rapidamente aos seus amigos que seu destino era o porto de Bayonne, perto da fronteira com a Espanha, onde providências haviam sido tomadas para que embarcassem no último navio com destino à Argentina.

Em seguida partiram e, avançando lentamente e de faróis apagados por uma estrada de terra que cruzava o vinhedo, deixaram o Château Palmer.

"Sempre me lembrarei daqueles dois carros partindo e desaparecendo na noite", disse May-Eliane. "Pensávamos que talvez não conseguissem, que havia 80% de chance de que papai e tio Louis fossem presos e levados para um campo."

No final de 1943, os "lobos" estavam novamente chegando mais perto. Os alemães, dando-se conta de que a Resistência estava se tornando mais combativa, estavam decididos a esmagá-la.

Exasperados com emboscadas que pareciam aguardar em cada esquina, retaliavam sem piedade não só contra a Resistência, mas contra qualquer pessoa suspeita de apoiá-la. A guerra que a França conseguira evitar em 1940 agora estava dentro do país. Fazendas eram queimadas, aldeias eram arrasadas e milhares de pessoas eram executadas por pelotões de fuzilamento.

Nem mesmo os vinhedos estavam mais a salvo. "Todos os dias quando cuidávamos das nossas videiras ouvíamos o clique do rifle", contou André Foreau, de Vouvray. *Vignerons* como Foreau, e a maioria das pessoas na zona rural, haviam se desiludido completamente com o governo de Pétain e suas promessas não cumpridas. Ele fora incapaz de aliviar as condições implacáveis impostas pela ocupação e pouco fizera para controlar as requisições de um exército alemão cada vez mais predatório. A "paciência heróica do camponês", que o marechal Pétain certa vez louvara, havia se esgotado.

Os vinicultores intensificaram sua ajuda à Resistência permitindo que suas propriedades fossem usadas para lançamento por pára-quedas, durante a noite, de dinheiro, armas e suprimentos, itens que estavam assumindo importância vital à medida que um número crescente de franceses se recusava a se apresentar para o STO. Entre abril e dezembro de 1943, cerca de 150.000 homens estavam fugindo do STO. Menos de seis meses depois, esse número mais do que dobrara.

Muitos procuravam refúgio junto aos *maquis*, escondendo-se nas matas e nos morros. Muitos outros eram acolhidos por vinicultores e outros agricultores, que os escondiam em seus celeiros e adegas.

Quando a Resistência ficou mais arraigada na zona rural, os alemães começaram a enviar patrulhas para vilas e aldeias que até então mal haviam sido tocadas pela ocupação.

Jean-Michel Chevreau, vinicultor de Chançay, no vale do Loire, percebeu isso imediatamente. Em 1940, no início da ocupação, os alemães raramente passavam por sua aldeia. Quando o faziam, Jean-Michel e seus amigos tratavam aquilo como brincadeira, saindo sorrateiramente depois do toque de recolher e extraindo o vinho dos barris nos trens com destino à Alemanha. "Adorávamos estar sempre um passo à frente deles", disse Jean-Michel. "Cada vez que pensavam que tinham nos apanhado, aparecíamos com alguma coisa nova."

Na altura de 1943, tudo mudara. Agora patrulhas pesadamente armadas invadiam com regularidade Chançay e aldeias semelhantes. "Esses não eram os mesmos alemães que tínhamos conhecido em 1943", disse Jean-Michael. "Eram cruéis, imprevisíveis." Praticamente cada francês conhecia alguém que sofrera nas mãos dos alemães, e um medo arraigado passou a fazer parte de suas vidas.

Os franceses finalmente se deram conta de que estavam enfrentando um poder onipresente, disposto a esmagar o que não pudesse controlar. Segundo o historiador H.R. Kedward, "a cada semana que passava, a realidade de ser um país derrotado *e* ocupado forçava os franceses a reavaliar suas reações iniciais aos alemães. Se antes havia sido comum reconhecer que os alemães se comportavam bem, agora a frase que expressava esse fato, '*les Allemands sont corrects*', tornava-se rapidamente uma piada de mau gosto, e um ressentimento soturno tomou seu lugar."

Ressentimento, e muito mais. Havia agora a convicção de que um erro, um passo em falso, poderia resultar em tortura ou até em morte.

"Tentamos viver nas sombras", disse Jean-Michel.

Naquele ano, na escuridão de uma noite de dezembro, um caminhão solitário serpenteou cautelosamente pela Montagne de Reims, na Champagne, rumo à cidade de Reims. O motorista, que conhecia bem a estrada, se valia o menos possível de seus faróis. Passava muito da hora do toque de recolher.

De repente, uma luz brilhou diante dele. Pestanejou várias vezes na tentativa de ver o que estava acontecendo, mas a luz estava apontada diretamente para ele. Depois veio um grito, num francês carregado de sotaque, ordenando-lhe que parasse. Ele pisou no freio.

Um soldado alemão abriu a porta com um safanão e empurrou o motorista para fora. Aonde você vai? Que está fazendo? As perguntas se sucediam rápida e furiosamente enquanto outros soldados convergiam para o caminhão e começavam a revistá-lo. Antes que o motorista pudesse dizer uma palavra, veio um grito da traseira do veículo. Um soldado pulou no chão, segurando uma braçada de armas.

"O que é isto?" perguntou o oficial. O aterrorizado motorista se recusou a falar. Com um soco no seu estômago, o alemão repetiu a pergunta. O motorista, sustentado em pé por dois outros soldados, disse que nada sabia sobre as armas. Eles o arrastaram para um outro veículo e o levaram para o quartel-general da Gestapo em Reims. Outros soldados os seguiram no caminhão que ele viera dirigindo.

Sob tortura, o motorista disse que nada sabia sobre as armas, mas confessou que seu patrão o mandara "fazer uma entrega" e que estava só cumprindo ordens. Seu patrão era o marquês Suarez d'Aulan, que dirigia a Champagne Piper-Heidsieck. A entrega consistia num enorme sortimento de armas, incluindo rifles, pistolas e granadas, que haviam sido lançadas de pára-quedas pela Resistência. As armas tinham sido jogadas num vinhedo que a Piper possuía perto de Avize, na Côte des Blancs, cerca de trinta quilômetros de Reims.

Como muitos outros produtores de champanhe, o marquês transformara sua vasta adega num refúgio para a Resistência. Criara também ali um depósito em que estocava armas que eram lançadas pelos Aliados e que deveriam ser entregues aos *maquis* quando a batalha para a libertação da França começasse.

Havia muito que os alemães desconfiavam que alguma coisa estava se passando, mas nunca tinham sido capazes de prová-lo, em grande parte graças à natureza disciplinada e extremamente secreta das organizações da Resistência na Champagne. Com a detenção e confissão do motorista da Piper-Heidsieck, tinham agora a prova de que precisavam.

Bem cedo na manhã seguinte, soldados e a Gestapo, transportados por um comboio de veículos, tomaram de assalto a sede da Piper-Heidsieck. Não se deram ao trabalho de bater à porta; entraram de roldão, querendo saber onde estava Monsieur Suarez d'Aulan. Um empregado da Piper respondeu que o marquês não estava lá, fora fazer montanhismo nos Alpes. Os alemães começaram a revistar o prédio. Descobriram grande quantidade de armas escondida nas adegas, mas nem sombra de Suarez d'Aulan.

Furiosos, os homens da Gestapo correram à casa do marquês, na esperança de capturar outros membros da família, mas alguém da Piper fora até lá dez minutos antes e avisara à família o que estava acontecendo. Quando os alemães chegaram, todos, inclusive a mulher de Suarez d'Aulan, Yolande, tinham fugido.

Os alemães, no entanto, não estavam dispostos a desistir. Alguns dias depois a mãe de Yolande morreu, e eles viram nisso uma nova oportunidade. Decidiram cercar a igreja durante o serviço fúnebre e prender a família quando ela saísse.

O serviço começou como planejado. Enquanto as preces se sucediam, soldados tomaram posição em torno da igreja, guardando todas as portas. Quando as exéquias terminaram, porém, apenas um membro da família deixou o templo: Ghislaine, a filha de quinze anos de idade de Suarez d'Aulan. O resto da família não comparecera, suspeitando que a Gestapo poderia tentar alguma coisa mas acreditando que não importunariam uma mocinha.

Mas a Gestapo ficou tão irada que agarrou Ghislaine como refém, advertindo que só seria libertada em troca dos pais. A menina insistiu que não tinha idéia de onde eles estavam. O oficial respondeu que iriam esperar. Ghislaine foi jogada na prisão de Châlons-sur-Marne, onde outras figuras da Resistência da Champagne estavam presas.

Toda a comunidade da Champagne ficou revoltada. Assediaram os alemães com cartas de protesto. Alguns, arriscando-se a punição imediata e possível prisão, foram à Gestapo e expressaram suas queixas de viva voz. Até o prefeito de Paris, Pierre Taittinger, envolveu-se no caso, pedindo a intervenção do rei da Suécia.

Três semanas depois, em face dos crescentes protestos e sem qualquer pista da família de Ghislaine, os alemães finalmente a soltaram.

Nessa altura, seu pai, um piloto experiente, fora para Argel e ingressara num esquadrão de combate. A mãe encontrou refúgio junto aos *maquis* na região de Vercours, no leste da França.

A casa de champanhe da família, contudo, foi posta sob o controle direto dos alemães. A pessoa encarregada de sua direção foi o weinführer Otto Klaebisch.

Até pequenos produtores como Henri Billiot estavam sentindo a pressão. Billiot, que possuía uma vinha de cerca de dois hectares perto de Ambonnay, vendia suas uvas para as grandes casas de champanhe. Com o pai doente e o avô paralisado por um derrame, Henri, que tinha dezessete anos, tinha de cuidar da família toda. Isso incluía seus cinco irmãos e irmãs menores, seus pais e dois casais de avós idosos, além de uma tia com três filhos. Seu tio, um oficial do exército francês, fora mandado para um campo na Alemanha após se recusar a trabalhar para os alemães.

"Minha juventude não foi nada divertida", disse Henri. "Eu trabalhava vinte e quatro horas por dia no esforço de alimentar minha família. Nunca tinha feriados ou fins de semana."

Mas tinha um cavalo. Poucos produtores da Champagne possuíam tanto, pois a maioria dos cavalos fora requisitada pelos alemães. Os Billiot só continuavam com o seu por causa do avô parcialmente paralítico de Henri. Quando os alemães foram requisitar o animal, o avô Billiot havia se plantado em sua cadeira de rodas na frente do estábulo e se recusado a arredar pé. Brandindo sua bengala na cara do oficial alemão, o avô Billiot berrou: "Não vão pegar meu cavalo. Caiam fora daqui!" A explosão surpreendeu o oficial, que rosnou de volta: "O senhor é francês demais!" Dando meia-volta, ele e os outros alemães atravessaram o quintal pisando duro e bateram a grande porta de madeira ao sair.

Graças à obstinação do avô, Henri teve condições de reunir seus recursos aos de um vizinho que também conseguira conservar um cavalo. Com dois cavalos, o trabalho no vinhedo ficou mais fácil. Outras áreas da vida de Henri, porém, estavam ficando muito mais complicadas.

Os alemães, que haviam aberto uma escola de treinamento de oficiais perto de Ambonnay, anunciaram que estavam requisitando parte da casa de Billiot para alojar alguns de seus soldados.

Mais ou menos na mesma época, Denise, irmã de Henri, revelou-lhe que vinha trabalhando com a Resistência. Agora, disse ela, a Resistência estava querendo saber se Henri estaria disposto a se envolver, ingressando no Service des Renseignements, ou Serviço de Informação. Em outras palavras, tornar-se um espião. Denise disse a Henri que a Resistência o considerava bem qualificado, pois conhecia os vinhedos e passava longas horas trabalhando neles todos os dias ou percorrendo as picadas para cima e para baixo de bicicleta para inspecionar as videiras. Seria simples para Henri, sugeriu Denise, ir apenas um pouco adiante e verificar também as idas e vindas dos alemães, e depois, uma vez por semana, subir de bicicleta a encosta da Montagne de Reims e passar suas informações a um contato.

Pareceu empolgante. Como muitos de seus amigos, Henri queria se envolver na guerra e fazer alguma coisa para ajudar seu país. Ao contrário deles, não pudera fugir para ingressar nas Forças Francesas Livres por causa de suas obrigações em casa. O serviço de espião parecia perfeito. Henri aceitou com entusiasmo.

E tudo correu bem até o inverno de 1944. Nevascas pesadas confinaram praticamente todo mundo em casa e impediram Henri de se aventurar do lado de fora para monitorar tropas alemãs e se encontrar com seu contato. Para piorar as coisas, soldados alemães haviam se mudado para a casa dos Billiot.

Henri fazia um grande esforço para esperar o momento propício e se concentrou no seu negócio. Como outros produtores, andava pensando em fazer seu próprio champanhe. Suas uvas eram de excelente qualidade e sempre haviam sido vendidas a bom preço, portanto, por que não?

Antes que pudesse experimentar, porém, sua irmã chegou com outra mensagem da Resistência. "Vá a Bouzy imediatamente", ela disse. "Seu contato quer vê-lo."

Apesar da escuridão e da neve profunda, Henri pegou sua bicicleta e pedalou vários quilômetros até o local do encontro, um terreno batido pelo vento no meio de um vinhedo. Ali o aguardavam seu contato, um caminhão e uma pequena montanha de sacos de aniagem cheios de batatas. Perto, estavam quatro aviadores americanos cujos aviões haviam sido abatidos. Cada um deles segurava um saco vazio.

Antes que Henri pudesse perguntar o que estava acontecendo, seu contato apontou para os americanos e disse: "Enfie esses camaradas nos seus sacos e vamos carregar este caminhão antes que alguém nos veja." Os quatro americanos subiram na carroceria e, com a ajuda de Henri, se enfiaram dentro dos sacos. Depois Henri e seu contato puxaram os sacos com batata para cima do caminhão e os empilharam sobre os aviadores até escondê-los por completo.

Henri foi instruído a levá-los para Ambonnay e escondê-los por dois dias. Uma outra pessoa da Resistência chegaria então e os ajudaria a fugir para a Espanha.

Henri jogou sua bicicleta na traseira do caminhão e deu partida no motor. Parara de nevar e estava começando a clarear. Quando o caminhão descia lentamente um monte de gelo, o rapaz avistou um acampamento alemão. Essa foi a parte mais perigosa da viagem. Se Henri fosse ser parado em algum lugar, era naquele. Apesar de um impulso fortíssimo de acelerar para passar pelos alemães, temeu não ter coragem. Prendeu o fôlego e continuou. Dois minutos depois, soltou um suspiro de alívio. O acampamento alemão ficara para trás.

Henri seguiu direto para a casa de seu avô nos arredores de Ambonnay e explicou a situação. "É só por uns dois dias", disse. O avô permitiu que dois dos aviadores ficassem em sua casa.

A parada seguinte de Henri foi num café pertencente a um amigo, que concordou em esconder outro dos americanos num quarto bem em cima do estabelecimento.

Nessa altura o sol já ia alto e devia haver soldados alemães por ali, mas Henri ainda tinha outro aviador para esconder, um bombardeador chamado Edmund Bairstow. Henri resolveu se arriscar. Fazendo a volta com seu caminhão, rumou direto para casa. Sua mãe estava lá quando chegou. "Há algum alemão por aqui?" ele perguntou, apressando-se em explicar que havia um aviador americano escondido em seu caminhão. Quando ela lhe assegurou que eles tinham saído, Henri correu de volta ao caminhão, ajudou Bairstow a sair do saco e o levou para dentro de casa. Pôs o americano em seu quarto, advertindo-o para guardar silêncio porque havia soldados alemães morando no quarto ao lado. De início, Bairstow não compreendeu. "Não havia ninguém que falasse inglês em Ambonnay e Bairstow não falava francês", lembrou Henri, "de modo que fiquei um pouco apreensivo, mas imaginei que conseguiríamos nos virar por dois dias."

As apreensões de Henri, porém, haviam apenas começado. Dois dias depois, alguém da Resistência chegou à sua casa para dizer que a pessoa que deveria dar sumiço nos americanos tinha sido capturada pelos alemães e mandada para um campo de concentração. Henri recebeu a incumbência de tomar conta dos aviadores até que outras providências pudessem ser tomadas.

Era quase a pior notícia que Henri podia imaginar. Continuar escondendo um americano em seu quarto com soldados alemães alojados na mesma casa era impensável. Ele resolveu entrar em contato com a única outra pessoa da Resistência que conhecia, um cirurgião, que talvez pudesse ajudá-lo. Antes que pudesse chegar à casa do cirurgião, porém, Henri ficou sabendo que a Gestapo chegara lá antes, arrastara o homem para fora de sua casa e o fuzilara.

Henri entrou em desespero, temendo que a Gestapo estivesse fechando o cerco e fosse, em seguida, chegar à sua porta. Ao mesmo tempo, com o passar dos dias, os quatro americanos estavam ficando perturbados, frustrados por estarem confinados em espaços tão exíguos, sem ter ninguém com quem falar. Ed Bairstow era o que mais sofria. "Estava incrivelmente deprimido e chorava o tempo todo", disse Henri. "Temia que todos os homens em seu avião tivessem sido mortos e estava desesperado por notícias."

Henri sentiu que não tinha escolha. Com a ajuda de um amigo, arranjou roupas civis para os aviadores e os acompanhou até a aldeia, para que pudessem se encontrar, recomendando que tivessem cuidado e não falassem inglês. Em geral, eles seguiam as instruções. De vez em quando, com o amigo de Henri servindo de olheiro, os americanos se demoravam consumindo drinques e fumando cigarros no café local. Vez por outra, para grande consternação de Henri, um deles escapulia para assistir às partidas de futebol da aldeia. Certa feita, convenceram Henri a lhes tirar um retrato, posando na frente da casa dele e fazendo todo o possível para parecer muito franceses. Aquilo não ajudou a acalmar os nervos de Henri.

Uma noite, ele concluiu que a coisa mais segura a fazer era trazer os homens para jogar cartas em sua casa. Os alemães haviam planejado sair. Tudo correu bem até que Denise, a irmã de Henri, chegou correndo. "Você tem de tirá-los daqui", disse ela, frenética. "Os alemães estão voltando!" Henri indicou aos americanos que o seguissem, o pânico de sua irmã não deixando nenhuma dúvida em suas mentes de que alguma coisa estava errada. À frente dos homens, Henri saiu da casa, atravessou o quintal e entrou em sua adega de vinho. Depois voltou correndo para casa.

Quase ao mesmo tempo, um grupo de soldados alemães entrou no quintal e rumou para a casa. Era março e aviões aliados haviam acabado de fazer seus primeiros bombardeios à luz do dia em Berlim.

Os alemães comunicaram a Henri que dali a pouco Hitler faria um importante pronunciamento e que pretendiam ouvi-lo no rádio da casa. Henri ficou consternado. Sabia-se lá por quanto tempo o Führer iria falar? Por quanto tempo ele conseguiria manter os aviadores trancafiados na escuridão da sua cave?

Espantosamente, sua irmã Denise estava sorrindo, serena. "Volto já", disse ela.

Os alemães, cerca de uma dúzia, puseram suas cadeiras em volta da mesa e começaram a tentar sintonizar a transmissão. Tudo que conseguiram foi estática e ruídos estranhos. Minutos depois Denise estava de volta e deu um aperto tranqüilizador na mão de Henri.

Os alemães estavam perplexos. Não conseguiam pegar coisa alguma no rádio. Henri, também perplexo, dizia que ouvira rádio apenas cerca de uma hora antes. Um dos soldados era especialista em comunicações e começou a examinar o aparelho. "Não há nada de errado com ele; parece-me em perfeito estado", disse.

Os alemães consultaram seus relógios. O discurso de Hitler estava prestes a começar. Depois de remexer os botões do rádio uma última vez, os alemães se levantaram e anunciaram que iriam ouvir o discurso em outro lugar. Quando estavam saindo, Henri ouviu um deles dizer: "Afinal que importância tem isso? O Führer é maluco."

"Não consigo entender", Henri disse a Denise. "O rádio estava funcionando perfeitamente."

"Estava", disse ela, "mas isso foi antes que eu retirasse uma peça de chumbo do contador de eletricidade. A gente aprende algumas coisas na Resistência."

No dia seguinte, Henri foi ao café para dizer a seu amigo que a tensão estava sendo excessiva. Seu vinhedo precisava de sua atenção e era preciso fazer alguma coisa com relação aos quatro americanos; eles já estavam lá havia mais de um mês. O amigo respondeu que soubera que um certo Monsieur Joly, de Reims, estava trabalhando para a Resistência; provavelmente ele poderia ajudar.

Henri e o amigo pegaram suas bicicletas e rumaram para a casa de Joly, a cerca de trinta quilômetros de distância. Quando chegaram e explicaram seu problema, Joly disse que não sabia do que estavam falando. Recusou-se a recebê-los e bateu-lhes a porta na cara.

Quando estavam se virando para sair, um outro homem saiu da casa de Joly e, ao passar por eles, sussurrou-lhes: "Ele os receberá esta noite."

O encontro não foi satisfatório. Joly foi evasivo. Henri e o amigo sentiram-se desalentados ao fazer a longa e perigosa viagem de volta para Ambonnay no escuro, depois do toque de recolher.

Menos de uma semana depois, contudo, um ferroviário bateu à porta de Henri e declarou que estava lá para buscar os americanos. Eles tinham passado quarenta e dois dias em Ambonnay.

Depois que partiram, o exausto Billiot foi para seu quarto para desabar na cama. Lá, sobre seu travesseiro, achou duas notas de cem francos. Numa delas havia uma mensagem escrita a mão: "Caro Henri, a você eu devo mutíssimo mais do que as palavras podem expressar. Possa seu futuro ser tão luminoso quanto os dias que passei com você."

Estava assinada Edmund N. Bairstow.

SETE

A fête

| Février-Mars 1943 | GALA des VINS de FRANCE | OFLAG IV D |

REVUE à Grand Spectacle
avec Dégustation

PROLOGUE - Noé et Sacavin

1 - Tourangeaux et Angevins vous présentent: la leçon de Rabelais

2 - à la recherche de la dive bouteille

3 - les danseurs du Bas-Languedoc et du Roussillon vous invitent à danser sous les treilles

4 - le vin d'Henri IV

5 - les bordelais vous convient à la Ronde des Châteaux

6 - Cap sur la Corse

7 - les Provençaux vous régalent du vin des pères

8 - de l'eau dans le vin

9 - les bourguignons vous invitent à un chapitre de la confrérie du Tastevin

10 - de Montmartre à Suresnes

11 - les champenois vous apprennent à faire sauter le bouchon

ENTR'ACTE

12 - FINAL à la gloire du vin français

"Esta noite nos dará ensejo para relembrar com regozijo um dos tesouros mais puros da França, nosso vinho, e para mitigar o sofrimento em que tivemos de viver por tanto tempo." *(Mensagem a prisioneiros de guerra, do programa da festa do vinho de Gaston Huet, 1943)*

Gaston Huet sentiu vontade de vomitar. Se tivesse alguma coisa no estômago, provavelmente o teria feito.

Aflorando do prato de sopa à sua frente, um percevejo gigante o fitava. Sentiu-se tentado a·empurrar a tigela, depois pensou melhor. Mergulhou a colher na substância rala e leitosa e jogou o inseto no chão com um piparote. Depois fechou os olhos e tomou a sopa.

O que não teria dado por um suculento *poulet rôti* ou *rillettes de porc* para comer, regados por uma garrafa do seu próprio fragrante Vouvray! Mas depois de mais de dois anos num campo de prisioneiros de guerra alemão, a fantasia chegava a ser quase insuportável.

Desde o dia 17 de junho de 1940, quando os portões do Oflag IV D, na Silésia, se fecharam atrás dele após sua captura em Calais, a vida para o vinicultor de Vouvray não cessara de se deteriorar. Ele pesava setenta e dois quilos ao chegar; agora, estava reduzido a quarenta e oito.

Quase o mesmo acontecera com os mais de 4.000 prisioneiros, apinhados em vinte prédios de blocos de cimento, duas fileiras de dez divididas por uma estreita faixa de terra que os prisioneiros chamavam de Hitlerstrasse, ou rua Hitler. Todo o complexo era cercado por torres de vigilância fortificadas e cercas de arame farpado.

Correndo pelo centro de cada um dos prédios havia uma fila de pias de cimento. Dos dois lados dela havia fileiras e mais fileiras de beliches, com três camas cada um. O enchimento dos colchões era de aparas de madeira e, afora um cobertor por cama, não havia outras cobertas. As janelas eram nuas, e assim também o chão de cimento. Um dia antes da chegada de Huet ao campo, os alemães haviam distribuído papel higiênico, um rolo por caserna. Com cento e oitenta homens em cada uma, isso equivalia a um quadrado por pessoa.

O Oflag IV D era o que seu nome dizia, um *Offizier-Lager*, ou campo de oficiais. Pela Convenção de Genebra, os oficiais que eram feitos prisioneiros deviam ser abrigados e alimentados "não pior" do que as tropas que os capturavam. Podiam praticar qualquer religião, estavam desobrigados de trabalho árduo e podiam se corresponder com suas famílias e amigos. Se fossem pegos tentando fugir, não deveriam ser sujeitos a nada além de um mês numa solitária.

Soturnos como eram, os campos de oficiais eram muito melhores que os campos comuns para prisioneiros de guerra e nada que se comparasse aos campos de concentração onde judeus, eslavos, ciganos — os que os nazistas chamavam de *untermenshen*, ou subumanos — eram jogados. Uma vez livre de interrogatórios, um oficial prisioneiro de guerra nada tinha a fazer senão esperar pelo fim da guerra. O tédio entorpecedor da mente era o pior inimigo, mas a fome vinha logo atrás. Comida era uma preocupação incessante.

Gaston Huet acordou um dia com o café da manhã na cabeça. Mal conseguia tragar a idéia: "*panzermilch* de novo", um leite de soja diluído que ele e os outros prisioneiros recebiam indefectivelmente a cada manhã junto com um bocadinho de pão. O almoço não seria melhor: caldo de carne, talvez, com um pouco de batata cozida esmagada nele. A atração do jantar seria um nada de patê, carne moída de origem desconhecida consolidada por um bocado de banha.

A monotonia do dia foi interrompida quando um guarda alemão entrou na caserna de Huet pouco antes do meio-dia e anunciou que chegara correspondência para alguns dos prisioneiros. Embora as regras da guerra estipulassem que os oficiais podiam se corresponder com suas famílias, muitas vezes elas eram convenientemente ignoradas. Fazia semanas que nenhuma correspondência, que era sempre censurada, era entregue no Oflag IV D. Dessa vez, ela incluía vários pacotes, todos os quais haviam sido rasgados e inspecionados pelas autoridades alemãs.

Huet ficou radiante quando seu nome foi chamado. Havia uma carta e um pacote de sua mulher. Ele enfiou a carta no bolso, guardando o melhor para o fim, e abriu a caixa. Dentro havia três ovos, envoltos em farinha para não quebrar, a provisão que os prisioneiros de guerra mais apreciavam, pois podia ser usada de diversas maneiras para fazer render o parco alimento que recebiam. Huet esquadrinhou a farinha com os dedos, não querendo perder nenhuma outra coisa que pudesse ter vindo no pacote, como uma barra de sabão ou um cubo de caldo. Esse último item era algo que os censores alemães vigiavam com cuidado depois de descobrir que vários prisioneiros tinham recebido mensagens secretas escritas no verso do papel que embalava os cubinhos.

Convencido de que não havia mais nada na farinha, Huet guardou sua caixa de comida numa despensa trancada e se recolheu a seu catre para ler a carta. "*Meu querido marido...*", começava ela, e Gaston foi transportado para um outro mundo, o mundo do lar, da família e dos amigos. Saboreou cada palavra e se demorou na descrição da filha, que estava crescendo, tentando imaginar como estaria. Vira-a pela última vez em seu primeiro aniversário.

Não pudera ver seus primeiros passos, suas primeiras palavras. Agora a menina tinha quase quatro anos e ele iria perder mais um aniversário.

Notícias do vinhedo da família agravaram sua melancolia. Pouco antes de reconvocado para o serviço ativo em 1938, Huet assumira por completo a direção de Le Haut Lieu quando a saúde de seu pai, já frágil em decorrência da Segunda Guerra Mundial, se deteriorara ainda mais. "É uma trabalheira, mas as videiras estão bem", escrevia a mulher de Huet. Entre frases que o censor borrara de preto, Huet ficou sabendo que chovera em Vouvray. A expressão *mauvaises herbes*, ou ervas daninhas também sobressaía. Apesar das passagens censuradas, que eliminavam palavras da mulher, Huet podia imaginar facilmente que aparência teria o vinhedo. Como era o início do verão, sabia que as uvas ainda estariam verdes e pequeninas, mas, se não tivesse chovido demais, haveria chance de se colher uma safra decente. Ele ansiava por estar em casa para a colheita, mas bem sabia que isso era impossível.

Enfiando a carta de volta no bolso, Huet foi procurar seu amigo Daniel Senard. Encontrou-o esticado em seu catre. "Alguma notícia de casa?" Huet perguntou. Senard, vinicultor de Aloxe-Corton, na Borgonha, sacudiu a cabeça. Ao contrário de Huet, Senard não recebera nada. De cartas anteriores, contudo, ele sabia que soldados alemães haviam ocupado sua casa, pilhado sua adega de vinho e até queimado alguns móveis antigos da família para se aquecer. Huet transmitiu a Senard as notícias que acabara de receber. A conversa logo se voltou para os problemas que os vinicultores estavam enfrentando em toda a França. Não demorou e outros *vignerons* do campo haviam se juntado a eles.

Do milhão e meio de soldados franceses que estavam definhando em campos de prisioneiros de guerra alemães, a maioria vinha de áreas rurais, o que significava que muitos, inclusive centenas no Oflag IV D, estavam direta ou indiretamente ligados ao negócio de vinhos. Para enfrentar os dias longos e entediantes, os vinicultores que estavam no campo haviam formado grupos para partilhar notícias de seus vinhedos e comparar notas sobre práticas de viticultura.

Foi durante um desses encontros de grupo que Huet surgiu com uma idéia que surpreendeu a todos. "Vamos fazer um banquete de vinho", ele propôs. A princípio, ninguém disse nada e de repente todo mundo falou ao mesmo tempo. Por fim, alguém perguntou o óbvio: como vamos fazer um banquete de vinho sem vinho? Huet confessou que não tinha nenhuma resposta imediata. "Mas tenho uma idéia. Deixem-me pensar sobre ela."

Mais tarde, explicou o que tinha em mente para Senard e um outro vinicultor amigo, André Cazes, proprietário do Château Lynch-Bages em Bordeaux. "Posso resumi-la em duas palavras", disse Gaston. "Mercado negro."

Ele ficara sabendo por uma equipe de operários da prisão que num campo próximo para criminosos circulavam vinho e bebidas destiladas, o que era contra os regulamentos. "Vamos ameaçar dar o alarme", disse Huet. "Vocês sabem tão bem quanto eu que o comandante do nosso campo morre de medo da Gestapo. Talvez ele nos deixe trazer algum vinho para nós se prometermos calar o bico." Senard e Cazes concordaram que valia a pena tentar.

Alguns dias depois os três prisioneiros enfrentaram o comandante. Ele reagiu nervosamente. "Onde conseguiram essa informação? Pelo amor de Deus, não digam a ninguém!" Huet respondeu que ele poderia contar com o silêncio deles a um preço e passou a resumir o que ele e seus amigos tinham em mente.

De início o comandante relutou, mas a última coisa que queria era gerar problema ou chamar atenção sobre si.

"Poderão ter esse vinho", disse, "mas não vou ceder nem mais um milímetro. Terão de usar seus *ticket colis* para recebê-lo."

Estava se referindo às etiquetas que eram distribuídas entre os prisioneiros franceses para que pudessem receber comida ou outras provisões de casa. Eram como licenças de expedição e cada prisioneiro de guerra recebia uma por mês para mandar para casa. Nenhum pacote enviado de volta podia ter mais de cinco quilos, e tinha de vir com a etiqueta. Mesmo assim, não havia nenhuma garantia de que os pacotes chegariam aos destinatários e, quando chegavam, sempre tinham sido abertos e inspecionados antes.

Huet e seus amigos saíram correndo do gabinete do comandante, extasiados como meninos no circo, cumprimentando-se uns aos outros e exclamando: "Conseguimos, vamos ter nosso vinho!" E voltaram mais que depressa à suas casernas para dar as boas novas e começar a planejar.

A notícia de sua vitória espalhou-se pelo campo mais depressa que rumores de libertação. "É verdade?" perguntaram outros prisioneiros. Muitos ficaram céticos e pensaram que fosse uma brincadeira. No fim do dia, porém, a pergunta que quase todos estavam fazendo era: "Podemos ajudar?"

Huet nomeou um comitê composto de representantes de cada uma das regiões viníferas. Foi calculado que precisariam de setecentas garrafas. Desse modo, cada prisioneiro receberia um copo. A meta era ter tudo pronto até o outono de 1942, marcando sua festa de modo a que coincidisse com a colheita da uva na França.

O trabalho passou a monopolizá-los. Depois de meses de tédio implacável, agora tinham uma festa para planejar. Huet e os outros membros do comitê trabalhavam todo santo dia, anunciando que cada prisioneiro com ligações com o negócio de vinhos deveria pedir que lhes enviassem três garrafas de casa. Após cálculos meticulosos, convenceram-se de que um pacote com três garrafas ficaria dentro do limite de cinco quilos imposto pelos alemães para cada um.

Quando os primeiros pacotes de vinho começaram a chegar no final daquele verão, houve euforia no campo. "Isso vai mesmo acontecer", pensaram os prisioneiros de guerra. Foi então que as coisas começaram a desandar.

A primeira dor de cabeça resultou de champanhe demais. Na época, a maior parte do champanhe era engarrafado em garrafas de oitenta centilitros, cinco centilitros mais que as dos outros vinhos, o que significava que todos os pacotes de champanhe destinados aos prisioneiros excediam ligeiramente o limite de cinco quilos. O comandante alemão prometera que nenhum pacote seria aberto, contanto que correspondesse às especificações. Os que vinham da Champagne não o faziam, e guardas inflamados de zelo caíam sobre eles.

Coube a Huet dar a notícia. "Perdemos a maior parte do nosso champanhe", ele disse aos prisioneiros. "Os alemães que se apoderaram dos pacotes provavelmente beberam tudo que havia dentro." Huet acrescentou que, sem o champanhe, não teriam vinho suficiente a tempo para a festa, de modo que teriam de adiá-la por uns dois meses.

A comunicação foi um duro golpe. Fez-se um silêncio momentâneo enquanto os outros prisioneiros absorviam o impacto de suas palavras. Todas aquelas etiquetas desperdiçadas. Conseguiriam vinho bastante algum dia? Mas havia muito mais coisas envolvidas naquilo.

"A festa significava tudo para nós", Huet lembrou anos mais tarde, "e de repente parecia que tudo nos estava sendo tirado."

Esse sentimento de perda foi exacerbado por notícias chegadas da França: as forças alemãs haviam cruzado a Linha de Demarcação e posto o país inteiro sob ocupação. A correspondência vinda de casa, que fora no melhor dos casos irregular, tornou-se ainda mais errática. À medida que o moral afundava, a raiva começava a subir. Prisioneiros estendiam os braços e gritavam "Heil Hitler!" para cada guarda que passava por eles. Construíram também uma Tombe d'Adolph, Túmulo de Adolf, e realizam um simulacro de serviço fúnebre junto a ele. Temendo uma escalada de problemas, as autoridades jogaram centenas de prisioneiros de guerra no *bloc des isolés*, ou bloco de isolamento, acusando-os de alimentar sentimentos "antigermânicos".

Huet estava preocupado também. Reunindo seu comitê da *fête* do vinho, declarou: "No interesse de todos, temos de seguir em frente com a festa. Mesmo que não tenhamos tanto vinho como queríamos, temos de fazê-la. Vamos marcar uma data e mantê-la." A data que escolheram foi o dia 24 de janeiro de 1943, dia de são Vicente, o padroeiro dos vinicultores franceses.

Foi uma escolha inspirada, pois o inverno alemão chegara furioso. A neve caía pesadamente e as temperaturas foram abaixo de zero, mas quase ninguém notou. Os prisioneiros de guerra estavam obcecados pelo planejamento do grande evento e todos queriam participar. Artistas se ofereceram para fazer cartazes e mapas das diferentes regiões viníferas. Um grupo de teatro se propôs a encenar esquetes humorísticos sobre vinhos e até a fazer os trajes. Um padre que dirigia um coral do campo disse que iriam pôr seus hinários de lado e começar a ensaiar canções báquicas.

Um dia, quando Huet estava trabalhando no programa, um representante do grupo dos carpinteiros aproximou-se dele. "Que tal uma prensa de lagar? Podemos construir o modelo de uma para você", ele disse. Huet achou que era uma idéia excelente, mas ocorreu-lhe que poderia ser complicado demais. Afinal, onde conseguiriam a madeira? O carpinteiro respondeu que isso não era problema e que Huet estaria fazendo um grande favor para eles permitindo que construíssem uma prensa. "Eles", como Huet descobriu, eram cinco prisioneiros de guerra que haviam decidido fugir. Estavam cavando um túnel subterrâneo e usando ripas das camas para escorá-lo. A prensa de lagar, disse o carpinteiro, iria explicar para qualquer alemão desconfiado por que estavam desaparecendo ripas de todas as camas. Além disso, o barulho produzido na construção da prensa abafaria os sons da escavação do túnel.

Huet achou graça, mas não se surpreendeu. Houvera muitas tentativas de fuga do Oflag IV D, várias delas bem-sucedidas. Como o diário do prisioneiro registrava, "tantos túneis estão sendo cavados que se tem a impressão de estar vivendo num formigueiro". A tentativa mais memorável ocorrera quando cento e cinqüenta oficiais cavaram sob as latrinas um túnel que ia até a mata, além do campo, mas não antes de assegurar a colaboração dos outros prisioneiros, que teriam de deixar de usar as instalações até que tivessem escapado.

A fuga era algo que Huet nunca considerara. Como muitos prisioneiros de guerra, tinha medo do que os alemães poderiam fazer com sua família. Os que tentavam fugir eram geralmente homens solteiros, sem família com que se preocupar.

O oferecimento dos carpinteiros, no entanto, despertou o interesse de Huet. Ele deu de ombros. "Por que não? Vão em frente e façam a prensa", disse.

Nessa altura, a noite de degustação de vinhos de Huet já havia se transformado num festival, com exposições e seminários para celebrar as glórias dos vinhos da França. Um panfleto distribuído por *vignerons* do campo proclamava:

Queremos cantar o sol e a brisa que sopra através dos vinhedos.
Queremos cantar o que os olhos não podem ver por trás do arame farpado e dos muros deste campo, e o que não se pode imaginar que cresça aqui, nesta terra dura, estéril, da planície silesiana. Queremos cantar o vinho para estômagos

obliterados e inchados por três anos de água apenas. Queremos que nossa celebra-ção seja como a uva que cresceu, amadureceu e foi colhida em beleza e generosi-dade.

Poucos dias antes da grande festa, os mais de 4.000 prisioneiros de guerra do Oflag IV D foram solicitados a listar, em ordem de preferência, os vinhos que mais gostariam de tomar. Um borgonha? Bordeaux? Um vinho perfumado do Loire? As opções percorriam toda a gama, e logo os prisioneiros estavam trocando histórias sobre os vinhos que já tinham tomado, perguntando aqui e ali quais eram as melhores safras e que região da França produzia o melhor vinho. Todos haviam sido solicitados a indicar três escolhas, para o caso de a primeira não estar disponível.

Enquanto isso, Huet e seu comitê organizador foram para a despensa trancada e começaram a contar as garrafas de vinho. Ao terminar, estavam desolados. Havia apenas seiscentas garrafas, cem a menos do que haviam esperado. "Isto significa que uma garrafa terá de ser dividida entre sete ho-mens", Huet disse aos outros. "Vai ser um copo de vinho bem pequeno."

No dia 24 de janeiro, tudo estava pronto para a abertura da Quinzaine des Vins de France, as duas semanas de celebração do vinho. Enquanto *vignerons* demonstravam como as prensas de lagar recém-construídas funcionavam, cartazes coloridos retratando as glórias do vinho eram pendurados nas pare-des das casernas. Uma trupe de atores com trajes de papel fazia o último ensaio do esquete que haviam preparado. O coro do campo se aquecia com algumas escalas e compassos da canção báquica que haviam aprendido: "Adeus, cestas, a colheita terminou..."

Sob toda essa atividade, cinco prisioneiros preparavam-se para fazer suas despedidas. Dias de tempo excepcionalmente cálido em janeiro haviam permi-tido que terminassem seu túnel antes do previsto. Enquanto colegas vigiavam junto às janelas, os cinco homens arrastaram uma das camas para o lado e se enfiaram num buraco no piso. Cada um apertava na mão um pequeno jogo de disfarces ao engatinhar pelo túnel em direção à mata, a cerca de cento e quinze metros de distância. Ali chegando, escondidos pelas árvores, os homens vesti-ram seus disfarces, fardas alemãs feitas no campo, que haviam sido moldadas com o papelão em que o vinho viera embalado. Na retaguarda, nas casernas, outros prisioneiros inspecionaram o terreno uma última vez pelas janelas para se assegurar de que não havia nenhum alemão por perto e depois arrastaram a cama de volta para o lugar.

Ao cair da noite, a atenção geral se voltou para o momento que todos estavam antecipando. Um Gaston Huet jubiloso, dominado pelo alívio e a emoção, reuniu os membros de seu comitê para lhes passar uma última men-sagem. "Chegou a hora", disse simplesmente.

A *fête* do vinho foi realizada no chamado Hall d'Information, nome dado à caserna onde os primeiros planos para a *soirée* haviam sido concebidos. Como o espaço era limitado — o prédio só podia conter duzentas e trinta e cinco pessoas por vez —, decidiu-se que a celebração seria realizada dezessete vezes ao longo de vários dias de modo a acomodar todos os prisioneiros de guerra.

Naquela primeira noite, a atmosfera foi surrealista. Muitos dos prisioneiros mal conseguiam acreditar no que estava acontecendo. Cada homem, ao chegar a seu lugar, encontrou um pedacinho de papel com uma mensagem datilografada presa à cadeira.

Esta noite nos dará ensejo de relembrar com regozijo um dos tesouros mais puros da França, nosso vinho, e a mitigar o sofrimento em que tivemos de viver por tanto tempo. Uma festa para celebrar o vinho? Não, não é apenas isso. É também uma celebração de nós mesmos e da nossa sobrevivência. Com esse pequeno copo de vinho que tomaremos juntos esta noite, saborearemos não só um fruto raro mas também a alegria de um coração saciado.

O fruto raro, no entanto, viria mais tarde. Primeiro, um dos oradores disse que gostaria de corrigir algum mal-entendido. "Alguns de vocês alimentam a convicção de que não há som mais bonito no mundo que o espocar de uma rolha de champanhe", ele disse. "Estão enganados. O champanhe deve ser aberto não com um estouro ou estrépito, mas com um sussurro." Quando o abrimos de outra maneira, advertiu, permitimos que o dióxido de carbono escape prematuramente e o resultado, "embora espetacular, é em geral uma porcaria."

Apresentando uma falsa garrafa de champanhe que havia sido preparada para a demonstração, o orador anunciou que passaria a lhes mostrar como se deveria abrir uma garrafa de champanhe. Sob os olhos da atônita audiência, removeu cuidadosamente a cápsula de metal, desprendeu o arame que mantinha a rolha no lugar e passou a afrouxar suavemente a rolha. "Lembrem-se", repetiu para os ouvintes, "sempre com um sussurro."

Em instantes, contudo, era a audiência que estava sussurrando, depois rindo alto. A rolha se recusava a se mover. Ele tentou de novo. Nada aconteceu. Percebendo que não havia outro jeito, ele imprensou a garrafa entre os joelhos, agarrou o gargalo com a mão esquerda e empurrou a rolha com toda a sua força. O estouro mais pareceu um disparo de arma de fogo. Se houvesse alguma coisa na garrafa, teria sido preciso distribuir toalhas à audiência. Encabulado, o orador disse: "Bem, vocês pegaram a idéia."

Os risos e os aplausos aumentaram quando o grupo de teatro entrou em cena e começou a apresentar esquetes que retratavam a vida nos vinhedos. Os esquetes provocaram tantas gargalhadas que os guardas alemães foram ver o que estava acontecendo. Felizmente eles não sabiam francês suficiente para entender a gíria e o patoá regional que os *vignerons* estavam usando, porque os esquetes eram muitas vezes rudes e zombavam dos alemães. Na maioria das vezes, os guardas apenas sacudiam a cabeça e se afastavam.

A verdadeira estrela da noite, o vinho, veio no intervalo, mas não antes de algumas observações introdutórias e de panegíricos do vinho.

"É francês sorrir e cantar", exclamou um orador.

Outro disse à audiência: "Muitos de vocês não vêm de regiões viníferas, por isso esta noite queremos apresentá-los a toda a beleza e pureza do vinho." Começou então a tecer loas às diferentes regiões viníferas da França. "Nós nos orgulhamos de cada uma delas", disse. "Esta noite viajaremos com Rabelais até as margens do Loire, visitaremos os *chais* de Bordeaux e Cognac, espreguiçaremos às ondas luminosas de luz que banham os montes do Languedoc e do Roussillon, e o céu azul da Provença, saborearemos os prazeres da Borgonha, o Reino dos Tastevins, caminharemos pela Champagne, a terra do Dom Pérignon, e sobre os montes de Jurançon. Iremos mesmo até Suresnes, que não deveria ser esquecida em nenhuma turnê do vinho."

Gaston Huet, no entanto, não se esquecera do que todos estavam esperando e avançou até o centro do palco. "Já chega", disse. "Falar sobre vinho é uma coisa maravilhosa, mas tomá-lo é muito melhor."

A essas palavras, que foram quase abafadas por vivas, mesas foram montadas e garrafas de vinho foram trazidas, cada garrafa a ser repartida entre sete pessoas. Os homens tinham levado seus próprios copos, muitos deles eram bem pequenos, embalagens de mostarda enviada de casa.

Huet instou os homens a acharem rapidamente seus respectivos grupos, aqueles a que tinham sido destinados segundo os vinhos que haviam escolhido. "Tentamos fazer aquilo corretamente", disse Huet. "Os vinhos que deviam ser gelados foram deixados do lado de fora. Os que deviam ser servidos à temperatura ambiente foram levados para dentro umas duas horas antes."

Com tão pouco vinho, no entanto, Huet aconselhou os homens a não se afobar. "Dêem-se tempo de apreciar o que têm à sua frente", disse. "Admire-o antes de levá-lo aos lábios, esse copo de mostarda agora cheio de néctar, e dêem-se tempo para lembrar que nesta noite nosso intuito não é outro senão glorificar um de nossos maiores tesouros."

Por um instante, foi quase como se os prisioneiros de guerra estivessem numa catedral, tão profundo, até reverente, foi o silêncio.

Depois um grito de aplauso espontâneo se ergueu. "Não sei se alguma vez me senti mais emocionado", disse Huet.

Depois que todos tinham sido servidos e a alegria estava no auge, o padre e seu coro tomaram conta do palco, conduzindo os prisioneiros por animadas canções báquicas e algumas árias melancólicas da França.

Huet se retirou para um canto da sala para saborear seu copinho de mostarda de vinho. Deu um suspiro de satisfação. Era um vinho branco seco do vale do Loire; não vinha do seu vinhedo, mas ainda assim trazia um gosto de casa. Olhou fundo sua cor esverdeado-dourada, depois se deteve para aspirar seu aroma, seu buquê floral com sugestões de limão, pêra, maça e mel.

Quando levou o copo aos lábios, o vinicultor Huet falou mais alto. "Hum, um pouquinho acidífero", pensou. "Verde no palato médio e o final é fraco. Duvido que as uvas de Chenin Blanc tenham ficado bem maduras."

Essa análise, contudo, durou apenas alguns breves segundos, pois de repente emergiu o Huet amante do vinho, e os sabores e aromas da bebida o envolveram.

Anos mais tarde, Huet recordaria aquele momento e todo o trabalho que tivera planejando e organizando o evento. "Ele salvou nossa sanidade", disse. "Não sei o que teríamos feito sem aquela festa. Ela nos deu alguma coisa a que nos agarrar. Deu-nos uma razão para levantar de manhã, para enfrentar cada dia. Os atos de conversar sobre vinho e partilhá-lo fizeram-nos sentir mais perto de casa, e mais vivos."

Huet não se lembrou exatamente de que vinho bebera, ou de que safra era. "Não era nada de especial e enchia só um dedal", contou, "mas era glorioso e o melhor vinho que jamais tomei."

"O melhor vinho que jamais tomei? Deixe-me pensar."

Roger Ribaud estava esticado em seu catre no Oflag XVII A, um campo de prisioneiros de guerra perto de Edelbach, na Baixa Áustria. Era o dia de Natal de 1940 e ele e seus companheiros de prisão não conseguiam pensar em outra coisa senão suas casas e tudo de que sentiam falta.

"Tomamos um borgonha maravilhoso com o peru no Natal passado", ele contou a seu amigo, que estava sentado na outra ponta do catre. "Era um Echézeaux de 1937, claro na cor mas de aroma pungente. Mas o melhor que já tomei? Não, não acho que tenha sido. Houve um..." E a conversa rolava enquanto os dois homens pensavam sobre os vinhos que já tinham tomado e as ocasiões em que isso se dera.

"É isso que conta", disse Ribaud. "Tudo depende de com quem e com que você os toma. Nunca lhe aconteceu de tomar um rosé barato com uma garota especial e pensar: 'Isto é o máximo!'?"

Depois que seu amigo o deixou, Ribaud continuou deitado em seu catre, fitando o teto e pensando. Era seu primeiro Natal longe de casa e a solidão parecia quase insuportável.

Sonhar, contudo, não era o bastante para lhe permitir atravessar aquele melancólico dia de inverno; assim, ele enfiou a mão em seu saco de viagem e puxou um lápis.

Neste Natal de 1940, comecei a escrever um livrinho, num esforço para dissipar um pouco da tristeza em que estamos vivendo e partilhar algumas das esperanças a que ainda nos agarramos em nosso cativeiro, de retornar aos nossos lares e às pessoas amadas, e aos valores que nos são mais caros.

Ribaud começou a fazer uma lista de vinhos franceses, todos em que conseguia pensar: alguns ele tinha experimentado, outros tinha esperança de experimentar. Dividiu-os por região: Borgonha, Bordeaux, Champagne, Alsácia, Loire. Classificou-os segundo sua finura, o corpo e o buquê.

Nessa altura, o amigo estava de volta espiando sobre seu ombro. Ficou impressionado, mas disse a Ribaud que ele cometera alguns erros. "Você está errado com relação ao Nuits-Saint-Georges", disse. "Ele é muito mais encorpado."

A inflamada discussão dos dois logo chamou a atenção de vários outros prisioneiros da Caserna IV, entre os quais o marquês Bertrand de Lur-Saluces, proprietário do famoso Château d'Yquem. Todos ficaram fascinados com o que Ribaud estava escrevendo.

Enquanto a neve continuava a cair e o vento daqueles frios dias de inverno assobiava pelas frestas da parede de suas casernas, os homens passaram a se reunir com freqüência cada vez maior em torno da tosca mesa de madeira em que Ribaud escrevia. Na ausência de qualquer livro ou outro material de referência, as discussões por vezes ficavam acaloradas.

"Quero este livro para todo mundo", Ribaud disse aos outros, "não apenas para os ricos. Quero ser capaz de mostrar que, com todas as coisas maravilhosas que nossa França produz, todos podem viver bem e ter uma adega decente. Isso é responsabilidade do *maître de maison*."

O que começou a tomar forma à medida que Ribaud continuava escrevendo foi uma espécie de guia gastronômico em que ele, advogado por formação, registrava o que havia comido com os vários vinhos e se lhe parecia que a combinação funcionava.

Ao mesmo tempo, porém, ele se preocupava com o que os alemães estavam fazendo e temia que muitos dos melhores vinhos fossem confiscados e "prematuramente sacrificados" — isto é, consumidos antes de estarem prontos. Podia facilmente imaginar um grupo de jovens soldados regando um prato de repolho e salsicha com um Margaux fragrante e aveludado. A idéia lhe dava arrepios.

Espero, caro leitor, para sua própria satisfação e a de sua família e amigos, que, ao fim desta guerra, você ainda descubra que aquelas venerabilíssimas garrafas que escondeu dos alemães continuam em segurança, que terão escapado ao tormento destes anos e estarão prontas para festejar sua ressurreição.

Agora, mais que nunca, Ribaud se sentiu convencido de que o livro que estava escrevendo era importante.

Ele o intitulou *Le maître de maison, de sa cave à sa table.* "Este é um ensaio sobre comida e vinho excepcionais e sobre como podem ser postos em perfeita harmonia", escreveu na introdução.

De repente, os dias longos e solitários passaram a parecer mais curtos. Ribaud juntava cada pedaço de papel que conseguia encontrar, inclusive o que embrulhava os pacotes que vinham de casa, para ter algo em que escrever. E em cada minuto livre era isso que fazia, trabalhar em seu livro. Perguntava a outros prisioneiros quais eram suas combinações favoritas de comida e vinho, que uvas cresciam melhor em suas regiões e como preparavam certos pratos.

Com o correr do tempo, compilou uma enorme massa de informação e conhecimento, não apenas sobre os vinhos mais famosos como sobre pequenos vinhos locais que mal eram conhecidos fora de suas aldeias. Havia o Crépy, um vinho branco semi-espumante da Haute-Savoie, no lado francês do lago de Genebra, o Vic-sur-Seille, um *vin gris* da Lorena, e o Irouléguy, um vinho que pode ser tanto tinto quanto branco ou rosé e vem das encostas dos Pireneus. O Crépy, disse Ribaud, é maravilhoso com mariscos cozidos e pratos muito condimentados. Leve e agradavelmente frutado, o Vic-sur-Seille é o acompanhamento magnífico para uma *tourte-chaude*, um pastelão recheado com presunto e queijo. O Irouléguy, por outro lado, combina melhor com anchovas e sardinhas, comidas salgadas e oleosas do país basco.

Ribaud enfatizou que não era necessário ser um *expert* para saber essas coisas, que se podia aprender a maior parte delas lendo, experimentando e conversando com outras pessoas. Tampouco era necessário ter uma adega de vinho abastecida com todos os vinhos do mundo. Mais valia, disse ele, ter uma cave com vinhos que você apreciasse e que estivesse de acordo com seu orçamento. Para ajudar nesse processo, Ribaud montou uma tabela para a combinação de vinhos e comidas.

"A escolha do vinho depende do que você quer que ele faça", explicou. "Ele pode realçar as características de cada prato, ou estabelecer a importância que você atribui a cada um."

Para um *hors-d'oeuvre* como *aspics de foie gras*, Ribaud sugeria um champanhe *brut*, um Hermitage branco ou um vinho branco da Córsega ou da Provença. Ostras, por outro lado, pediam um Graves branco de Bordeaux. Caso não o tivesse em sua cave, porém, você deveria experimentar um Vouvray, um Pouilly-Fuissé ou um Cérons.

Ribaud advertia que as características regionais deviam ser cuidadosamente consideradas. Um *foie gras* do Périgord devia ser acompanhado por um Sauternes branco doce porque ali o ganso, alimentado basicamente com massa de fubá e papa de farinha de milho, é maior e mais gordo. O ganso de Estrasburgo, alimentado com massa de trigo e menor, produz um *foie gras* com menos gordura e portanto deveria ser acompanhado por um vigoroso Pommard tinto.

Ribaud compreendia que, por causa da escassez de comida na França, nada seria desperdiçado e teve idéias para vinhos que combinariam com todos os pratos concebíveis. Para os famintos bordeleses que tinham andado capturando pombos na praça da cidade, recomendou um Moulis, um Margaux ou vinho do Château Beychevelle.

Para os que trocavam vinho por algum alimento, costeletas de um porco recém-abatido, por exemplo, Ribaud sugeriu um Santenay ou algum outro vinho tinto leve da Borgonha.

Para orelhas de porco empanadas, propôs um Arbois lenhoso e com aroma de palha ou um vinho negro de Cahors. Para rabos de porco, recomendou um Joigny, um obscuro vinho tinto do norte da Borgonha, ou um Bouzy, um vinho tinto não espumante da Champagne. Pés de porco requeriam um champanhe inacabado ou um robusto vinho branco da Argélia.

Miolos, disse Ribaud, requerem séria reflexão. Muito depende do modo como são preparados. Para os que são servidos num molho escuro de manteiga, sugeriu um glorioso Montrachet ou um Mercurey branco, vinhos que realçariam, sem esmagá-lo, o sabor suave, ainda que inusitado, da *cervelle*. No caso de miolos fritos, porém, um vinho mais rústico, como um Viré ou um Mâcon branco, seria mais apropriado.

O livro de Ribaud cobriu tudo, da entrada à sobremesa. Ele explicou o que tomar com uma toranja (um Condrieu), com repolho recheado (um vinho de Chassagne-Montrachet) ou com carpa recheada (Chablis ou Cassis).

Com rãs, Ribaud serviria um Saumur do vale do Loire ou um Sylvaner da Alsácia. *Escargots* iriam bem com um Chablis gelado, um Hermitage branco e até com um branco da Argélia.

O que era essencial lembrar, disse ele, é que o vinho pode conferir uma qualidade especial a qualquer refeição, tenha ela por centro belas costelas de cordeiro (um vinho de Pauillac ou Saint-Estèphe) ou um *croque-monsieur*, um sanduíche grelhado de queijo e presunto (um Chinon ou um Axey-Duresses).

"É uma arte escolher o melhor momento para saborear os grandes vinhos e escolher os pratos que harmonizarão artisticamente os aromas e sabores do vinho e da comida", ele escreveu.

Embora só pudessem ser saboreados na sua imaginação, os vinhos que Ribaud escolheu durante seus dias na prisão lhe traziam consolo. "Eram como uma árvore em que podíamos nos segurar", ele disse. "Uma árvore cujas raízes estavam profundamente ancoradas no solo de nosso país e cujos galhos se estendiam pelo mundo todo."

Depois da guerra, seu livro foi publicado e saudado como uma das primeiras obras a dedicar séria atenção a vinhos e comidas regionais.

Roger Ribaud enviou um exemplar para cada um de seus companheiros no campo de prisioneiros de guerra. "Espero que isso ajude a apagar a dor de nossa prisão e servir também como uma lembrança de amizade e dos anos que compartilhamos."

OITO

O resgate do tesouro

Pracinhas, pouco depois do desembarque na Normandia, fazem um breve descanso antes de seguir em frente. "Nossa trincheira para a noite foi uma adega. Havia *beaucoup* barriletes lá, mas estavam vazios. Cara, demos azar como gatunos", disse um soldado.

 ESCONDERIJO DE CHAMPANHE EM TRINCHEIRA

Com o Terceiro Exército Americano, oeste de Bastogne, Bélgica, 8 de janeiro (AP) — O tenente William T. McClelland, da Forest Avenue 318, Ben Avon, Pa., poderá escavar muitas trincheiras em sua área de combate, mas é duvidoso que consiga manter o padrão estabelecido pela primeira. Ao escavar uma trincheira individual para ser seu primeiro lar na zona de combate, ele descobriu um esconderijo de quatrocentas garrafas de champanhe e outros vinhos.

— *The New York Times*, 9 de janeiro de 1945

O tesouro estava por toda parte: em adegas de vinho, depósitos, portos, bem como em trens e aviões. Parte dele fora enterrada no solo.

Mas quando os líderes aliados, em 1943, começaram a traçar planos para a Operação Overlord, codinome da invasão do noroeste da Europa pelos Aliados, a última coisa que tinham em mente era tesouro. Sua meta era derrotar Hitler e pôr o Terceiro Reich de joelhos.

Apesar disso, salvar o tesouro, "a jóia mais preciosa da França", como o definiu um líder francês, tornou-se um objetivo primordial.

Chovera pesado a maior parte da noite. Embora os campos estivessem enlameados e o céu continuasse ameaçador, Jean-Michel Chevreau estava ansioso para começar a trabalhar. Suas videiras estavam começando a florir e queria ver como haviam resistido à tempestade.

Vestindo um suéter, o vinicultor do vale do Loire deu uma olhada pela janela e parou. Para seu espanto, não havia um só soldado alemão à vista. As tropas que estavam lá na véspera e que ocuparam sua aldeia durante quatro anos tinham desaparecido completamente, quase como se nunca houvessem estado ali.

A razão logo ficou clara. Era o Dia D, 6 de junho de 1944. A tão esperada invasão da Europa já se iniciara. Hitler e seus generais estavam retirando tropas do vale do Loire e de outras partes da França e enviando-as para a Normandia.

Para Georges Hugel, os desembarques não foram uma surpresa total. Naquele dia de fim de primavera, ele estava em sua casa na Alsácia recuperando-se de ferimentos recebidos no front russo. Havia disposto três rádios junto à sua cama, ao alcance da mão, um deles sintonizado na Rádio Berlim, outro na Rádio Vichy e o terceiro na BBC de Londres. Ficava alternando entre eles; sentia que alguma coisa estava acontecendo.

Durante vários dias, a rádio de Londres viera transmitindo um número crescente de mensagens cifradas, como "As macieiras estão florescendo", "Jean, ponha o seu chapéu" e "O gato malhado miou três vezes". No dia 5 de junho de 1944, houvera oito horas dessas "mensagens de ação".

No dia seguinte, a dor nos pés acordou Georges muito cedo. Automaticamente, ele esticou o braço e ligou os rádios, um após o outro, girando os botões para melhorar a recepção. Alguma coisa, um tom de urgência na transmissão da BBC, atraiu seu ouvido e ele aumentou o volume.

"Esta manhã, às seis e trinta, as forças combinadas..."

Georges caiu de volta na cama. "Está quase na hora", pensou.

Era a maior ofensiva por mar e ar jamais montada. Cinco divisões aliadas, 7.000 navios e barcaças de desembarque juntamente com 24.000 pára-quedistas americanos e britânicos estavam envolvidos. Os pára-quedistas chegaram primeiro, pouco depois da meia-noite, e tomaram posições nos flancos das praias a ser invadidas. Seis horas depois, a força de assalto principal desembarcou nas praias designadas pelos codinomes Utah, Omaha, Gold, Juno e Sword. Enquanto navios e barcaças de desembarque bombardeavam posições alemãs, milhares de soldados foram lançados em terra.

Durante todo o dia, Georges ficou grudado aos seus rádios, conferindo um após o outro na busca das últimas notícias. Ouviu quando Charles de Gaulle falou para o povo da França: "A suprema batalha começou! Após tantas batalhas, tanta fúria, tanta dor, chegou a hora da confrontação decisiva, por tanto tempo esperada."

Ninguém acompanhou o drama mais atentamente que o milhão e meio de prisioneiros de guerra que tinham estado definhando em campos alemães por mais de quatro anos. Um deles, Gaston Huet, ouviu falar do Dia D num rádio que ele e outros prisioneiros haviam montado e conseguido esconder dos guardas. "Foi um momento de grande alegria para nós", disse Huet. "Pensamos que logo estaríamos voltando para casa, talvez até em tempo para a colheita."

A euforia foi partilhada por vinicultores de toda a França. Notícias dos desembarques despacharam muitos deles direto para seus vinhedos para avaliar suas condições e especular: "Se não chover demais, se não houver nenhum míldio, se conseguirmos fertilizantes, se, se, se..." E o maior "se" todos: "se vencermos e a guerra terminar até o outono, talvez possamos fazer algum bom vinho."

Suas esperanças eram prematuras, porque os alemães não foram embora sossegadamente. De fato, fincaram pé e se desforraram mais ferozmente que nunca de todos que os afrontavam.

Foi o que aconteceu em Comblanchien, uma minúscula aldeia de vinicultores e mineiros no coração da Côte d'Or, na Borgonha. Durante muito tempo, os alemães haviam estado convencidos de que aquele era um baluarte da Resistência. Um trem após outro fora dinamitado na região e a sabotagem era tanta que as unidades alemãs ficaram nervosas, recusando-se a permitir a passagem de trens antes que os tanques de água das estações tivessem sido cheios. Freqüentemente, *maquisards* se escondiam neles para atacar de emboscada. Embora muitos tenham se afogado quando os nazistas enchiam os tanques de repente, os ataques e a sabotagem continuaram.

No dia 21 de agosto, por volta de nove e meia da noite, Jacky Cortot, de onze anos, estava terminando de jantar quando de repente ouviu um tiroteio. A eletricidade foi interrompida, depois voltou. Jacky correu à janela da cozinha e, com a mãe, espiou pelas venezianas fechadas. Chamas estavam se elevando de uma casa e um celeiro que ficavam logo abaixo naquela rua. Um minuto depois, ouviram o som de garrafas de vinho sendo quebradas e gritos de "Socorro, socorro!"

"Os alemães estão queimando as pessoas vivas em suas casas", gritou a mãe de Jacky. Ela correu para outra janela. Várias outras casas estavam em chamas também. "Corra, esconda-se no vinhedo", ela disse a Jacky. Enfiando-lhe algum dinheiro e documentos importantes na mão, advertiu: "Fique lá e não se mexa até que eu vá buscá-lo."

Jacky esgueirou-se da casa e rumou para as videiras próximas. Não estava sozinho. Uma dúzia de outras crianças, algumas com as mães, já estavam lá.

Agachado entre as videiras, o grupinho espreitava, vendo uma casa após outra ser incendiada. Durante toda a noite, ouviram o relógio da *mairie* dar as horas, "cada hora vindo aumentar nosso medo e ansiedade", Jacky escreveu num relato. "Estaríamos ainda vivos ao alvorecer?"

Por volta de cinco da manhã, Jacky viu sua casa incendiada. Duas horas depois, começou a sair fumaça da igreja. "O próprio campanário pegou fogo, deixando apenas as quatro vigas sustentando o sino", Jacky recordou. "O sino esquentou tanto que ficou vermelho, até que finalmente toda a estrutura desabou. A única coisa que ficou de pé foi o confessionário."

Quando aquilo finalmente terminou, oito pessoas haviam sido mortas, cinqüenta e duas casas haviam sido completamente destruídas pelo fogo, além da igreja, e pelo menos cento e setenta e cinco aldeãos haviam ficado sem teto.

Entre eles estava o vice-prefeito de Comblanchien, Ernest Chopin, e sua família, que estavam escondidos em sua adega de vinho quando sua casa fora incendiada.

Chopin saiu do seu esconderijo na manhã seguinte e ficou sabendo que vinte e três de seus vizinhos haviam sido presos e levados para Dijon. Temendo que fossem ser executados, correu até lá e chegou no exato momento em que os alemães os estavam alinhando contra uma parede. Chopin implorou aos alemães que os poupassem. Onze foram finalmente libertados, os muito jovens e os idosos. O resto foi deportado para campos de trabalho forçado na Alemanha.

Pierre Taittinger sabia do que os alemães eram capazes. Lembrava do quanto ficara apavorado quando seu filho François fora jogado na cadeia por mandar champanhe adulterado para o weinführer Otto Klaebisch. Lembrava também do quanto ele e outros produtores de champanhe haviam ficado preocupados ao ser ameaçados de prisão por protestar contra a detenção de Robert-Jean de Vogüé.

Agora, porém, Taittinger estava realmente aterrado. Temia que sua amada cidade de Paris estivesse prestes a ser destruída e ninguém parecia mais decidido a fazer isso que o general Dietrich von Choltitz.

Von Choltitz era um oficial prussiano da velha escola que superintendera a destruição de Rotterdam em 1940 e a de Sebastopol em 1942. Chegara a Paris em agosto de 1944, com as ordens de Hitler reverberando em seus ouvidos: "Transforme Paris numa linha de frente; melhor destruí-la que entregá-la ao inimigo!"

Taittinger, prefeito de Paris designado por Vichy, sabia que tinha de fazer alguma coisa — qualquer coisa — para salvar a cidade. Os policiais e os funcionários do correio, da companhia telefônica e das ferrovias haviam entrado em greve. Barricadas apareciam nas ruas à medida que a Resistência intensificava suas convocações para uma insurreição. Compreendendo que poderiam estar diante de uma sublevação total, os alemães decidiram deixar a cidade para as tropas de combate e começaram a remover todo o resto do pessoal.

Sentados nos terraços dos cafés, os parisienses assistiram a um espetáculo surrealista, que um residente, Jean Galtier-Boissière, chamou de *la grande fuite des Fritz*, ou a grande fuga dos Fritz. Como ele escreveu em seu diário no dia 18 de agosto: "Vi dúzias, centenas de caminhões, carros abarrotados e veículos puxando canhões; havia ambulâncias cheias de feridos; iam uns atrás dos outros, cruzavam uns pelos outros e tentavam ultrapassar uns aos outros.

Generais de monóculo, de braço dado com mulheres louras elegantemente vestidas, saíam em bandos de hotéis suntuosos perto da Étoile e entravam em seus reluzentes carros conversíveis, dando a todo mundo a impressão de que estavam partindo para uma praia da moda.

A visão mais surpreendente, porém, foi o caudal de pilhagem descoberto com os ocupantes de partida. Segundo Larry Collins e Dominique Lapierre em *Is Paris Burning?*, a cidade estava sendo esvaziada aos magotes. Banheiras, bidês, tapetes, móveis, rádios, caixas e mais caixas de vinho — tudo isso foi carregado sob os olhos irados de Paris naquela manhã.

Um dia depois irromperam lutas de rua esporádicas, orquestradas principalmente por comunistas da Resistência, cujo slogan, *Chacun son Boche* ("A cada um o seu boche"), logo se tornou um grito de batalha.

Atento a esse grito estava Frédéric Joliot-Curie. Em 1939, ele encabeçara uma equipe de físicos que fora parcialmente bem-sucedida na produção da primeira reação atômica em cadeia. Agora, porém, Joliot-Curie estava preocupado com um tipo diferente de reação, aquela produzida pela mistura de ácido sulfúrico e potássio dentro de garrafas. Estava fazendo coquetéis molotov para a Resistência. Só havia um problema: faltavam garrafas. Joliot-Curie havia encontrado algumas no laboratório em que sua sogra, Marie Curie, descobrira o rádio, mas precisava de mais. Com a ajuda de amigos, encontrou-as na adega da Préfecture de Police: dúzias de caixas de champanhe, todas as garrafas cheias e todas com o rótulo da casa de champanhe de Pierre Taittinger.

Após uma hesitação apenas momentânea, e com uma ponta de pesar, Joliot-Curie e seus colegas começaram a desarrolhar as garrafas e entornar seu precioso conteúdo pelo bueiro.

Nesse meio tempo, Taittinger finalmente conseguira a entrevista que solicitara com von Choltitz. O prefeito de Paris entrou no Hôtel Meurice, percorreu seu corredor com piso de mármore e subiu a escada até o suntuoso quarto que abrigava o quartel-general do comandante em Paris. A tinta marfim na *boiserie* estava descascando e as cornijas douradas estavam esmaecidas e lascadas aqui e ali, mas, com seu enorme lustre de cristal, o aposento ainda era imponente. Von Choltitz, em seu uniforme esmeradamente bem passado, suas medalhas reluzentes, condizia perfeitamente com o lugar.

O general foi direto ao ponto. Paris, ele advertiu, teria a sorte de Varsóvia se a Resistência promovesse uma insurreição. Se algum alemão fosse baleado, ele iria "queimar todas as casas daquele quarteirão particular e executar todos os moradores".

Taittinger implorou-lhe que reconsiderasse. "Paris", disse, "é uma das poucas grandes cidades da Europa que permanecem intactas; deve me ajudar a salvá-la!"

Von Choltitz respondeu que tinha ordens a cumprir. Ato contínuo, contudo, admitiu não ter nenhum desejo de destruir a cidade. Levando seu visitante até a varanda, confessou que um de seus grandes prazeres era contemplar a cidade lá fora e observar o movimento das pessoas.

Os comentários reflexivos, quase filosóficos, do general surpreenderam Taittinger, que tentou tirar partido do que lhe pareceu ser uma mudança no ânimo dele. Virando-se para von Choltitz, disse: "Generais raramente têm o poder de construir, mais comumente têm o poder de destruir." Instou von Choltitz a imaginar como seria voltar a Paris um dia e se postar naquela mesma varanda. "O senhor olha à esquerda, para a colunata Perrault, com o grande Palais du Louvre à direita, depois o Palais de Gabriel e a Place de la Concorde", disse Taittinger. "E entre esses edifícios magníficos, cada um carregado de história, pode dizer: 'Fui eu, Dietrich von Choltitz, que, certo dia, tive o poder de destruir isto mas o preservei para a humanidade.' Isso não vale toda a glória de um conquistador?"

A eloqüência de Taittinger teve um efeito notável. "O senhor é um bom advogado de Paris. Fez bem o seu trabalho", von Choltitz disse, mas não comunicou ao político o que iria fazer.

Taittinger voltou a seu gabinete para esperar. Sabia que haviam sido plantados explosivos pela cidade inteira. Além disso 22.000 soldados, a maioria SS, cem tanques e noventa bombardeiros estavam de prontidão, à espera do sinal para arrasar a cidade. Esse sinal, no entanto, nunca foi dado.

Pela primeira vez em sua vida, Choltitz desobedeceu a uma ordem. No dia 25 de agosto, quando a 2ª Divisão Blindada francesa, sob o comando do general Leclerc, avançou sobre Paris, o general alemão entregou a cidade intacta.

No dia seguinte Charles de Gaulle fez uma entrada triunfal em Paris, com uma parada nos Champs-Elysées. Eufóricos, soldados franceses, uma garrafa numa das mãos e um rifle na outra, corriam sobre os telhados da cidade procurando atiradores alemães de tocaia. Um deles, Yves Fernique, estava inspecionando o telhado do Hôtel Continental quando o *maître* apareceu com uma bandeja de prata, um copo de cristal e uma garrafa gelada de Sancerre.

Mas os alemães ainda queriam algo de Paris. Embora não tivessem tentado destruir a Torre Eiffel, o Arco do Triunfo ou qualquer dos outros grandes marcos da cidade, afluíram a um tipo diferente de monumento: o Halle aux Vins de Paris, o centro de venda de vinho por atacado da cidade.

Mais cedo, antes de von Choltitz se render, os alemães haviam tentado sem sucesso confiscar os estoques que os principais comerciantes de vinho mantinham ali. Agora, enquanto celebrações ocorriam em outras partes da cidade, aviões alemães atacaram de repente o mercado de vinho e lançaram várias bombas. Rolhas de champanhe espocaram e milhares de valiosas garrafas de conhaque e outras bebidas explodiram como bombas ao calor do fogo. Enquanto bombeiros lançavam jatos d'água sobre os escombros, garrafas continuavam a explodir, lançando saraivadas de vidro no ar. Logo, só restavam as paredes do Halle aux Vins. Dentro havia montes de vidro derretido que haviam sido depósitos de vinho de extraordinária qualidade.

Um atacadista tentou tirar o proveito possível da situação. Salvando duas grandes pipas de bordeaux daquele inferno, prendeu-lhes uma mangueira de borracha e, como uma testemunha lembrou, "começou a servir o vinho em curiosas taças rasas de prata para bombeiros e quem mais parecesse estar com sede. Despejava-o como água, e caía mais no chão do que nas taças".

Provavelmente o único que não ergueu um copo aquele dia foi Charles de Gaulle. No Hôtel de Ville, a prefeitura de Paris, um alto funcionário designado por Vichy ofereceu ao general uma *flûte* de champanhe; de Gaulle recusou-a, declarando que não bebia com quem colaborava com os nazistas ou era indulgente com eles.

O bombardeio do Halle aux Vins provocou arrepios na espinha dos comerciantes de vinho em Bordeaux. Podiam facilmente imaginar seus preciosos estoques sofrendo sorte similar.

Bordeaux ainda estava ocupada por 30.000 soldados, mas todos, inclusive os alemães, sabiam que a partida deles era só uma questão de tempo. Como em Paris, o que se perguntava era se deixariam sobrar alguma coisa atrás de si. Em grande parte da cidade, especialmente seu porto, haviam sido plantadas bombas de 770 quilos, que deveriam ser detonadas quando os soldados abandonassem a cidade.

Com milhões de garrafas de vinho acumuladas em armazéns em volta do porto e milhões de outras escondidas, a destruição do porto significaria calamidade para o negócio de vinhos de Bordeaux. O pior parecia inevitável, com os Aliados avançando firmemente e a atividade da Resistência crescendo.

Na noite passada reservatórios foram bombardeados. Os tiros de metralhadora são constantes [escreveu May-Eliane Miaihle de Lencquesaing em seu diário]. *Mas estou remendando a bandeira! Os anglo-americanos estão vindo para Bordeaux e estamos esperando por eles!*

Louis Eschenauer também estava esperando — com apreensão. O "rei de Bordeaux" ganhara muito dinheiro vendendo vinho para seus amigos do peito do Terceiro Reich. Temendo pelo que pudesse lhe acontecer agora, fez alguns apelos finais a seus amigos alemães. "Não destruam Bordeaux ao partir", implorou.

Um dos primeiros que procurou foi o capitão Ernst Kühnemann, comandante do porto. Caberia ao capitão promover a destruição quando tal ordem fosse emitida. Com comerciantes de vinho e outros em Bordeaux instigando-o a usar sua influência, Eschenauer convidou seu primo distante para almoçar. Kühnemann, ele mesmo um comerciante de vinhos, não se surpreendeu. Gostava tanto de boa comida e de bom vinho quanto o próprio Louis e os dois costumavam jantar juntos regularmente, muitas vezes no restaurante deste último, Le Chapon Fin.

Eschenauer suplicou ao primo que salvasse o porto, descrevendo em detalhe a agonia e a miséria que sua destruição provocaria. Kühnemann ouviu com simpatia. Disse que não queria destruir o porto, que uma medida como essa agora não passaria de um ato absurdo de vingança. "Mas se Berlim me der ordem para isso, ficarei numa posição muito difícil", disse.

No dia 19 de agosto, uma ordem com a rubrica "ultra-secreto" e com o número 1-122-144 chegou ao quartel-general de Kühnemann. A destruição do porto deveria ser iniciada dentro de cinco dias, precisamente às 17:00h. A atmosfera em Bordeaux mudou subitamente.

A cidade foi isolada, cercada por tropas alemãs. Era como um estado de sítio. Não havia água, gás ou eletricidade, não se via absolutamente nenhuma comida e também nenhum tráfego. (Diário de May-Eliane Miaihle de Lencquesaing)

Enquanto Kühnemann se torturava, sem saber o que fazer, um subordinado que partilhava os sentimentos de seu comandante resolveu tratar ele mesmo do assunto e explodiu a fortificação onde se guardavam os detonadores. A explosão matou quinze soldados alemães e foi ouvida a quilômetros de distância. Equivocadamente, as autoridades alemãs acusaram a Resistência.

24 de agosto: Noite passada, uma terrível explosão na direção de Bordeaux. Embora os maquis tenham libertado o Château Beychevelle e outras partes de Bordeaux, ainda hesitamos em hastear a bandeira porque há apenas um grupo da Resistência perto de nós. Apesar disso, às 5h30min desta tarde cantamos a Marselhesa com nosso pessoal. Os americanos estão a apenas quinze quilômetros de Bordeaux! (Diário de May-Eliane Miaihle de Lencquesaing)

Na verdade, os americanos ainda estavam muito longe de Bordeaux, mas os alemães não sabiam disso e começaram a fazer os preparativos para sua evacuação. Temendo que a Resistência estivesse muito mais forte do que estava, os alemães resolveram blefar, avisando que ainda tinham explosivos suficientes para destruir Bordeaux se suas tropas fossem alvejadas durante a retirada. A Resistência concordou com um cessar-fogo.

Na noite de 27 de agosto, as tropas alemãs começaram a se retirar de Bordeaux. O último a sair foi Ernst Kühnemann.

LUTA POR FAMOSA REGIÃO VINÍFERA

Roma, 10 de setembro — Os franceses e os americanos vêm lutando com os alemães pelo que talvez sejam os vinhedos mais famosos do mundo — a região da Borgonha. A extensão dos estragos feitos a essa herança ainda não foi confiavelmente avaliada, mas, segundo muitos relatos, os alemães já foram muito longe na destruição completa do invejado território.

— *The New York Times*, 11 de setembro de 1944

Só havia um problema com esta notícia. Estava errada. Os vinhedos da Borgonha sobreviveram. Alemães e Aliados podem ter lutado *por* ela, mas não lutaram *nela*.

Ela foi chamada de "a Campanha do Champanhe", nome cunhado quase no instante em que tropas francesas e americanas desembarcaram na Côte d'Azur, no sul da França. "Havíamos derrubado uma barragem terrível antes de nos lançar à praia", escreveu o correspondente de guerra britânico Wynford Vaughan-Thomas. "Estávamos esperando ser dizimados por metralhadoras, mas nenhuma só bala chispou por nós: os alemães haviam feito uma escapada tática algumas horas antes e, em seu lugar, um francês imaculadamente vestido emergiu da poeira da guerra. Carregava uma bandeja com um *magnum* de champanhe e dez copos. 'Bem-vindos, cavalheiros, bem-vindos', ele nos saudou, radiante; 'mas se posso fazer um pequenino reparo, os senhores *estão* quatro anos atrasados!'"

A meta da Campanha do Champanhe, oficialmente conhecida como Operação Anvil, era avançar para o norte através do vale do Ródano e da Borgonha e ligar-se às forças que haviam desembarcado na Normandia. Por vezes foi difícil manter essa meta em mente. Havia distrações demais.

Entre elas estava o suntuoso Hôtel Negresco, que os americanos transformaram em seu quartel-general. O Negresco, situado em Nice, na Riviera, era conhecido por sua excelente cozinha, seus vinhos primorosos e tinha a fama de ser um dos melhores clubes noturnos do mundo. Um dos que lá "batiam ponto" sempre que possível era o sargento-ajudante Virgil West. "Saíamos em patrulha durante o dia", ele contou, "às vezes entrando numa pequena troca de tiros, às vezes ficando completamente ensangüentados e enlameados no processo, depois, cinco horas mais tarde, lá estávamos, sentados num dos maiores clubes noturnos do mundo com uma garota e uma garrafa de champanhe."

Mas nem tudo eram garotas e champanhotas. Segundo um outro soldado, "o impressionante era o caráter estranho do combate ali. Era duro, era árduo e perdíamos muitos homens. Como não destruímos a bela Riviera, voltávamos e tomávamos uma garrafa de vinho e um banho, depois subíamos de novo as montanhas para mais uma batalha". No entanto, mesmo quando as balas estavam voando, descreveram os soldados, "mulheres insistiam em nos dar vinhos e flores".

Outros presentes lhes eram oferecidos também. Logo após chegar, o correspondente de guerra Vaughan-Thomas estava sentado no terraço de um café tomando vinho, enaltecendo o modo como a bebida lhe lembrava uma bela mulher, quando foi subitamente abordado por "uma senhora corpulenta e imponente acompanhada de cinco garotas encantadoras". Vinha a ser a madame da *maison de tolérance* local. Apontando suas garotas, ela disse: "Para você, o bravo libertador." Quando Vaughan-Thomas se retraiu, ela apressou-se em acrescentar: "Não tenha medo. Minhas damas foram patrióticas. Só aquela vesga dormiu com alemães."

Embora nunca tenha conquistado a imaginação do público como o Dia D, a Campanha do Champanhe assinalou pela primeira vez, e provavelmente a única, que considerações gastronômicas tinham relação direta com o planejamento militar. Não foi por acaso que o general francês Lucien de Monsabert, que ajudou a planejar a campanha, tratou de assegurar que as tropas francesas avançassem pela margem oeste do Ródano, onde cresciam os melhores vinhedos. Os americanos subiram pela outra margem, onde havia menos cultivo.

Mais tarde o general francês explicou sua estratégia a Vaughan-Thomas: "A missão deles era vital", disse Monsabert a respeito de seus aliados americanos, "mas o historiador atento ao vinho vai notar que ela não os aproximou de um único vinhedo de qualidade. Agora acompanhe o avanço do exército francês. Rapidamente eles se apossaram do Tavel e, depois de se assegurar que tudo estava bem com um dos melhores *vins rosés* da França, investiram ferozmente sobre o Châteauneuf-du-Pape. O Côte Rôtie caiu a um bem planejado ataque de flanco."

Vaughan-Thomas captou o espírito da Campanha do Champanhe num delicioso livro de reminiscências intitulado *How I Liberated Burgundy* (Como libertei a Borgonha). Em certa altura, descreveu seu encontro com um oficial americano que estava claramente perturbado com alguma coisa.

"Thomas", ele lhe disse, "pelo que ouvi dizer, você vai voltar para falar com os franceses esta tarde. Bem, há um probleminha que está nos deixando meio amolados. Estou com a impressão de que esses franceses estão nos segurando um pouco. Tenho o palpite de que nossos amigos estão demorando um pouco demais nesse lugar, Chalon ou coisa que o valha."

"Chalon ou coisa que o valha" era na verdade Chalon-sur-Saône, o portão sul das famosas encostas da Côte d'Or, onde se estendiam os mais excelentes vinhedos da Borgonha. E o americano tinha razão; os franceses estavam procurando ganhar tempo para evitar transformar os vinhedos num campo de batalha.

"Nem preciso lhe dizer", um oficial do serviço secreto francês comentou naquela tarde com Vaughan-Thomas, "as conseqüências terríveis de uma decisão como essa. Ela significaria guerra, guerra mecanizada, em meio aos *grands crus*! Iria a França nos perdoar se permitíssemos que tal coisa acontecesse? Não devemos esquecer 1870." Foi nesse ano que uma das últimas batalhas da Guerra Franco-Prussiana teve lugar em torno de Nuits-Saint-Georges, com as tropas alemãs devastando os vinhedos de La Tâche, Romanée-Conti e Richebourg.

"Não se pode jamais permitir que isso aconteça de novo", disse o oficial.

Momentos depois, um jovem oficial irrompeu, bateu continência apressadamente e, com um sorriso iluminando-lhe o rosto, declarou: "Boas novas, *mon colonel*, descobrimos o ponto fraco das defesas alemãs. Estão todas num vinhedo de qualidade inferior."

O general Monsabert foi rapidamente informado e o ataque começou. Em menos de vinte e quatro horas os alemães foram "escorraçados da Borgonha", disse Vaughan-Thomas. "Uma ponte explodida aqui, uma casa demolida ali, que importância podia ter isso ao lado do fato portentoso e capital de que vinhedos incólumes estendiam-se à nossa frente, quilômetro após quilômetro?"

Dez anos mais tarde, Vaughan-Thomas escreveu: "O tempo abranda a controvérsia e a história de guerras distantes suaviza-se como um borgonha de 1949." A controvérsia a que aludia envolvia um presente que os militares franceses deram a seus aliados americanos quando seu avanço Ródano acima chegou ao fim.

Para mostrar seu apreço, os franceses decidiram presentear os americanos com um sortimento dos melhores vinhos que a Borgonha tinha a oferecer. Vaughan-Thomas ofereceu-se para angariar vinhos para a ocasião, missão que o levou a pelo menos vintes adegas de vinho e lhe permitiu encher seu jipe com alguns dos tesouros mais raros da Borgonha. Em seguida, tratou de entregá-los aos americanos.

"Todos eles? Permitam-me ser franco", Vaughan-Thomas escreveu. "Alguns, por um explicável acidente do transporte de guerra, acabaram indo parar em minha adega um ano após o fim da guerra." O restante ele entregou devidamente a um jovem oficial.

"Estes são os melhores vinhos da França", disse. "Guarde-os com cuidado; ponha-os deitados; certifique-se de que estão à temperatura ambiente antes que sejam servidos."

"Não se preocupe", o americano respondeu. "O Doutor sabe tudo sobre essa bebida francesa e, por falar nisso, vou convidá-los para vir tomá-la."

A festa foi realizada num palácio do século XVIII, com os convidados franceses entrando por uma escadaria enquanto o comando americano, como Vaughan-Thomas registrou, "os aguardava num salão digno de uma recepção para Madame de Pompadour". Ao som de trombetas, uma coluna de garçons adentrou no aposento carregando as garrafas em bandejas de prata. Imediatamente, Vaughan-Thomas percebeu que algo estava errado. "Senti um baque no coração — as garrafas de borgonha estavam borbulhando suavemente. "Estamos com sorte", meu coronel americano sussurrou ao meu ouvido. "O Doutor incrementou este negócio com álcool etílico!"

Como Vaughan-Thomas descreveu mais tarde, "uma expressão de horror incrédulo estampou-se nos rostos dos franceses. Todos os olhos estavam voltados para o general de Monsabert. Ele os havia conduzido pelos desertos da África do Norte e sobre as montanhas cobertas de neve da Itália. Como se comportaria diante dessa crise, a maior já havida nas relações franco-americanas? O general encarou seu estado-maior com o olhar feroz do comando. 'Senhores, peguem seus copos.' Com relutância, os franceses estenderam as mãos. 'Aos nossos camaradas em armas, *les braves Américains*', ordenou num tom ressonante. Esvaziou seu copo com ostentação — até a última gota. Depois, num tom mais tranqüilo que só os franceses mais próximos e eu pudemos ouvir, murmurou, 'Libertação, libertação, que crimes foram cometidos em teu nome!'"

Apesar desse engasgo, não há como negar que a Campanha do Champanhe foi uma das operações mais bem-sucedidas da guerra. Encontrando apenas pouca resistência, os exércitos francês e americano subiram pelo vale do Ródano mais depressa do que se teria julgado possível. Ao longo do percurso, foram auxiliados por um tipo inusitado de sistema de aviso antecipado: se vilas e aldeias estavam decoradas com flores e bandeiras, e as pessoas alinhadas na beira da estrada segurando garrafas de vinho, sabiam que os alemães tinham fugido e que o caminho à frente estava limpo.

"Claro que tomamos muito vinho bom, mas não tanto quanto teríamos desejado, porque estávamos muito ocupados e avançando muito depressa", disse Jean Miaihle. Alguns meses antes, Jean estivera fabricando sulfato de cobre debaixo do nariz dos alemães. Quando Bordeaux foi libertada, ingressou no exército francês no momento em que ele avançava Ródano acima e sorvia seu vinho. Algumas vezes, pessoas convidavam Jean e seus camaradas para suas adegas e abriam algumas garrafas que haviam escondido. "Uma coisa de que me lembro foi de encontrar um lote de más garrafas com bons rótulos", Jean disse. "Aquele era o vinho que as pessoas tinham impingido aos alemães. Haviam guardado a bebida boa para nós."

Durante a noite de 6 de setembro, Robert Drouhin foi acordado por algo que havia vários dias não ouvia: silêncio. Ele, sua mãe e suas irmãs vinham passando a maior parte do tempo em sua adega de vinho por causa de um pesado bombardeio e canhoneio perto de Chalon-sur-Saône. Naquela noite, contudo, o bombardeio parou subitamente. Todos se sentaram em seus colchões estendidos no piso da cave e ouviram. Não havia dúvida. O bombardeio cessara. Depois de se certificar de que era seguro, a família saiu da adega e subiu ao pavimento superior para dormir.

Por volta das seis horas da manhã, foram despertados de novo, dessa vez por um som diferente. Robert pulou da cama, foi até a janela e espiou lá fora. Viu um jipe americano fazer uma volta em U na praça diante da igreja e ir embora. Pouco depois, chegou outro veículo e dele saíram soldados. Usavam fardas americanas. Robert observou-os enquanto desenrolavam uma grande peça de tecido branco sobre as pedras do calçamento, formando uma cruz com ele. A cruz era um sinal para informar aos aviões aliados que Beaune havia sido libertada.

Era o começo do que Robert chamaria mais tarde de "um dia em que tudo foi extraordinário". Os sinos das igrejas começaram a repicar, enquanto Beaune se enchia de tanques e outros veículos militares. As pessoas saíam para as ruas aos borbotões para celebrar o que os jornais locais chamaram de "esta abençoada e magnífica hora da libertação. Das janelas, bandeiras francesas e aliadas floriam. Escondidas nos sótãos por muito tempo, agora emergiam para tremular ao vento da libertação".

Garrafas e barris de vinho também vieram à tona enquanto os moradores davam brindes e vivas a seus libertadores. Os vivas, disse uma pessoa, podiam ser ouvidos a quarenta quilômetros de distância.

"Beaune foi libertada com equipamento americano e chiclete americano", recordou Robert Drouhin. "Foi uma *scène classique*, como algo saído do cinema."

Enquanto as celebrações aconteciam numa praça, porém, ainda havia luta em outra. Mademoiselle Yvonne Tridon, secretária do Syndicat des Négociants de Beaune, estava dançando na rua com um soldado americano quando alguém parou e se pôs a censurá-la. "Não tem vergonha de estar comemorando quando ainda há gente lutando?" a pessoa perguntou. Tridon ficou surpresa. Nunca lhe ocorrera que a guerra ainda continuava.

Menos de vinte quilômetros ao norte, tropas alemãs estavam tentando escapar do Château du Clos de Vougeot, um ponto de referência borgonhês que haviam confiscado no início da guerra para nele armazenar sua munição. Haviam carregado a munição num trem e estavam tentando enviá-lo de volta para a Alemanha. A poucas centenas de metros do castelo, a Resistência abriu fogo contra o trem, inflamando a munição que ele carregava. A explosão fez o telhado do castelo voar pelos ares, espalhando 200.000 telhas antigas por uma área de doze quilômetros quadrados. O som foi ouvido de Beaune.

Mas é do som de uma pequena batida na porta que Robert Drouhin mais se lembra. Ele desceu a escada correndo para ver quem era. Ali parado estava seu pai. Nove meses depois de fugir através de sua adega para se livrar da Gestapo, Maurice Drouhin, que obviamente estivera escondido nos Hospices de Beaune, voltara para casa.

"Corre aqui, Al! Precisamos de você neste instante."

Al Ricciuti, um rapaz de Baltimore e torcedor dos Orioles a vida inteira, era um tradutor do Terceiro Exército de Patton. Havia sido alistado e desembarcado na praia Utah logo após do Dia D. Agora, estava participando da libertação da França. Sua unidade estava acampada na periferia de Avenay-Val-d'Or, na Champagne, uma vila que seu pai atravessara na Primeira Guerra Mundial.

Al estava planejando visitar alguns pontos pitorescos e tirar algumas fotografias para o pai, quando de repente seus camaradas gritaram por ele. Correu para ver o que queriam. "Essas meninas estão tentando nos dizer alguma coisa, e não conseguimos entender o que é." Lá estavam três meninas, todas falando ao mesmo tempo e apontando para uma casa. Al, cuja mãe era francesa, ouviu e depois explicou, "Elas são irmãs. Estão dizendo que esconderam dois aviadores americanos de um B-17 em sua casa."

Al e os outros seguiram as meninas até a casa delas para buscar os aviadores que tinham sido abatidos. Depois que eles foram levados para o acampamento americano, Al voltou para conversar com as meninas e seus pais. Eles descreveram como tinham encontrado os homens e tomado conta deles nos últimos dias da ocupação alemã.

Os Revolte, família de pequenos produtores de champanhe, convidaram Al a ficar para o jantar. Paulette, uma das filhas, o levou para uma volta pelos vinhedos. "Estamos com sorte desta vez", ela disse a Al. "Não tivemos batalhas de verdade aqui, não como na Primeira Guerra Mundial, mas ainda estamos preocupados." Como muita gente por toda a Champagne, os Revolte tinham ouvido falar que os alemães tinham plantado dinamite em algumas das adegas das grandes casas de champanhe. Paulette queria saber se aquilo era verdade.

Al confessou não saber ao certo. Disse que alemães tinham minado algumas das pontes mas não tinham tido tempo de explodi-las porque Patton chegara muito depressa. Patton, ele disse rindo, ficaria muito irritado se visse algum champanhe ser estragado. "Ele é um homem de um tremendo paladar", disse Al. "Em geral toma os melhores uísques, mas gosta de champanhe também, e entende do riscado."

Já o próprio Al não entendia nada de champanhe. Admitiu que nunca provara nenhum. No jantar, a família Revolte providenciou para que não mais pudesse dizer isso, oferecendo-lhe toda a gama do champanhe, do mais doce ao mais seco. Foi uma revelação para o rapazinho de Baltimore, que até então se considerava um amante da cerveja. "Experimentei um pouco, e pensei: 'Ei, isto é para mim.'"

Mas ele teve pouco tempo para saborear a bebida. Patton estava se deslocando rapidamente e, na manhã seguinte, o Terceiro Exército dos EUA estaria em marcha de novo. Paulette foi se despedir de Al. "Vou escrever", ele prometeu ao partir.

Quando se deram conta da rapidez com que os Aliados estavam se deslocando, os alemães na Alsácia começaram a fazer ataques-surpresa nas adegas dos vinicultores. Pessoas como Georges Hugel observaram consternados soldados irem de uma adega a outra, enchendo caminhões com todo o vinho que podiam carregar e transportando-o para uma pista de pouso nas cercanias de Riquewihr. A carga era então transferida para aviões cujos motores eram imediatamente acionados. O primeiro avião deu uma arremetida de cinqüenta metros à frente, depois parou, como se alguém tivesse lançado uma âncora. Nenhum dos outros aviões, seus motores gemendo sob o esforço, conseguiu decolar também.

"Os aviões eram leves demais", disse Georges, "e não tinham combustível suficiente para decolar com carga total; assim, felizmente, a maior parte do nosso vinho permaneceu no país."

A Alsácia foi a última parte da França a ser libertada e isso aconteceu exatamente em plena colheita.

"Foi uma colheita enorme, mas também muito triste", disse André, irmão de Georges. Seu pai estava escondido da Gestapo após se recusar a ingressar no Partido Nazista e seu irmão Johnny continuava no exército alemão. O próprio

Georges ainda estava se recuperando dos ferimentos que sofrera na Rússia e só conseguia andar de muletas.

Levar as uvas para o lagar era quase impossível. Muitos vinhedos tinham sido costurados com minas antitanques para o caso de um ataque aliado. Havia também bombas não explodidas que tinham sido lançadas pelos Aliados, algumas das quais detonavam quando trabalhadores dos vinhedos pisavam nelas. Enquanto a colheita da uva avançava, aviões aliados começaram a atacar comboios alemães de partida. Georges e André estavam transportando um carregamento de uvas para o lagar quando um avião, suas metralhadoras disparando, passou bem por cima de suas cabeças. Georges empurrou André para o chão e caiu ao lado dele. Uvas e pedaços de terra voaram para todos os lados enquanto balas lançadas pelo avião peneiravam o vinhedo. Quando se levantaram, a primeira coisa que os dois irmãos viram foi um caminhão alemão em chamas a pouca distância dali. Quando a fumaça se dissipou, porém, deram-se conta subitamente de que vários dos seus trabalhadores tinham sido mortos.

Quando Georges e André voltaram para casa, sua mãe lhes disse que um oficial alemão estivera lá havia pouco. Ela contou que relutara em deixá-lo entrar, mas ele insistira. "Tenho uma mensagem para a senhora", dissera-lhe. "Madame, pode dizer ao seu marido que é seguro voltar para casa." Temendo uma cilada, Madame Hugel respondeu que não compreendia o que o oficial estava dizendo e que, de todo modo, não tinha nenhuma idéia de onde o marido pudesse estar. O alemão deu um sorriso sinistro. "Madame, a senhora me compreendeu perfeitamente. Ele não corre mais risco de ser preso. O ar está puro agora. Tudo aqui mudou."

Quando o ronco da artilharia aliada ficou mais alto, os Hugel e outros se amontoaram em suas adegas de vinho em busca de proteção. Na noite de 3 de dezembro, projéteis de morteiro e artilharia começaram a aterrissar em Riquewihr.

Dois dias depois, as ruas de Riquewihr estavam cheias de texanos, alguns em tanques, alguns conduzindo alemães e outros fazendo buscas casa a casa.

"Ficamos pasmos com o quanto os americanos eram descontraídos e com a ausência de barulho", disse André Hugel. "O som das suas botas de sola de borracha fazia um contraste tão grande com o das botas com cravos que os alemães usavam."

Eram sete e meia da manhã quando os americanos, parte da 36ª Divisão de Infantaria, com quartel-general em San Antonio, chegaram. O avô Émile Hugel tinha acordado uma hora antes. Quando compreendeu que Riquewihr fora libertada, resolveu vestir seu melhor terno para ir saudar os americanos. Quando estava vestindo a calça, contudo, um pracinha jovem e nervoso irrompeu quarto adentro à caça de alemães. A princípio, o avô Hugel, que com seus oitenta anos tinha a vista fraca, não percebeu quem ele era, mas seu neto André, que acompanhava o soldado, explicou depressa. O velho ficou tão radiante que atravessou o quarto correndo e abraçou o americano. Nisso, sua calça caiu no chão. O soldado ficou tão assustado que ergueu sua arma para Hugel. O mal-entendido foi rapidamente esclarecido e o agora impecavelmente vestido Émile não demorou a se juntar às multidões exultantes lá fora.

A celebração foi ainda mais especial para a família Hugel porque Jean Hugel saiu do seu esconderijo. Ele estava num hotel em Colmar, ali perto, fazendo-se passar por membro do pessoal, quando um operador telefônico amigo ligou para ele e disse: "Monsieur Hugel, pode parar de se esconder agora. Os americanos estão aqui."

Uma vez de volta, começou a praticar um pequeno escambo, trocando vinho por combustível, cinco galões de vinho por dois de combustível. Para os texanos, pareceu um ótimo negócio. Jean, que agora podia dirigir seu carro e seu caminhão de novo, foi da mesma opinião.

Uma semana depois da libertação de Riquewihr, os alemães iniciaram um contra-ataque para retomá-la. Enquanto corriam pela vila, os texanos atiraram neles das janelas de casas e prédios. Logo as ruas calçadas de pedras estavam cheias de mortos e feridos. As vítimas foram levadas para o pátio do lagar dos Hugel, convertido pelos americanos em posto de primeiros socorros e necrotério.

Os vinhedos também sofreram. Tanques americanos esmagaram cercas e videiras, alguns explodindo minas e projéteis não detonados, em sua tentativa de rechaçar os alemães. Enquanto batalhas grassavam, um avião americano caiu no vinhedo de Hugel, matando todos a bordo.

Cenas semelhantes estavam acontecendo em vilas e aldeias de toda a Alsácia. Em Ammerschwihr, o bombardeio pesado de aviões aliados forçou os moradores a correrem para suas adegas de vinho em busca de segurança. Dúzias encontraram abrigo na adega da firma vinícola Kuehn, cujo nome, ironicamente, era Cave de l'Enfer. Eles não estavam sozinhos, porque a cave já estava cheia de estátuas de santos retiradas de uma das igrejas de Ammerschwihr. Também elas tinham sido postas ali por segurança. (Até hoje as pessoas se referem à época em que os santos foram para o inferno.)

O verdadeiro inferno estava lá em cima. Surgiram incêndios por toda parte quando os aviões americanos, tendo avistado dois tanques alemães, bombardearam repetidamente a cidade do século XVI na crença de que os alemães ainda a controlavam. Os americanos não perceberam que os tanques tinham sido abandonados e que todos os alemães tinham partido.

Enquanto moradores, apavorados, tentavam extinguir os incêndios, a água acabou de repente quando os poços secaram. Uma bomba atingira o reservatório. Em desespero, pessoas começaram a carregar garrafas e barris de vinho das suas adegas, a prender mangueiras nas pipas e esguichar o conteúdo no fogo. Jean Adam tinha treze anos quando ajudou a mãe e o pai a salvar o lagar da família. "O vinho que usamos era bastante ordinário, de teor alcoólico muito baixo por causa das más colheitas, por isso não causava nenhuma explosão", Jean disse. "Mas teria podido ser diferente se tivéssemos usado Gewürztraminer."

Com seu vinho, os Adam conseguiram salvar seu estábulo, seus animais, mas muito pouco além disso. O mesmo se passou em toda Ammerschwihr. Nada menos que 85% da vila e muitos dos vinhedos circundantes foram destruídos.

Em Riquewihr, Georges Hugel contemplou a destruição com tristeza e dor. Ele testemunhara a brutalidade da guerra como soldado alemão no front russo, e nada, sentia, poderia ser jamais tão terrível quanto aquilo. Mas ao ver sua própria cidade natal ameaçada e seus amigos e vizinhos sob ataque, convenceu-se de que tinha mais alguma coisa a fazer. "Vou voltar para a guerra", comunicou à família. "Vou entrar no exército francês."

Era a pior notícia que seus pais poderiam ter imaginado: um filho ainda lutando para os alemães, e agora um com os Aliados.

NOVE

O Ninho da Águia

Refúgio de Hitler em Berchtesgaden, nos Alpes bávaros.

 Onde estão os franceses?

Esta era a pergunta que quase todo soldado americano estava fazendo enquanto as forças aliadas se deslocavam pela Alemanha.

Com a guerra nos seus últimos dias, os Aliados estavam avançando rapidamente rumo a Berlim. Todos, americanos, britânicos, canadenses e russos queriam chegar lá primeiro.

Uma outra corrida estava sendo disputada também, esta através do sul da Alemanha em direção a Berchtesgaden, o retiro de Hitler nos Alpes bávaros. Para os franceses, o trajeto encerrava profunda significação histórica. Era o mesmo caminho tomado por Napoleão em 1805 quando seus exércitos conquistaram uma grande vitória sobre os austríacos em Ulm. Por um breve tempo, de 1809 a 1810, a região, inclusive Berchtesgaden, estivera sob domínio francês.

A história, no entanto, era só parte da razão por que Berchtesgaden era tão importante. De importância muito maior era o tesouro que todos sabiam estar lá. Ele incluía ouro, moeda de uma dúzia de países, jóias de valor inestimável, obras-primas da arte, automóveis de luxo e algo em que os franceses mal podiam esperar para pôr as mãos: centenas de milhares de garrafas do melhor vinho do mundo, vinho que fora roubado de seu país.

Berchtesgaden podia ter sido o esconderijo de Hitler e o lugar a que Himmler, Göring, Goebbels e outros da liderança nazista afluíam para suas férias, mas era também um depósito, um verdadeiro labirinto de adegas e passagens subterrâneas cavadas como minas de sal no século XII. Agora esse dédalo servia como um vasto armazém para o butim que os nazistas haviam recolhido durante a guerra.

A corrida para recuperar esse tesouro começou em 22 de abril de 1945, quando o general Philippe Leclerc recebeu luz verde para levar sua 2ª Divisão Blindada de volta à Alemanha. Mais cedo naquele mês, ele recuara para a França por determinação de de Gaulle, que decidira que não queria ter nenhuma parte do país nas mãos dos alemães quando a Alemanha finalmente se rendesse.

Ainda havia vários bolsões de resistência, o principal em torno de Royan, na ponta da península do Médoc, onde tropas alemãs tinham ordens de resistir até a última bala. Royan era uma parcela de território vital porque controlava o tráfego que entrava e saía do porto de Bordeaux. Sem ele, os bordeleses não teriam como expedir seu vinho para o resto do mundo. Leclerc recebeu ordens de esvaziá-lo.

Ficou furioso. Não era ali que queria estar; a ação principal estava na Alemanha. Leclerc, que havia libertado Paris e Estrasburgo, queria estar lá para o nocaute. Conseguiu fazer de Gaulle concordar que, assim que suas forças capturassem Royan, ele seria enviado de volta para a Alemanha.

Royan rendeu-se no dia 18 de abril. Quatro dias depois, Leclerc e seus homens estavam a caminho. Sua arremetida através da França foi sem precedentes. Numa carta à mulher, Leclerc escreveu: "Será terrível para meus homens se perdermos este momento épico por apenas alguns metros." Estava decidido a não deixar isso acontecer. Em apenas cinco dias, ele e sua divisão cobriram mais de mil quilômetros e cruzaram o Reno, entrando na Alemanha.

Para entrar na ação o mais depressa possível, Leclerc concordou em desmembrar sua divisão em unidades separadas e ligá-las a forças americanas. Seu 5º Grupo Tático foi reunido ao 21º Corpo do Exército americano, cujo destino era Berchtesgaden.

Lado a lado, como cavalos na largada, partiram para a cidade bávara, cada lado decidido a chegar lá primeiro.

Temendo que os franceses viessem a levar a melhor sobre eles, os comandantes americanos fixaram para o 5º Grupo Tático um objetivo mais distante, Salzburgo, que ficava adiante de Berchtesgaden, do outro lado do rio.

Para que não lhe passassem a perna, Leclerc simulou aceitar as ordens, mas dividiu seu grupo em três subgrupos. Dois foram enviados para Salzburgo como os americanos haviam instruído. O terceiro continuou avançando em direção a Berchtesgaden. Sua missão: chegar lá antes dos americanos.

Não demorou muito para que os americanos percebessem que alguma coisa estava errada. A unidade francesa que deveria estar avançando em seu flanco direito, o terceiro subgrupo, ficava aparecendo e sumindo de vista. Depois desapareceu por completo. Quando os americanos tentaram fazer contato por rádio, houve só silêncio.

"Depois de implorar para se ligar a nós, simplesmente desapareceram", rosnou um pracinha. "Num minuto estavam aqui, no outro tinham desaparecido."

Quando os americanos entenderam o que tinha acontecido, os franceses estavam duzentos quilômetros adiante deles e se aproximando do seu destino.

No dia 4 de maio, com Berchtesgaden angustiantemente próxima — estava a apenas cinqüenta quilômetros de distância —, os americanos finalmente alcançaram os franceses. Estes, como viram, haviam sido detidos numa ravina, encurralados por um fogo de longo alcance da SS. Era sua grande chance, pensaram os americanos. Dando meia-volta, decidiram tomar com seu comboio um caminho mais indireto para Berchtesgaden, a Autobahn, apostando que a nova via expressa que Hitler construíra para conduzir suas tropas ao front mais rapidamente lhes permitiria chegar lá primeiro.

Foi uma decisão errada. Horas depois, naquela tarde, deram com uma ponte que havia sido explodida e foram forçados a passar a noite ali enquanto os engenheiros se esforçavam para reparar a estrutura.

Os franceses, não querendo ter baixas naquele estágio tardio da guerra, mantiveram pacientemente sua posição e esperaram. Quando os alemães ficaram sem munição e se dispersaram, puseram-se em marcha de novo.

No final daquela tarde, uma coluna de tanques francesa entrou em Berchtesgaden sem disparar um tiro. À sua frente ia um rapaz da Champagne. Bernard de Nonancourt mal podia acreditar que estava ali.

Sua primeira visão de Berchtesgaden naquele 4 de maio deixou-o sem fôlego. Era exatamente como um outro visitante descrevera, "uma terra de conto de fadas com montanhas debruadas de neve, matas verde-escuras, frios regatos cantantes e casas de pão de mel que eram um deleite para os olhos". Segundo a lenda, em algum lugar naquelas montanhas, Barba-Roxa e seus cavaleiros dormiam um sono encantado. Um dia, dizia-se, Barba-Roxa acordaria e inauguraria uma era dourada de paz para a Alemanha. Esse tempo ainda não chegara. Enquanto Barba-Roxa dormia, Hitler mergulhara o país na guerra e na ruína.

Foi em Berchtesgaden que ele começou a conceber muitos de seus planos para um Reich de Mil Anos. Com o correr dos anos, o cenário idílico foi convertido numa fortaleza. Seu chalezinho rústico transformou-se num refúgio monumental, eriçado de canhões antiaéreos, dotado até de uma máquina geradora de fumaça que envolvia a área numa vasta nuvem sempre que havia algum perigo de ataque aéreo. Árvores foram derrubadas para que trilhas na floresta pudessem ser transformadas em estradas pavimentadas. Pequeninas capelas votivas e casas de campo foram derrubadas para dar lugar a feias construções de concreto que alojavam tropas, convidados e uma frota de carros fantásticos.

A fantasia mais extravagante de Hitler, porém, foi um elevador que o pudesse transportar para o Ninho da Águia, seu retiro privado quase 2.500 metros acima de Berchtesgaden. Segundo o biógrafo Robert Payne, "ocorreu a Hitler que seria possível cavar um túnel na montanha de tal modo que ele poderia ser impelido até o topo num elevador, o que lhe permitiria examinar a paisagem como um deus a observar todos os reinos da terra."

Os operários precisaram de três anos para entalhar o poço na rocha dura. O elevador que instalaram tinha uma porta laminada a ouro, piso atapetado e assentos acolchoados. Um jogo de fones o ligava a Berlim, Paris, Londres e todas as demais cidades importantes do mundo. Embora o projeto tivesse custado 30 milhões de marcos, Hitler ficou satisfeito. Foi um presente que deu a si mesmo por ocasião de seu qüinquagésimo aniversário.

Lamentavelmente, quando Bernard de Nonancourt e seus homens chegaram, o elevador estava enguiçado. Os alemães em retirada o haviam sabotado.

Empoleirado na beirada de seu tanque, Bernard contemplou o pico da montanha, mesmerizado por sua beleza. Águias voavam em círculos lentos acima do pico de quase 2.500 metros, suas asas reluzindo à luz declinante do sol. Fora um longo dia, mas ainda não estava inteiramente terminado.

"Você, de Nonancourt, venha cá!" Era seu oficial comandante. Bernard escorregou do seu tanque e se apressou a se apresentar. "Você é da Champagne, não é? Nesse caso deve entender alguma coisa de vinho." Bernard assentiu e estava prestes a responder quando o oficial continuou, "Temos uma missão especial para você. Vai praticar montanhismo amanhã." O oficial explicou que o serviço secreto militar acreditava que grande parte do vinho que os nazistas tinham roubado da França fora escondida no Ninho da Águia. "Quero que leve uma equipe até a casa e veja o que há por lá. Trate de descansar, porque vai partir cedo. Não vai ser uma escalada fácil."

Bernard levou alguns momentos para assimilar as palavras do oficial. Em seguida deu-se conta de que estava prestes a entrar num lugar onde poucos outros haviam pisado. Ninguém sabia ao certo o que havia lá ou em que condições estava. Os SS, em sua retirada, já haviam alagado as adegas de várias casas de campo com gasolina e as incendiaram. Que teriam feito no Ninho da Águia? ele se perguntou.

Embora Berchtesgaden tivesse sido alvo de bombardeios aliados em dias recentes, Bernard e vários outros soldados encontraram um chalé ainda intacto e começaram a descarregar seu equipamento. Pela primeira vez em semanas, dormiriam em camas.

Mas Bernard não conseguiu dormir. O que fez foi pegar uma folha de papel e começar a escrever uma carta para a mãe. Tanta coisa acontecera que lhe fora difícil se manter em contato com ela. Agora descobria que havia coisas demais que não podia lhe contar. Como poderia explicar as coisas que tivera de fazer como membro de um comando na Resistência? Como poderia jamais descrever os horrores que vira em Dachau, quando sua unidade ajudara a libertar aquele campo? "Sei como você se sente depois que perdemos Maurice", escreveu. "Não se passa um dia sem que eu pense em meu irmão e no que essa luta nos custou a todos nós, mas agora posso dizer com certeza que lutar nesta guerra era, para mim, a coisa certa a fazer."

Bernard acordou seus homens antes do alvorecer. O general Leclerc chegara durante a noite e tinha mais uma ordem para os homens que iriam escalar a montanha. Queria a bandeira da França hasteada sobre o Ninho da Águia.

A primeira parte da jornada foi a mais fácil. Bernard e sua equipe dirigiram de Berchtesgaden até uma casa de chá mais acima na montanha, a uns vinte minutos dali. Lá havia um estacionamento e uma entrada para o elevador que Hitler construíra. Bernard checou a situação com engenheiros que haviam sido enviados para lá mais cedo para ver se havia algum meio de consertá-lo. É impossível, eles lhe disseram.

Bernard e sua equipe começaram a subir. A temperatura estava cálida e o avanço era lento à luz das primeiras horas da manhã. Freqüentemente os homens tinham de parar enquanto um grupo avançado inspecionava a encosta à procura de minas e armadilhas.

Duas horas depois, os homens estavam tendo dificuldade para respirar. Essa era uma das queixas de Hitler e a razão por que raramente visitava o Ninho da Águia. O ar, ele dizia, era rarefeito demais.

A uns cem metros do topo, o caminho ficou mais íngreme. Bernard enviou uma turma de alpinistas à frente para lançar cordas. Depois, um a um, os homens se guindaram pela face do penhasco.

Quando chegaram ao topo, estavam todos exaustos. Mesmo a uma altitude de 2.438 metros a temperatura continuava amena. A vista, por outro lado, era deslumbrante e os homens fizeram uma pausa para contemplá-la enquanto tentavam recobrar o fôlego.

De fora, o Ninho da Águia era sem graça, quase insípido, não muito diferente de um *bunker*. Bernard percebeu de imediato que não seria muito fácil entrar ali. A entrada, uma porta de aço, estava emperrada. Foi inútil empurrá-la e malhos tampouco funcionaram. Bernard ficou de lado enquanto engenheiros armavam uma pequena carga de explosivos. Quando a fumaça e a poeira se dissiparam, a porta estava ligeiramente aberta. Todos se enfiaram pela fresta; Bernard rumou para a cave.

Mais uma vez, havia uma porta a abrir. Como a primeira, ela se recusou a ceder, mas finalmente Bernard conseguiu transpô-la.

O interior estava escuro. Bernard ligou sua lanterna. Não precisou de mais de alguns segundos para compreender o que havia ali. Gritou, chamando os outros. "Vocês não vão acreditar nisto!" disse. Para onde quer que apontasse sua lanterna, havia garrafas, algumas em caixas de madeira, outras em engradados de ferro.

Os outros homens entraram correndo com suas lanternas; a visão que tinham diante de si era arrebatadora. Era um cômodo enorme abarrotado de vinho do piso ao teto. "Havia todos os grandes vinhos de que eu ouvira falar, cada safra legendária", Bernard contou mais tarde. "Tudo que fora feito pelos Rothschild estava lá, os Lafites, os Moutons. Os bordeaux eram simplesmente extraordinários."

Bernard fez um cálculo rápido. Devia haver ali pelo menos meio milhão de garrafas, muitas delas *magnums*.

Os bordeaux, contudo, eram só uma parte da história. Havia também borgonhas notáveis, bem como portos raros e conhaques datados do século XIX. Garrafas de todas as casas de champanhe importantes estavam ali também: Krug, Bollinger, Moët, Piper-Heidsieck e Pommery, todas as marcas de primeira qualidade. Foi então que Bernard avistou o Lanson, da casa que pertencia a seu tio. "Ajudei a fazer esse champanhe", pensou consigo mesmo.

Mas não foi isso que mais o surpreendeu. "O que realmente me ficou na lembrança foi o Salon de 1928, aquele champanhe inesquecível. Era excelente, e só havia quantidades mínimas dele." Quase cinco anos antes, quando trabalhava na Delamotte, uma casa de champanhe que ficava defronte à Salon, de Nonancourt presenciara os homens de Göring levando esse champanhe embora.

Bernard tocou algumas das garrafas, como que para se convencer de que aquilo era verdade. Depois começou a rir. Parte do champanhe, ele viu, era pouco mais que zurrapa. Havia enormes números de garrafas com a indicação "Reservado para a Wehrmacht"; outras tinham sua qualidade indicada apenas por categoria, A, B ou C. Representavam um terço de todas as vendas de champanhe de 1937 a 1940, uma quantidade que a Wehrmacht requisitara para "manter o moral de suas tropas". Essas garrafas, Bernard sabia, eram as que os produtores usavam para se livrar de seu pior champanhe.

Agora Bernard tinha um problema para resolver: como transportar meio milhão de garrafas montanha abaixo? Chamou os engenheiros. "Têm certeza de que esse elevador não funciona? É mesmo impossível consertá-lo?" Eles sacudiram a cabeça, explicando que o estrago era tão amplo que seu conserto exigiria mais equipamentos do que estavam carregando.

Então Bernard se lembrou de certo grupo de homens que sabia manipular as coisas com cuidado, especialmente nas circunstâncias mais difíceis. Mandou uma mensagem pelo rádio para o corpo médico. "E tragam todas as padiolas que conseguirem achar", disse.

O que aconteceu em seguida constituiu uma das mais esdrúxulas evacuações jamais armadas em tempo de guerra, um exercício que envolveria mais de duzentos soldados e levaria vários dias para ser concluído. As caixas de vinho eram arrastadas para fora do Ninho da Águia e amarradas a macas. Com a ajuda da turma de alpinistas, as macas eram cuidadosamente baixadas por algumas centenas de metros do pico ao local onde duplas de padioleiros esperavam. Em seguida as padiolas eram carregadas lentamente montanha abaixo, até onde tanques, caminhões e outros veículos militares aguardavam. Bernard esforçou-se para tomar a dianteira, parando de vez em quando para contemplar a estranha procissão de padiolas, todas carregadas com vinho, avançando encosta abaixo.

Alcançou seu tanque pouco antes da primeira padiola de vinho. "Tragam isso para cá", ordenou, mostrando o veículo para os padioleiros. "*Faites le plein* [encham até a borda]", disse. Os homens ergueram uma caixa da padiola e a entregaram a Bernard em sua torre. Era uma caixa de champanhe Salon de 1928.

À medida que mais padiolas chegavam, a mesma cena espantosa se repetia. Soldados despojavam seus tanques de tudo que não era essencial, atirando fora roupas, ferramentas e até munição extra para abrir lugar para a nova carga. Alguns esvaziaram seu cantis e os encheram com maravilhas legendárias como Latour de 1929, Mouton de 1934 e Lafite de 1937.

Foi uma festa e tanto. Quando a bandeira francesa foi hasteada sobre o Ninho da Águia, Bernard abriu sua primeira garrafa de Salon de 1928 e ergueu um brinde. Os soldados chamaram aquilo de *le repos du guerrier*.

Uma última escaramuça ainda os esperava. Seus "primos" americanos tinham acabado de chegar a Berchtesgaden e não estavam lá muito satisfeitos de ver que os franceses haviam levado a melhor sobre eles. Sempre haviam tido por certo que chegariam a Berchtesgaden primeiro. Serem passados para trás, logrados, por um punhado de sujeitos que oficialmente estavam sob seu comando, os vexava.

Bernard e seus homens não ficaram terrivelmente preocupados. Naquela altura, estavam na maioria em plena comemoração e pouco dispostos a deixar um punhado de perdedores condoídos estragar a festa, sobretudo porque havia bebida mais do que suficiente para todos. Os americanos não levaram muito tempo para perceber isso. Havia adegas de vinho por toda a parte. Praticamente cada casa de campo tinha sua própria cave bem abastecida. Os recém-chegados encontraram uma que pertencia ao marechal-de-campo Göring. Estava abarrotada com mais de 10.000 garrafas. Logo, quase o único som que se podia ouvir era o espocar de rolhas.

Um americano, no entanto, não estava com ânimo para celebrar. O general Wade Haislip, comandante do 21º Corpo do Exército, havia acabado de chegar a Berchtesgaden e a primeira coisa que viu foi a *tricolore* francesa tremulando sobre o Ninho da Águia. Ficou desconcertado e raivoso.

"O senhor estava sob nossas ordens e ainda está", vociferou para o general Philippe Leclerc. "Baixe aquela bandeira e hasteie a americana!"

Leclerc cumpriu a ordem, depois deu de ombros. Que importância tinha aquilo? Ele sabia quem ganhara a corrida.

Não muito depois, ele topou com um dos comandantes de seu grupo, general Paul de Langlade.

"Bem, terminou", disse Leclerc. "Foi uma caminhada longa e penosa, mas terminou bem, você não acha?"

Langlade assentiu e sorriu. "Deus ama os franceses."

DEZ

O colaboracionista

Louis Eschenauer, à esquerda, numa corrida de cavalos
com um oficial alemão.

Era impossível ignorar Louis Eschenauer.

"Era um homem corpulento com um charuto grande e uma personalidade ainda maior", disse Jean Miaihle. "Todo mundo conhecia o tio Louis."

Tio Louis era o mais destacado comerciante de vinhos de Bordeaux, um *négociant* infatigável, que comprava vinho a granel, engarrafava-o e depois o vendia para clientes espalhados mundo afora. Era fluente em inglês, francês, alemão e russo e escrevia suas próprias cartas comerciais nessas línguas. Sabia mais sobre o negócio de vinhos que qualquer um em Bordeaux. Um dia típico o encontraria visitando vários *châteaux*, experimentando seus vinhos e negociando o que lhe parecia ser um preço "justo", bem como lidando com pilhas de correspondência e encomendas e supervisionando o engarrafamento, o empacotamento e a expedição. Tio Louis era tão bem-sucedido e ganhava tanto dinheiro que raramente tinha de pedir empréstimos a bancos. Costumava comprar a safra inteira de um vinicultor e pagar em dinheiro vivo na tampa do barril.

"Eschenauer era muito talentoso, um verdadeiro *expert*", disse Heinz Bömers Jr., que, como seu pai, o weinführer de Bordeaux, conhecera Louis e trabalhara com ele. "Era capaz de detectar as mais ligeiras nuances e imperfeições num vinho. Durante a guerra, ele e meu pai costumavam sair e experimentar dúzias de vinhos juntos. Confiavam no julgamento um do outro e eram bons amigos."

Foi essa amizade e seus estreitos laços com a liderança alemã que permitiram a Eschenauer aumentar incrivelmente sua fortuna durante a guerra vendendo vinho para o Terceiro Reich.

Mas isso também o meteu em apuros. Depois da guerra, foi preso e levado a julgamento por colaboracionismo econômico.

Embora o julgamento tenha ocorrido em 1945, muitos na França ainda consideram delicado ou embaraçoso demais falar a respeito. É um capítulo da história que preferem esquecer, um período em que mais de 160.000 pessoas foram levadas a julgamento ou investigadas por colaborar com o inimigo. Até o presidente Charles de Gaulle se preocupou com esse período e, em benefício da unidade nacional, procurou retratar a França como uma "nação de resistentes".

O caso Eschenauer, no entanto, suscita questões incômodas sobre esse retrato, questões que ainda estão sendo debatidas. Foi ele um colaboracionista? Usou suas ligações com os alemães para enriquecer ilegalmente? Ou foi apenas um dos muitos na França que simplesmente fizeram o que tinham de fazer para sobreviver?

Os que conheciam e admiravam tio Louis sustentam que é inadequado e desagradável ficar esquadrinhando o passado de um homem quando ele não tem mais condições de se defender. Deixem que descanse em paz, dizem, e que nós outros vivamos em paz.

Essa atitude é partilhada pelo sistema jurídico francês. Os documentos relativos ao julgamento de Eschenauer, parte dos quais era mantida atrás de portas fechadas, foram selados por uma lei que protege a privacidade das pessoas, restringindo o acesso a documentos particulares por sessenta anos após a sua morte.

Eschenauer morreu em 1958.

Ele nasceu em 1870. Sua família, que morava em Estrasburgo, explorava ali um bem-sucedido negócio de vinhos até que a Guerra Franco-Prussiana foi deflagrada. Com a Alsácia prestes a ser anexada pela Alemanha, a família fugiu para Bordeaux, onde esperava estar mais segura, e onde Louis nasceu naquele mesmo ano.

Foi uma mudança propícia. O porto de Bordeaux e outras facilidades comerciais forneceram à família o cenário ideal para a retomada dos negócios. Em um ano, a Maison Eschenauer se tornara um dos nomes mais conhecidos na região.

No domínio pessoal, contudo, a história era muito diferente. O pai de Louis era um mulherengo, algo que a mãe tratou de deixar muito claro para ele. Uma das primeiras lembranças de Louis era ver a mãe aos prantos porque seu pai estava com outra mulher. Muitas vezes, ela arrancava o menino de casa para ir até o porto, onde vasculhava bares e espeluncas à procura do marido. "Quero que você veja o que seu pai está fazendo; quero lhe mostrar o horror da libertinagem", Louis lembrava de ouvir da mãe. Para um garotinho, fora uma experiência traumática, disse mais tarde a amigos, uma experiência que carregaria com ele e afetaria seus relacionamentos com mulheres por toda a sua vida. Um dia arranjou uma amante, mas nunca se casou com ela nem reconheceu legalmente o filho que tiveram. Não podia fazê-lo, dizia, porque sua mãe não aprovaria.

Em 1900, quando seu pai morreu, Louis, então com vinte e nove anos, assumiu a direção da Maison Eschenauer e transformou-a numa das mais importantes firmas negociadoras de Bordeaux, especializando-se em vinhos finos, os *grand crus*. Era astuto e exigente e dirigia sua firma com discernimento e engenhosidade. Durante a lei seca, na década de 1920, conseguia remeter vinho para seus clientes nos Estados Unidos engarrafando-o em frascos de perfume. Os melhores vinhos, como o Château Ausone e o Château Suduiraut, eram enviados em cristal genuíno. Vinhos brancos secos levavam o rótulo "água das termas romanas".

Em círculos sociais, tio Louis, como era popularmente conhecido, era considerado um anfitrião afável e generoso. As mulheres o adoravam e os amigos praticamente imploravam reservas no Le Chapon Fin, o restaurante que Eschenauer possuía. "Não se conseguia entrar ali a menos que se tivesse uma pitada de humor britânico, uma roseta da Legião de Honra ou um convite pessoal do tio Louis", recordou um bordelês. O restaurante ostentava os melhores vinhos da França e uma clientela à altura. O rei Alfonso XIII da Espanha e o príncipe de Gales eram apenas dois dos fregueses habituais. Alfonso tinha especial predileção pelas trufas servidas em taças de prata acompanhando pratos de carne delicadamente preparados. O príncipe de Gales gravitava entre *écrevisses à la nage* (camarões-d'água-doce flutuando em seu molho) e *lièvre à la royale* (lebre cozida ao estilo real). Como Eschenauer era chamado o "rei de Bordeaux", a nobreza se sentia perfeitamente em casa ali.

Na condição de mais influente comerciante de vinhos da região, Eschenauer presidia uma sociedade que, sob muitos aspectos, era secreta e fechada. Os Chartrons — cujo nome derivava do Quai des Chartrons, a faixa ao longo do porto onde viviam e trabalhavam — eram *négociants* de origem inglesa e alemã, protestantes cujos ancestrais haviam se estabelecido e iniciado o comércio no porto da cidade duzentos anos antes. Tinham nomes como Lawton, Johnston, Kressman e Schÿler. Casavam-se entre si, jogavam tênis e golfe, falavam inglês e alemão, além de francês, e faziam um esforço diligente para manter contato com seus países de origem, realizando peregrinações anuais a suas pátrias ancestrais para depositar flores no túmulo de parentes. Atrás das portas fechadas do Quai des Chartrons, viviam em apartamentos suntuosos de elegância discreta, cercados por mogno antigo e prataria de família.

Embora Eschenauer se considerasse "um deles", aquele não era seu estilo. Morava fora do Quai, numa casa decorada com pinturas modernas. A golfe e tênis, preferia corridas de cavalo; possuía vários cavalos premiados que, dizia ele, supriam um pouco a vida de família que não tinha.

Uma outra paixão eram os carros. Foi o primeiro a possuir um em Bordeaux e teve vários fabricados para si segundo suas especificações. Os carros vistosos atraíam grande atenção, especialmente quando ele rodava litoral abaixo rumo ao balneário de Biarritz, onde instalara sua amante.

"Louis tinha um verdadeiro amor ao luxo", disse Florence Mothe, uma vinicultora e escritora de Bordeaux. "Com suas limusines suntuosas e seus invernos passados no Egito, parecia um personagem de F. Scott Fitzgerald."

Eschenauer era igualmente flamejante em sua vida de negócios, alardeando seus clientes alemães famosos e seus contatos no mundo inteiro. Um de seus associados mais próximos era Joachim von Ribbentrop, o ministro das Relações Exteriores do Terceiro Reich, que Eschenauer contratara antes da guerra para vender alguns de seus vinhos na Alemanha. Quando a França declarou guerra à Alemanha em 1939, Eschenauer, que fazia mais da metade de seus negócios com aquele país, viu-se numa posição desconfortável: alguns de seus melhores amigos e clientes eram agora "o inimigo". Com as exportações para a Alemanha interrompidas, Eschenauer viu-se de repente com um enorme estoque de vinhos encalhado.

A crise durou pouco. Em junho de 1940, depois que as forças alemãs derrotaram a França, um velho amigo e cliente foi bater à porta de Eschenauer. Era Heinz Bömers, presidente da Reidemeister & Ulrichs, a maior companhia de vinhos da Alemanha. Bömers disse a Louis que acabara de aceitar uma nova missão: comprar vinho para o Terceiro Reich. "Pode ser lucrativo para nós dois porque não estou representando aqui apenas o Terceiro Reich; tenho permissão para comprar vinho para minha própria companhia também", ele disse, "de modo que podemos levar adiante nosso negócio regular como de costume, e além disso você pode vender diretamente para o governo alemão." Bömers explicou que, antes de aceitar o cargo de weinführer, insistira em total independência, ou seja, liberdade irrestrita de trocar dinheiro para seus negócios pessoais. Acrescentou que a França, agora um país ocupado, só teria permissão para vender seus vinhos para a Alemanha; todos os outros mercados usuais para exportação como a Grã-Bretanha, a Rússia e os Estados Unidos estavam sendo interrompidos.

Louis não precisou ser persuadido. Compreendeu que o arranjo que Bömers estava propondo era não apenas prático, como potencialmente lucrativo — para os dois. Um trato foi logo selado, para a inveja de outros comerciantes de vinho.

As novas realidades políticas e econômicas que governavam a França pareciam convir a Eschenauer, apesar dos traumas da ocupação. Como a maioria dos outros Chartrons, ele era politicamente conservador e desconfiado de tudo que pudesse obstruir os negócios. O que mais o assustava era o espectro do comunismo, da sublevação social e da agitação operária.

Foi quase com um suspiro de alívio que ele saudou o retorno do marechal Philippe Pétain em 1940 à chefia do Estado. A aversão de Pétain ao comunismo e sua decisão de colaborar com a Alemanha, Louis sentia, ofereciam a melhor garantia de que a França iria evitar o tipo de estagnação econômica que estropiara o país nos anos anteriores à guerra.

A palavra "colaboração", naqueles anos, tinha poucas conotações sinistras. Significava as relações de trabalho que Pétain desejava estabelecer com Berlim porque poderiam ajudar a França a se reconstruir. Nesse espírito, Eschenauer ingressou no Groupe Collaboration, uma organização que apoiava o programa de Pétain e cujo nome vinha dos discursos do marechal em defesa da colaboração franco-germânica. Entre seus membros — como Louis viria a lamentar — contavam-se também centenas de pessoas cujas simpatias políticas eram claramente fascistas e pró-nazistas. Tio Louis doou 10.000 francos ao Groupe.

Na altura de 1942, o significado da palavra colaboração mudara drasticamente. Agora significava perseguir e deportar imigrantes judeus, prender comunistas e outros vistos como inimigos do Estado — significava fazer tudo que Berlim quisesse na esperança de que seria assegurada à França uma posição favorável numa Europa dominada pela Alemanha.

Teria Eschenauer compreendido o que estava acontecendo? Se tivesse compreendido, teria isso feito alguma diferença?

"Sua prioridade número um eram os negócios", explicou Florence Mothe, que conhecera Eschenauer e cujo padrasto trabalhara para ele. "Mas não era um anti-semita. Nunca o ouvi dizer uma palavra contra judeus." De fato, era amigo do barão Philippe de Rothschild, que mais tarde iria defendê-lo.

Quando os alemães tentaram requisitar o vinho dos Châteaux Lafite-Rothschild e Mouton-Rothschild, Eschenauer instou Bömers a intervir e evitar que aquilo se concretizasse. O weinführer concordou. Ele já garantira aos bordeleses que faria tudo que estivesse a seu alcance para proteger os melhores vinhos deles. O vinho de Rothschild permaneceu intacto. Mais tarde, o barão Philippe, que conhecia tanto Eschenauer quanto Bömers e trabalhara com eles, confirmou a história para Florence Mothe e se referiu a tio Louis em seu livro como "um grande amigo meu".

Apesar disso, como os alemães estavam confiscando outras propriedades viníferas para vendê-las em seguida para não-judeus, Eschenauer apressou-se em tirar proveito. Fundou uma companhia, a Société des Grands Vins Français, que lhe permitiu comprar discretamente propriedades desse tipo.

"Ele era sem dúvida alguma um oportunista", disse Mothe, "mas não era pró-nazista; era simplesmente pró-Louis. Para Louis, os negócios vinham sempre em primeiro lugar."

Muitos na comunidade dos negócios de Bordeaux, porém, consideravam o comportamento de Eschenauer provocativo. Ressentiam-se do modo como ele exibia suas amizades alemãs. Freqüentemente convidava oficiais nazistas como Heinz Bömers para uma tarde no hipódromo. Ernst Kühnemann, oficial alemão que comandava o porto da cidade e a base submarina ali, além de ser seu primo distante, era um convidado ainda mais freqüente. Os dois eram muito ligados porque Kühnemann também estava no negócio de vinhos e dirigia a companhia de vinhos berlinense Julius Ewest. Muitas vezes, os dois podiam ser visto passeando de braço dado ao lado da via férrea, uma visão que muitos espectadores franceses consideravam provocativa e repulsiva.

Fora dos trilhos, os primos podiam ser vistos no restaurante de tio Louis, onde outros oficiais alemães, muitos enviados pelo ministro das Relações Exteriores Ribbentrop, se entretinham também. Para poder satisfazer sua clientela alemã, Le Chapon Fin obtivera várias prerrogativas. Foi autorizado a servir vinho vinte e quatro horas por dia; não estava restrito a certos horários como outros restaurantes por causa do racionamento; tampouco era obrigado a oferecer diariamente quatro cardápios diferentes aos preços fixos de 18, 50, 70 e 100 francos. Podia cobrar o que desejasse. Embora em outros lugares fosse quase impossível conseguir carne e peixe, continuava-se podendo jantar muito bem no Le Chapon Fin.

Esses privilégios deixaram um travo na boca de outros bordeleses. Enquanto lutavam para sobreviver, tio Louis continuava vivendo à larga.

No verão de 1944, praticamente todos percebiam que a Alemanha estava prestes a desmoronar. Até Heinz Bömers, que estava visitando a família na Baviera, sabia que o fim da guerra se aproximara, recusando-se a voltar para Bordeaux.

Após o Dia D, quando uma cidade após outra estava sendo libertada, suásticas começaram a aparecer nas portas de suspeitos de colaboracionismo. O agouro estava lá, mas Louis Eschenauer pareceu não o ter visto.

Apesar das advertências de de Gaulle de que os que colaborassem com o inimigo seriam punidos, o estilo de vida glamouroso de Louis permaneceu inalterado. Continuaram as viagens a Biarritz em seus carros personalizados (ao contrário de outros, ele ainda parecia conseguir combustível), as tardes no hipódromo com os amigos alemães e os almoços quase diários com o capitão Ernst Kühnemann.

Provavelmente foi durante um desses almoços que Kühnemann informou a Eschenauer que, com os Aliados entrando na França de roldão, não demoraria muito e as forças alemãs que ocupavam Bordeaux estariam partindo. Foi talvez naquele momento que tio Louis finalmente se deu conta de que a maré realmente mudara e que ele poderia estar em sérios apuros.

Observou com crescente ansiedade quando as tropas alemãs, pegas em debandada, promoveram atrocidades e execuções em massa, e viu como a Resistência retaliou, perseguindo não só alemães, como suspeitos de colaboração.

Naquele mês de agosto, Eschenauer ficou sabendo que os alemães planejavam explodir o porto de Bordeaux pouco antes de evacuar a cidade. Quando um político local com conexões com a Resistência lhe pediu que usasse sua influência para tenta salvar o porto, Louis se agarrou à chance. Era uma maneira de deixar claro que estava do lado vencedor e poderia até lhe salvar o pescoço. Além disso, essa era sem dúvida a melhor maneira de proteger os negócios. Precisava daquele porto para expedir seu vinho.

Imediatamente, Eschenauer entrou em contato com Kühnemann para organizar uma reunião de emergência com outros oficiais alemães. Nela, sustentou que destruir o porto seria um grande erro, que ele não servia a nenhum propósito militar e que muitos inocentes poderiam ser feridos ou mortos. O que nem Eschenauer nem a Resistência sabiam era que os alemães provavelmente não teriam sido capazes de destruir o porto, pois a maior parte de seus detonadores havia sido sabotada apenas alguns dias antes por um soldado alemão contrário ao plano. Mas esse era um segredo que os alemães estavam guardando para si mesmos. Blefando, prometeram não explodir o porto se fosse permitido às suas tropas deixar Bordeaux pacificamente, sem serem alvejadas. A Resistência concordou.

Kühnemann fez ainda uma outra exigência: que tio Louis nada sofresse; deveria ser deixado em paz depois que as tropas partissem.

Às seis e meia da tarde do dia 26 de agosto, bandeiras francesas foram içadas por todo o porto para sinalizar que se chegara a um acordo. Naquele momento, Kühnemann estava com Eschenauer na casa deste, regando suas despedidas com uma garrafa de vinho.

No dia seguinte os alemães tinham partido. Eschenauer suspirou aliviado.

Quatro dias depois, foi detido pela Resistência.

A detenção de Eschenauer seguiu a do marechal Philippe Pétain, que renunciara uma semana e meia antes. Posto sob "custódia protetora" pelos alemães, que talvez estivessem tentando manter o governo de Vichy vivo, o marechal de oitenta e oito anos foi transportado à força para a Alemanha, avançando de um castelo para outro. Isso era particularmente humilhante porque o marechal havia jurado jamais deixar o solo francês. Antes de sua partida, foi-lhe dada uma última oportunidade de falar ao povo francês.

"Quando esta mensagem vos chegar, não mais estarei livre", ele disse. "Eu tinha uma única meta, proteger-vos do pior. Às vezes minhas palavras ou atos vos devem ter surpreendido. Podeis estar certos de que foram ainda mais penosos para mim do que para vós. Mas nunca cessei de lutar com todo meu poder contra tudo que vos ameaçava. Desviei-vos de certos perigos; houve alguns, porém, de que lamentavelmente não vos pude poupar."

Embora o novo governo francês sob Charles de Gaulle preferisse ter Pétain longe da França, o velho marechal estava decidido a voltar. Disse que queria defender seu papel à frente do governo de Vichy. Em junho do ano seguinte, de fato voltou. Foi imediatamente preso, acusado de traição e levado a julgamento.

Ao comparecer perante a Suprema Corte, Pétain, que havia sido ignorado por de Gaulle quando se oferecera para lhe transmitir seus poderes, apresentou uma defesa vigorosa, afirmando que tentara agir como um escudo para proteger o povo francês. "A cada dia, adaga na garganta, lutei contra as exigências do inimigo", declarou. "A história dirá que eu vos poupei, embora meus adversários pensem apenas em me censurar pelo inevitável ... Enquanto o general de Gaulle conduzia a luta fora de nossas fronteiras, eu preparei o caminho para a libertação preservando a França em sofrimento, mas viva."

Muitos concordaram com ele e ainda concordam. May-Eliane Miaihle de Lencquesaing é um deles. "As pessoas dizem que foi de Gaulle quem libertou a França, mas sem os americanos ele não era nada", disse ela. "Foi Pétain que permaneceu, que se deu ao país e evitou que sofrêssemos muito mais. Alguns dizem que ele estava do lado alemão. Não; ele odiava os nazistas."

Seja como for, Pétain foi declarado culpado e sentenciado à morte. Várias semanas depois, de Gaulle comutou a sentença em prisão perpétua. Outros membros do governo de Vichy, como o primeiro-ministro Pierre Laval, foram julgados e executados.

A perspectiva de passar o resto da vida na prisão, ou pior, deixara Louis Eschenauer profundamente abalado. Após ajudar a salvar Bordeaux dos alemães, a prisão lhe viera como um grande choque. Se o tribunal se dispusera a condenar o marechal Pétain à morte, o que faria com ele?

Enquanto definhava numa cela de prisão aguardando o julgamento, o comerciante de vinhos de setenta e cinco anos ficou sabendo dos julgamentos sumários que estavam sendo realizados por vários tribunais. Mulheres que haviam se consorciado com alemães estavam recebendo o que Gertrude Stein chamou a *"coiffure '44"* — tinham as cabeças raspadas. Homens de negócios, especialmente os do noroeste da França, que haviam cometido exatamente o crime de que Eschenauer era acusado — colaboracionismo econômico — estavam sendo enfileirados diante de esquadrões de fuzilamento e executados.

Foi um tempo de vingança, de ajuste de velhas contas. Pelo menos 4.500 pessoas foram sumariamente condenadas à morte por tribunais instituídos pela Resistência.

"Nenhum historiador da Resistência deveria tentar minimizar os incidentes de injustiça, acusação malévola e vingança pessoal", disse o historiador H.R. Kedward. "Nos meses que se seguiram à libertação, dificilmente se passava um dia sem alguma nova revelação dos horrores da tortura, deportação e execução por que a Gestapo e a Milícia haviam sido responsáveis. À medida que covas rasas de resistentes mutilados eram encontradas em áreas rurais nos arredores da maioria das cidades grandes, e os porões da Gestapo revelavam seus segredos desumanos, a exigência popular de vingança contra os colaboracionistas foi se tornando mais insistente."

Em Bordeaux, segundo um vinicultor que conheceu Louis Eschenauer, "houve uma 'saudável' denúncia de outras pessoas. Ninguém podia saber ao certo para onde o dedo iria apontar em seguida".

Com a continuação dos expurgos, cerca de 160.000 pessoas foram formalmente acusadas de colaboracionismo pelo novo governo francês. Mais de 7.000 foram condenadas à morte, embora a sentença só tenha sido levada a cabo em 800 casos; outras 38.000 receberam penas de prisão.

Em março de 1945, temendo que a situação estivesse escapando ao controle, um porta-voz do ministro da Justiça foi ao rádio para lembrar ao povo da França que fazer negócios com o inimigo não constituía necessariamente um crime. "Nem todas essas transações têm o mesmo caráter", ele disse. Parte delas pode ser interpretada como "normal" e "legítima". A lei contra o colaboracionismo econômico, afirmou o porta-voz, "destina-se a punir os culpados e não a molestar os inocentes".

Em setembro, o diretor regional da Supervisão Econômica em Bordeaux foi ainda mais longe. Numa carta aos tribunais de justiça de sua área, exortou-os a "concluir seus casos e investigações o mais cedo possível".

Foi nessa atmosfera crescente de "deixemos isto para trás" que o julgamento de Louis Eschenauer teve início em 9 de novembro de 1945. Fazia pouco mais de um ano que fora preso. O réu parecia nervoso e debilitado. Um psiquiatra que o examinou atestou que estava sofrendo de grave depressão. A única boa nova para o tio Louis foi a de que não seria executado. Um magistrado havia determinado que o crime de Eschenauer, de "tráfico com o inimigo", não afetara a segurança do Estado, e que, em conseqüência, ele não deveria ser julgado por uma corte militar nem por qualquer outro corpo com competência para aplicar a pena de morte.

Eschenauer foi denunciado com base em três itens da lei contra o colaboracionismo econômico: primeiro, teria "entrado voluntariamente em correspondência e relações com agentes do inimigo"; segundo, "conduzira ilegalmente comércio" que fornecera ao inimigo "importante apoio econômico"; e, terceiro, "dera intencionalmente à Alemanha auxílio direto ou indireto que poderia ser danoso à unidade da nação."

No banco dos réus, Eschenauer negou as acusações. "Não sou um colaboracionista", disse. "Negociei com os alemães porque tinha de fazê-lo. Tinha de salvar meu negócio. Queria também proteger os interesses de outros *négociants* e vinicultores."

Eschenauer declarou que seu "relacionamento íntimo" com o weinführer Heinz Bömers permitira-lhe evitar que os alemães pusessem as mãos nos melhores vinhos de Bordeaux, como os Châteaux Lafite-Rothschild e Mouton-Rothschild. Sua amizade com Ernst Kühnemann, disse, o ajudara a convencer os alemães a não destruir o porto e outras partes da cidade de Bordeaux. "Admito que me dava bem com muitos dos alemães aqui, mas sabia também como lográ-los e trapaceá-los", disse. "Desprezava os nazistas; nunca os ajudei. Eram os Aliados que eu estava tentando ajudar."

Ele lembrou também à corte seu papel num comitê para ajudar refugiados em Bordeaux durante a *drôle de guerre* de 1939-40. Sua atuação, contudo, não fora muito além de aceitar um cheque do banqueiro americano Clarence Dillon e destiná-lo a certas obras de caridade.

O depoimento de Eschenauer parecia ser a fala desesperada de um homem cansado e apavorado, um homem que, num momento de fraqueza, estava disposto a dizer qualquer coisa para salvar seu pescoço, mesmo que isso significasse voltar-se contra Heinz Bömers, a quem, pouco antes de seu julgamento, descrevera como um "amigo íntimo de família".

No tribunal, Eschenauer qualificou Bömers de "abutre", um "homem violento" que tentara tomar seu negócio e que quase o levara a um colapso nervoso. "Ele pensava que, por ser eu um solteirão, meu negócio deveria ir para ele. Sonhava tornar-se o dono da Maison Eschenauer depois da minha morte."

Eschenauer queixou-se de que Bömers o mantivera sob constante pressão para que lhe fornecesse mais vinho. "Prometeu que compraria tudo de mim, mas eu disse que era injusto e que deveria comprar também dos outros *négociants*."

Retratando-se como um herói que "salvou os vinhos de Bordeaux", Louis explicou que tentara agir como um amortecedor entre Bömers e a comunidade do vinho. "Eu o impedi de se apossar dos melhores vinhos", disse. "No seu lugar, dei-lhe porcarias, rebotalho."

Rebotalho? Segundo registros forenses, entre os vinhos que Eschenauer vendeu a Bömers em 1944 estavam: Château Margaux de 1939 (2.400 garrafas), Château Mouton-Rothschild de 1939 (3.000 garrafas), Château Ausone de 1939 (3.600 garrafas), Château Rausan-Ségla (4.500 garrafas), Château La Lagune (6.000 garrafas), Château Cos d'Estournel de 1937 (2.400 garrafas), Château Brane-Cantenac de 1937 (2.000 garrafas), Château Talbot de 1939 (8.000 garrafas).

Embora nem 1939 nem 1937 tenham sido grandes anos (de fato, 1939 se provaria péssimo), esses vinhos dificilmente poderiam ser qualificados como "porcarias". Vinham de algumas das mais excelentes propriedades de Bordeaux. Na época em que Eschenauer os vendeu, constituíam uma bebida mais do que satisfatória.

O depoimento de Eschenauer foi ainda menos coerente e convincente quando lhe perguntaram sobre uma companhia que fundara, a Société des Grands Vins Français. Seu objetivo, disse ele, era comprar propriedades para Bömers. Na primavera de 1941, a companhia comprou os Châteaux Lestage e Bel-Air, duas propriedades viníferas que haviam sido confiscadas e "arianizadas" pelo governo de Vichy.

Quando perguntado por que comprara os *châteaux*, Eschenauer declarou de início que o fizera por querer "evitar a pressão" de Bömers, que estava tentando se apoderar de seu negócio; conseguindo aqueles *châteaux*, talvez Bömers desistisse de tomar a Maison Eschenauer também.

Com a continuação do interrogatório, porém, Eschenauer declarou que a verdadeira razão por que comprara as duas propriedades era que estava "tentando preservá-las" para seus legítimos proprietários judeus. "Eu sabia que a Alemanha perderia a guerra e que qualquer promessa que fizesse a Bömers durante a guerra seria nula depois."

Os juízes mostraram-se céticos. Quando pediram a Eschenauer documentos que comprovassem seu depoimento, tio Louis disse que não havia nenhum, que todos os tratos haviam sido verbais. "Bömers tinha total confiança em mim", disse. Depois acrescentou: "A verdade é que, de fato, eu tinha muito pouco envolvimento com a companhia; era meu contador que cuidava de tudo." O contador afirmou que isso era falso.

Florence Mothe disse que esteve entre os que ficaram pasmos com o depoimento de Eschenauer. "Por que um homem a quem a vida nada negara, da mínima coisa até o luxo mais requintado, haveria de se comportar daquela maneira? Virar-se contra os que trabalhavam com ele? Foi isso que não consegui entender."

Desde seu primeiro instante, o julgamento fora acompanhado com crescente ansiedade por toda Bordeaux. Outros *négociants* que haviam vendido vinho para a Alemanha sabiam que facilmente qualquer um deles poderia se ver no banco dos réus. Alguns, de fato, já tinham sido multados e tido suas mercadorias confiscadas. Outros tinham competido ativamente pela atenção de Bömers, no afã de fazer negócios com ele, convidando-o para festas e tentando demonstrar interesse pela música e a literatura alemãs. Segundo anotações mantidas pela secretária de Bömers, o weinführer achava tudo aquilo "ridículo". Agora os Chartrons estavam preocupados, porque propor negócios ao inimigo era motivo bastante para que uma firma ou uma pessoa fossem acusadas de colaboracionismo econômico.

Conseqüentemente, embora muitos no negócio de vinhos em Bordeaux tivessem se ressentido das ligações comerciais de Eschenauer durante a guerra e as invejado, agora a maioria cerrou fileiras em sua defesa. Alguns escreveram cartas qualificando-o de "patriota" e "homem íntegro". Um defensor afirmou que Eschenauer ajudara a Resistência, emprestando-lhe caminhões para transportar alimentos e armas. Um outro disse que ele ajudara judeus a escapar da Gestapo. Até o barão Philippe de Rothschild, do Château Mouton-Rothschild, escreveu uma carta em seu favor.

Quando seu julgamento de três dias estava chegando ao fim, Eschenauer negou qualquer transgressão e reiterou não ser um colaboracionista. Só ingressara no Groupe Collaboration, disse, "para agradar a um amigo", acrescentando que nunca tivera realmente nada a ver com o grupo propriamente dito. Admitiu, contudo, ter feito uma doação para a entidade.

Seu serviço mais importante, declarou, fora salvar Bordeaux da destruição. "Graças às minhas boas relações com Ernst Kühnemann e outros oficiais alemães, pude convencê-los, após muitas negociações longas e intensas, a não levar a efeito seus planos de destruir o porto e outras partes da cidade."

O julgamento do tio Louis terminou no Dia do Armistício, dia que assinalou a vitória sobre a Alemanha na Primeira Guerra Mundial. Foi o primeiro Dia do Armistício a ser celebrado após a guerra. Mais uma vez foi declarado feriado nacional e extensas comemorações foram planejadas. Nenhum jornal seria publicado. Essa era a melhor parte, no que dizia respeito ao tribunal. Quando o veredito fosse anunciado, a publicidade seria mínima.

À uma hora e quinze minutos da madrugada o corpo de juízes se retirou para considerar seu veredito. Às três horas estavam de volta à sala do tribunal.

O veredito: culpado de todas as acusações.

Os juízes rejeitaram a afirmação de Eschenauer de que tentara resistir às demandas de vinho de Heinz Bömers. "Concordou de bom grado em fornecer a Bömers o que este queria e em momento algum recusou." O tribunal descartou também a declaração de Eschenauer de que sua companhia, a Société des Grands Vins Français, havia comprado dois *châteaux* pertencentes a judeus e "arianizados" para preservá-los para seus legítimos donos judeus. "A companhia", disse o tribunal, "foi criada com único propósito de comerciar com o inimigo." (Bömers não tinha feito nenhum segredo do fato de que desejava voltar a possuir uma propriedade vinífera em Bordeaux após ter perdido o Château Smith-Haut-Lafitte na Primeira Guerra Mundial. Vários anos após a Segunda Guerra Mundial, ele comprou o Château du Grand Mouëys, que ainda é propriedade da sua firma.)

Tio Louis foi sentenciado a dois anos de prisão e multado em mais de 62 milhões de francos por especulação ilegal. Ele admitiu ter feito negócios no valor de 957 milhões de francos durante a guerra, mas foi a maneira como os fez que mais incomodou as autoridades. Os rapapés de que cercava oficiais alemães em seu restaurante e no hipódromo e o modo como ostentava essas relações fizeram dele um alvo natural. Como disse um bordelês que o conhecia: "Louis simplesmente foi longe demais."

Seus bens foram confiscados e ele foi proibido de fazer negócios em Bordeaux. Perdeu também todos os seus direitos como cidadão francês.

Ao ser retirado do tribunal, tio Louis caiu em pranto. "Depois de 1918, deram-me uma medalha por vender vinhos para os alemães, agora me jogam na prisão por fazer a mesma coisa", soluçou. "Se mamãe pudesse me ver agora!"

De Gaulle pretendia que o processo de expurgo fosse rápido, que após a punição dos colaboracionistas mais notórios o processo de restabelecimento, de restauração da ordem e unificação do país pudesse começar. Estava especialmente ansioso para ver isso acontecer em Bordeaux, região cujo apoio político considerava importante e cujos recursos econômicos — seu vinho e seu porto — eram vitais para a recuperação da nação. Para esse fim, seu governo sancionou em 1951 uma lei de anistia que permitiu a muitos homens de negócios que haviam sido condenados por lucros excessivos retornar a seus escritórios.

Louis Eschenauer foi anistiado em 1952. Passou o resto de seus dias em seu *château* em Camponac, na cidade de Pessac, bem próximo a Bordeaux.

Antes que o tio Louis morresse, Heinz Bömers Jr., filho do weinführer de Bordeaux, esteve na cidade para aprender mais sobre o negócio de vinhos. Tio Louis estava lá para lhe dar as boas vindas e levá-lo à corrida de cavalos.

"Tenho algo para lhe falar", disse ele, tomando Heinz pelo braço. "Quero que saiba que sempre fui amigo do seu pai. Era amigo dele antes da guerra e fui amigo dele durante a guerra. E continuo sendo amigo dele hoje."

ONZE

Voltei para casa
não mais um jovem

Na madrugada de 5 de dezembro de 1944, moradores da aldeia alsaciana
de Riquewihr se deparam pela primeira vez com seus libertadores quando
uma unidade de texanos fez uma parada em frente à loja de vinhos de Hugel.

A manhã já ia adiantada quando surgiu um homem curvado, com a aparência de um ancião, uma mochila feita em casa às costas, arrastando-se pela lama e a neve derretida de um quente mês de fevereiro.

Gaston Huet estava a caminho de casa.

Após cinco anos como prisioneiro de guerra, Huet e os homens do Oflag IV D haviam finalmente sido soltos. Acontecera inopinadamente. Eles haviam sido despertados de manhã muito cedo por sons que nunca tinham ouvido antes e uma visão que jamais teriam podido imaginar. Cossacos a cavalo e de espada em punho estavam investindo direto contra a campo, gritando a plenos pulmões. Assustados, Huet e outros prisioneiros de guerra viram os cavaleiros cruzarem a galope os portões e ultrapassarem as casas da guarda, pondo os apavorados alemães para correr. Seria a liberdade, pensou Huet, ou mais cativeiro sob senhores diferentes?

Em meio à confusão, um dos líderes cossacos finalmente se fez entender. "Vão embora", disse aos franceses. "Peguem apenas o que puderem carregar."

Para Huet, não seria muito. Havia cartas de casa, cartas que o haviam ajudado a se sustentar em alguns dos piores momentos de seu cativeiro. Havia também o pedaço da bandeira francesa que rasgara em Calais pouco antes de ser capturado em 1940. Contemplara-o muitas vezes, perguntando se algum dia haveria de novo uma França. A última coisa que Huet pôs em sua mochila foi uma cópia do programa da celebração do vinho que organizara, coisa que contribuíra mais do que qualquer outra para tornar sua vida como prisioneiro de guerra suportável.

Huet lançou um último olhar sobre o campo. Fitou as casernas em que tinha vivido, depois as casas da guarda; as metralhadoras continuavam no lugar. Também no lugar estava o arame farpado que circundava o campo. Huet olhou também para a Tombe d'Adolph, o sepulcro de Hitler que os prisioneiros haviam construído por zombaria. A vida no Oflag IV D fora um pesadelo: o frio paralisante do inverno, o calor medonho do verão e especialmente a falta de comida. Ele tinha calafrios ao lembrar daqueles dias implacáveis de janeiro em que os prisioneiros tentavam apanhar ratos para o jantar. Apesar de tudo, algumas amizades incríveis foram forjadas durante aqueles anos.

Ele pensou naqueles amigos enquanto avançava pela Hitlerstrasse, nome dado ao caminho de terra que cortava o campo pelo meio e levava ao portão da frente.

Huet passou pelo portão e começou a andar para oeste, para a França e para casa.

Não estava sozinho. As estradas estavam cheias de homens doentes e débeis, todos parecendo muito mais velhos do que de fato eram. De vez em quando, procuravam se ajudar e encorajar uns aos outros quando a lama tragava seus sapatos e botas surrados. Estavam tão fracos após seus anos de cativeiro que cada passo era penoso. Tudo que os mantinha avançando eram pensamentos de casa. Que iriam dizer para suas famílias? Iriam seus amigos reconhecê-los? Que teria acontecido nos cinco anos de sua ausência?

Por mais de cem quilômetros Huet continuou avançando, topando com estradas que tinham sido rasgadas por tanques e esburacadas por bombardeios repetidos. A guerra não estava de todo terminada; a Alemanha ainda não se rendera. Huet e outros prisioneiros de guerra tinham de se jogar no chão úmido e frio para se proteger quando aviões de combate e bombardeiros voavam sobre suas cabeças.

Quando estavam se aproximando da fronteira franco-germânica, encontraram tropas aliadas vindo em sua direção. Os soldados se apressaram a ajudá-los. "Por aqui, por aqui", diziam, escoltando os prisioneiros de guerra para trens que iam para a França.

Era fim de fevereiro quando Huet finalmente chegou de volta a Vouvray. Teve uma acolhida que dispensou palavras. "Simplesmente caímos nos braços um do outro, minha mulher e eu", ele lembrou. "Estávamos rindo e chorando ao mesmo tempo. Tantas emoções…"

E então ele viu sua filha. O bebê que vira pela última vez em seu primeiro aniversário era agora uma menininha de quase sete anos a se esconder envergonhada atrás da saia da mãe. Ela deu uma espiada naquele homem que só conhecia por cartas e pelas histórias da mãe e perguntou se ele queria brincar. A pergunta o fez chorar. "Ela era tão linda, eu mal podia acreditar naquilo", disse Huet.

Ele levaria algum tempo até ficar pronto para brincar, contudo. Perdera mais de um terço do seu peso corporal. Antes de ser capturado, pesava quase setenta e três quilos. Quando foi libertado, estava com quarenta e cinco.

Antes de adormecer naquela primeira noite em casa, teve uma última pergunta: "E as videiras? Como estão as videiras?"

Alguns dias depois, Huet descobriu a resposta por si mesmo e quase chorou de novo. Cinco anos de guerra e abandono haviam cobrado seu preço. Nenhuma poda fora feita e as videiras estavam desconjuntadas, os galhos pendendo em todas as direções. Não havia sinal dos renques bem arrumados que outrora eram tão cuidadosamente escorados e amarrados com capricho aos fios de arame. E as ervas daninhas estavam por toda parte, embora ainda fosse maio. Fora impossível arar, porque os alemães tinham requisitado os cavalos. Huet pôde ver claramente o que a falta de fertilizante e sulfato de cobre tinha significado ao contemplar o número de videiras doentes e velhas demais que precisavam ser substituídas.

Praticamente todos os vinicultores estavam se vendo nesse mesmo apuro e os problemas se estendiam também a suas adegas. Vinhos que tinham permanecido em tonéis de madeira por cinco anos precisavam desesperadamente ser engarrafados, mas isso era impossível, dada a escassez de garrafas. Para muitos vinhos, já era tarde demais. Tinham secado, perdido o sabor e estavam intragáveis. Os tonéis em que tinham envelhecido estavam igualmente arruinados. Alguns haviam mofado por excesso de uso, enquanto outros ficaram estragados quando inspetores de Vichy, excessivamente zelosos, derramaram óleo neles para evitar que os *vignerons* retivessem sua cota de álcool industrial.

Exatamente quando parecia que o quadro não podia ficar pior, a Mãe Natureza conspirou contra os vinicultores. No dia 1º de maio, a tepidez do início de primavera desapareceu e a França foi tomada por um frio intenso. As temperaturas caíram abaixo de zero. Videiras com novos rebentos já germinando ficaram congeladas. Um velho vinicultor de Bordeaux disse que nunca vira geada tão pesada com a primavera já tão adiantada. Muitos produtores perderam toda a sua safra.

Não foi muito diferente em outras regiões viníferas. Na Borgonha, contudo, o pior ainda estava por vir. Maurice Drouhin sentira-se animado quando, após a geada, as temperaturas voltaram a subir rapidamente e suas videiras deram novos sinais de vida e começaram a florir.

Agora, ao olhar para o céu com seu filho Robert, via nuvens escuras avançando ameaçadoramente do nordeste. Eram cinco horas da tarde do dia 21 de junho. No que deveria ter sido o dia mais longo do ano, toda a Borgonha foi subitamente mergulhada na escuridão, quase como se a noite tivesse caído. Soprou um vento forte e a casa começou a tremer. Depois veio o granizo. Bolas de gelo arrasaram vinhedos por toda a Côte de Beaune. Dez das principais aldeias, de Puligny a Corton, foram devastadas. Tudo que Maurice pôde fazer foi sacudir a cabeça. Como todos os demais, perguntava-se se haveria uva bastante para fazer algum vinho.

Na manhã seguinte, ele e Robert saíram para avaliar o estrago. Folhas de suas videiras pareciam ter sido cortadas a faca. Flores pareciam ter sido esmagadas no chão por um estouro da boiada. Maurice foi conversar com outros *vignerons*, mas havia pouco a dizer. Era a mesma coisa em toda parte. Todos compreendiam que teriam sorte se conseguissem salvar nem que fosse 5% de sua safra.

Maurice decidiu que era hora de fazer algo que estivera adiando para depois que a rendição alemã tivesse sido assinada e ele tivesse certeza de que a guerra terminara. "Pegue uma vassoura", disse a Robert. "Vamos nos livrar de algumas teias de aranha."

Juntos, desceram à cave e começaram a varrer as teias e a sujeira acumuladas na parede construída por Maurice cinco anos antes. "Essas suas aranhazinhas fizeram um bom trabalho", disse a Robert. Depois começaram a derrubar a parede. Os vinhos que tinham sido escondidos atrás pareciam estar em perfeito estado, inclusive um sortimento completo do Domaine de la Romanée-Conti de 1929 a 1938.

Maurice levou uma das garrafas para o jantar daquela noite e disse a Pauline que era uma comemoração. Com estes vinhos, disse, vou conseguir pagar nossas contas e pôr o negócio para funcionar de novo.

Era uma estratégia que muitos outros estavam adotando ao reaver os vinhos que tinham escondido dos alemães. Gaston Huet recuperou seus vinhos de uma caverna junto ao rio Loire. Agora as ervas daninhas e as moitas que plantara escondiam completamente a abertura, mas ele não teve dificuldade em encontrá-la.

Seu cunhado, André Foreau, outro vinicultor de Vouvray, escavou seu jardim para desenterrar as garrafas que ali escondera. O mesmo fez um vizinho, o príncipe Philippe Poniatowski. Mas Poniatowski, preocupado com o que aquele tempo debaixo da terra poderia ter feito ao seu vinho, chamou alguns *experts* em vinho para acompanhá-lo numa prova. O veredito foi unânime: todos os vinhos estavam em excelentes condições, até o de 1875.

Na Champagne, Marie-Louise de Nonancourt levou consigo seu filho Bernard para derrubar sua parede na Laurent-Perrier. Houve uma vítima. Sua estátua da Virgem Maria, que ela cimentara à parede para proteger o estoque escondido, despedaçou-se quando as marretas golpearam os tijolos. Marie-Louise, no entanto, viu nisso um sinal de boa sorte, dizendo que a Virgem cumprira sua missão e agora era a vez dos de Nonancourt.

Em junho de 1945, o marquês d'Angerville, da aldeia de Volnay, na Borgonha, teve a surpresa de receber uma carta de um certo J.R. Swan, da cidade de Nova York. A carta dizia: "Escrevo para lhe perguntar se ainda está de posse de dez caixas de Volnay Champans de 1934 e dez caixas de Meursault Santenots de 1934 que o senhor comprou para mim e foram deixadas aos seus cuidados. Seria muito esperar que não tenham sido tomadas pelos alemães, mas há sempre uma chance de que a sorte tenha sorrido para mim."

O vinho que Swan encomendara representava apenas pequena quantidade das garrafas que haviam passado a guerra escondidas e intactas atrás de uma parede na adega de d'Angerville. Numa carta a Swan, o marquês o informou de que o vinho ainda estava lá e lhe seria remetido imediatamente.

Mas essa foi uma tarefa de que o marquês se desincumbiu com pesar. Seu Volnay Champans de 1934 era um dos melhores vinhos que jamais fizera e detestou ter de se desfazer dele. A safra de 1934 tinha sido excelente, certamente a melhor da década, e produzira vinhos fragrantes, aveludados e harmoniosos. Seu Volnay Champans de 1934 não era exceção. Foi o vinho que ele e a família tomaram para celebrar o fim da guerra e, se tivesse havido algum meio, ele teria conservado algum.

D'Angerville porém compreendeu que não havia alternativa. A menos que abrisse mão do vinho, não teria como reiniciar seus negócios. Assim, embalou-o.

30 MILHÕES DE GARRAFAS DE CHAMPANHE QUE OS ALEMÃES DEIXARAM ESCAPAR AGUARDAM EXPORTAÇÃO

Paris, 13 de setembro (UP) — Mais de 30 milhões de garrafas de champanhe estão em adegas francesas, à espera de ser exportadas para os Estados Unidos, porque os alemães tinham medo de penetrar nas cavernas subterrâneas para removê-las.

Léon Douarche, ex-diretor do International Wine Office, disse hoje que os alemães só levaram uma pequena percentagem da produção de vinho e champanhe deste ano, que estimou em 3,7 bilhões de litros, em confronto com a média anual de 5,5 bilhões.

— *The New York Times*, 14 de setembro de 1944

Em julho de 1944, Otto Klaebisch, o weinführer da Champagne, fez ao CIVC uma grande encomenda de champanhe para as forças armadas alemãs. Três semanas depois, cancelou-a abruptamente e fugiu para a Alemanha.

Com o Terceiro Exército de Patton avançando rapidamente rumo à Champagne, os alemães tiveram de partir depressa, tão depressa, de fato, que não tiveram tempo sequer de detonar os explosivos que haviam plantado sob pontes. Tampouco destruíram as vastas adegas da Champagne, como Himmler ameaçara fazer.

Ainda assim, a ocupação alemã deixara a vida de companhias e de pessoas em frangalhos. As contas não pagas por champanhe que os nazistas tinham expedido para a Alemanha montavam a milhões de francos. Casas de champanhe, em especial a Moët & Chandon, estavam como que perdidas depois que seus executivos tinham sido presos e elas próprias postas sob controle alemão direto.

Foi com alívio, portanto, que os champanheses receberam a notícia de que Robert-Jean de Vogüé, que encabeçara tanto a Moët quanto a CIVC, ainda estava vivo após um ano e meio num campo de trabalhos forçados. Ficaram horrorizados, contudo, ao ver seu estado.

Não se supunha que de Vogüé tivesse sobrevivido. Os nazistas haviam aposto a seu nome as letras NN — *Nacht und Nebel* (Noite e Neblina) — que significavam que pretendiam matá-lo de trabalho e despejá-lo numa cova anônima. Pouco depois de sua chegada ao campo, um guarda sádico lhe disse: "Sabe o que dizem sobre Ziegenhain, não é? Quem vem para Ziegenhain vem para morrer."

De Vogüé quase morreu.

Certa manhã, ao acordar, descobriu que uma infecção que tinha no dedo mínimo da mão direita piorara muito. Ao examiná-la mais atentamente, percebeu que a gangrena começara. Quando pediu um médico, as autoridades o ignoraram. De Vogüé sabia que iria morrer a menos que fizesse ele mesmo o necessário. Encontrou um pedaço de vidro e afiou-o o melhor que pôde. Depois começou a cortar. Sem nenhum anestésico, a dor foi insuportável, mas de Vogüé continuou cortando até remover o dedo inteiro. Usando os trapos de seu traje de prisioneiro, finalmente estancou o sangramento. A rude operação lhe salvou a vida, mas foi quase inútil.

Quando seu campo foi libertado, de Vogüé começou a caminhar. Tinha feito apenas alguns quilômetros quando desfaleceu. Estava deitado inconsciente à beira da estrada quando um oficial britânico passou por ali e parou. De Vogüé havia trabalhado outrora na Champagne com esse mesmo homem. O inglês saltou do seu jipe e carregou-o; em seguida notificou a família dele de que o estava levando para casa.

Para os cinco filhos de de Vogüé, foi um momento eletrizante. Não tinham a menor idéia do estado do pai e decoraram a sala com cartazes que diziam "Bem-vindo, papai".

Quando de Vogüé chegou, toda a alegria desapareceu. Ninguém reconhecia a figura fraca, esquelética, que não era mais capaz de se manter de pé. Não tinha nenhuma semelhança com o homem elegante e dinâmico que dirigira a casa de champanhe Moët & Chandon e enfrentara Otto Klaebisch.

Agora ele se dependurava entre os ombros do oficial britânico e de seu cunhado. Seu cumprimento foi tão débil que as crianças nem mesmo tiveram certeza de que o pai havia falado. Sua mulher começou a chorar enquanto conduzia os homens ao quarto de dormir para que a ajudassem a pôr o marido na cama. Por muitos dias, não se soube ao certo se ele iria se recobrar.

O assistente de de Vogüé, Claude Fourmon, que fora preso com ele no escritório de Klaebisch, voltou à Champagne num estado igualmente precário.

Fourmon havia sido enviado para Bergen-Belsen, onde cada dia era uma prova de sobrevivência. Ele marcava uma data até a qual viver e depois, quando esta passava, escolhia uma outra. "Se eu puder agüentar até 13 de janeiro", dizia para si mesmo, "então vou resistir." Quando 13 de janeiro chegava, escolhia uma outra data.

Essas datas se esticaram pelo inverno de 1943-44. O frio era insuportável. "Eu cantava", disse Fourmon. "Cantava para espantar o frio. Cantava hinos, canções infantis, qualquer coisa. As canções pareciam ser a única coisa que ajudava."

Quando finalmente voltou para casa, Fourmon, como de Vogüé, estava mais morto que vivo. Havia sido torturado e não era mais o jovem entusiasta que a Gestapo prendera em Reims dois anos antes. "Voltei para casa, não mais um jovem", disse Fourmon.

Tinha trinta anos de idade.

...

May-Eliane Miaihle de Lencquesaing estava chorando. Ela e a família tinham acabado de voltar ao Château Pichon-Longueville-Comtesse de Lalande. Os alemães o haviam deixado apenas na véspera, e os Miaihle, pela primeira vez em quatro anos, estavam dando uma olhada em seu interior.

"Os alemães eram uns brutos", contou ela. "Secavam suas fardas diante das lareiras e voavam fagulhas para todo lado. As bonitas *boiseries* ficaram arruinadas e todas as vidraças foram quebradas. Até lareiras de mármore e portas ficaram aos pedaços. Janelas eram deixadas abertas e a chuva entrava, estragando o parquete. As enxergas de palha nos assoalhos, onde os soldados dormiam, pareciam lama."

"E o cheiro! Levamos anos para tirar do castelo o cheiro da graxa que eles usavam em suas botas."

O mesmo aconteceu em toda Bordeaux quando produtores de vinho e vinicultores tentaram apagar as cicatrizes deixadas pela ocupação: suásticas entalhadas na cantaria, grafites nas paredes, buracos de bala.

O Château Mouton-Rothschild havia sido ocupado e danificado, mas não confiscado pelo Terceiro Reich. Como fizera com o Château Lafite-Rothschild, o governo de Vichy seqüestrara o Mouton para impedir que os alemães o declarassem um bem judaico e o transformassem em propriedade alemã.

Quando voltou ao Mouton, porém, o barão Philippe de Rothschild já carregava um fardo pesado de sofrimento. Fugira da França para se juntar às Forças Francesas Livres em 1942, deixando mulher e uma filha bem pequena. Durante a maior parte da guerra, as duas conseguiram sobreviver, vivendo primeiro no sul da França e depois em Paris. A condessa Elizabeth de Chambure, mulher do barão, acreditava que, não sendo judia, os alemães as deixariam em paz.

Mas estava errada. Pouco antes da libertação de Paris, a Gestapo chegou a seu apartamento. Diante dos olhos aterrorizados de sua filha, Philippine, a condessa foi arrastada para fora de casa e enfiada num dos últimos trens com destino aos campos de extermínio alemães. Foi morta nas câmaras de gás de Ravensbrück poucos dias apenas antes que o campo de concentração fosse libertado.

Ao ver seu bem-amado Mouton, o barão ficou ainda mais entristecido. Embora seus vinhos estivessem intactos, o castelo e seus terrenos tinham sido seriamente danificados pelos nazistas, que tinham transformado a propriedade num centro de comando de comunicações. Havia até buracos de bala nas paredes de alguns dos aposentos em que os alemães haviam usado quadros para a prática de tiro ao alvo.

O barão Philippe estava decidido a erradicar todos os sinais da presença nazista. Descobriu que alguns dos soldados que tinham ocupado sua propriedade estavam sendo mantidos como prisioneiros num campo próximo. "Quem melhor para refazer o castelo, onde havia devastação, tudo estava para ser limpo, consertado, repintado?" ele relembrou mais tarde em suas memórias. Pediu então permissão para pôr os alemães para trabalhar e as autoridades consentiram.

Durante dias, os prisioneiros de guerra labutaram para reparar o estrago que tinham feito, removendo quilômetros de cabos de comunicação que tinham estendido em volta do castelo e demolindo plataformas de canhões antiaéreos no terreno. Tiveram também de tapar os buracos de bala.

Mas o trabalho deles estava longe de ter terminado. Durante anos o barão Philippe sonhara criar um parque em volta do Mouton, bem como uma estrada que o ligaria diretamente a Mouton d'Armailhac, uma propriedade vinífera que comprara. Equipou os alemães com ancinhos, pás e outras ferramentas e os mandou pôr mãos à obra. Sob um sol causticante, os prisioneiros começaram a plantar árvores, flores e arbustos, limpando terreno para um parque e escavando uma trilha para a estrada.

O projeto demandou meses de trabalho, mas, quando foi concluído, o barão se declarou plenamente satisfeito.

"Nunca posso olhar para a estrada", disse ele, "sem pensar nela como a 'Estrada da Vingança'."

Os vinicultores franceses estavam desolados com a quantidade de trabalho que tinham pela frente e com a quantidade de dinheiro que ele custaria. Dinheiro para reparos, dinheiro para tratores novos e outros equipamentos, dinheiro para fertilizante e sulfato de cobre, dinheiro para substituir videiras. Onde iriam consegui-lo?

Felizmente, encontraram um ouvido compreensivo no homem encarregado do programa de recuperação econômica do país. Ele era Jean Monnet, que logo iria esposar a idéia de uma Comunidade Econômica Européia. Monnet crescera entre as videiras de Cognac, onde sua família produzia conhaque. Compreendia os problemas dos vinicultores e tinha aguda consciência de que um milhão e meio de famílias francesas dependia do vinho para sua subsistência.

Mas o novo governo, pressionado pelas demandas de auxílio de todos os setores, não podia ir muito longe. Sua principal meta no que dizia respeito ao vinho era assegurar um abastecimento adequado. Graças à insistência de Monnet, finalmente concordou em fornecer dinheiro para a substituição de videiras velhas e doentes.

O novo programa foi especialmente bem-vindo na Alsácia, onde, após a Guerra Franco-Prussiana de 1870-71, a maioria dos vinhedos fora plantada com híbridos de alta produtividade mas baixa qualidade.

Depois da Primeira Guerra Mundial, o governo francês ordenara aos vinicultores que arrancassem suas videiras híbridas e as substituíssem pelas variedades de uva tradicionais da Alsácia. Os vinicultores fizeram corpo mole, queixando-se de que aquilo era caro demais. O governo não forçou o cumprimento da ordem.

Quando a Alsácia foi anexada pela Alemanha em 1940, nova pressão foi exercida, dessa vez por Berlim. "Livrem-se dos híbridos ou arquem com as conseqüências", advertiram as autoridades. Mais uma vez, nada aconteceu.

Um dia, em 1942, os alsacianos acordaram ao som de serras. Olhando pela janela, viram que seus vinhedos estavam cheios de rapazes da Juventude Hitlerista, vindos de Baden, Alemanha. O Terceiro Reich havia mandado caminhões lotados deles para a Alsácia, com mapas detalhados dos vinhedos, podadeiras e serras. De um só golpe, os híbridos, que haviam composto 75% dos vinhedos, desapareceram da região.

Na opinião da maioria dos alsacianos, foi a única coisa boa que os alemães fizeram pela Alsácia. Agora não havia escolha senão replantar.

O trabalho, contudo, começou lentamente. A maior parte dos vinhedos estava tomada por minas e projéteis de artilharia não detonados. Havia também escassez de mão-de-obra; quase todos os rapazes da Alsácia tinham sido recrutados pelo exército alemão. A maioria fora enviada para o front russo e uma grande percentagem fora morta. Os que tinham sobrevivido somente agora estavam a caminho de casa.

A espera tinha sido particularmente difícil para os Hugel. Seu filho mais velho, Georges, estava lutando agora no exército francês; o segundo, Johnny, ainda estava no alemão.

Johnny voltou para casa primeiro. Estava numa unidade alemã que lutava perto do lago de Constança, na fronteira austríaca, quando avistou uma coluna de tanques franceses se aproximando. Enfiando-se na casa de uma granja próxima, tirou rapidamente sua farda alemã e trocou-a com um granjeiro por algumas roupas velhas. "Tome cuidado", o granjeiro gritou quando Johnny correu para ir ao encontro das tropas. Alguns dias depois, ele estava de volta a Riquewihr.

No dia seguinte, Georges retornou também.

Foi então que descobriram que estiveram presentes na mesma batalha. Georges também lutara no lago de Constança.

Com os Hugel reunidos e a Alsácia agora completamente libertada, a verdadeira celebração pôde finalmente começar. "Fomos de adega em adega. Ficamos cobertos de reboco por três dias", disse Johnny. "Todo dia mais alguém, um de nossos amigos, estava chegando em casa. Todo dia mais alguém voltava."

Mas muitos não voltaram. Pelo menos 40.000 rapazes alsacianos foram mortos lutando no exército alemão, a maioria deles na Rússia. Antes da libertação, exigia-se que as listas de baixas declarassem que a vítima *Gefallen für Führer, Volk und Vaterland* (morta pelo Führer, o povo e a pátria). Agora as famílias enlutadas podiam dizer sem medo que seus filhos haviam morrido no front oriental.

Quando os alsacianos recuperaram sua identidade francesa, tornou-se seguro também falar francês. Em vez de ter de cumprimentar os amigos na rua dizendo "Heil Hiltler", as pessoas agora podiam dizer *"bonjour"*. Os homens passaram a poder exibir boinas. Os nomes da ruas, das empresas, das cidades e aldeias também foram restaurados.

Richenweïer tornou-se Riquewihr. Hügel und Söhne voltou a ser Hugel et Fils.

Um outro nome estava prestes a ser trocado também.

Desde que haviam dado uma das melhores parcelas de seus vinhedos para o agora desacreditado marechal Pétain, os vinicultores borgonheses haviam se sentido cada vez mais constrangidos.

Todo dia quando iam para o trabalho, o imponente portão de pedra do Clos du Maréchal parecia zombar deles. Deve haver alguma coisa que possamos fazer quanto a isso, pensavam. Procuraram um amigo advogado em busca de conselho. Todos os bens do marechal haviam sido confiscados pelo governo, salientaram. Não haveria algum meio de conseguir o vinhedo de volta?

O advogado concordou em levar seu pleito ao tribunal e pedir que o presente do Clos du Maréchal fosse considerado nulo. Para grande alívio dos vinicultores, o tribunal decidiu a seu favor, e a parcela dos vinhedos retornou às mãos dos Hospices de Beaune.

Um dia depois da decisão, vinicultores armados com marretas e picaretas convergiram para o vinhedo e começaram a derrubar o portão de pedra que um dia haviam tão orgulhosamente erigido.

Mademoiselle Yvonne Tridon, que entregara a Pétain vinhos a ele presenteados pelo Syndicat des Négociants de Beaune, admitiu que tudo aquilo fora um pouquinho esquisito. "Nós franceses às vezes somos muito difíceis de entender", disse ela. "Um dia estamos cantando 'Maréchal, nous voilà', e no outro não queremos mais saber dele."

Em menos de uma hora o portão de pedra virou escombros. Mas não todo ele. Enquanto as marretas trabalhavam, Maurice e seu filho Robert deram sumiço num dos pilares.

A destruição do portão do Clos du Maréchal, no entanto, não pôs fim à controvérsia. Havia ainda os vinhos feitos pelos Hospices de Beaune especialmente para o marechal. Os vinhos tinham o direito de ser engarrafados e rotulados com o nome de Pétain e uma imagem dos Hospices. Isso era extremamente embaraçoso para os que outrora haviam aclamado Pétain como um salvador.

Assim, os vinicultores ficaram alarmados ao saber que o governo, que confiscara os bens de Pétain, decidira pôr os vinhos em leilão. Porém, antes que este pudesse começar, o local onde se realizaria foi tomado por vários grupos que se opunham à venda. Entre eles estavam veteranos de guerra, veteranos da Resistência, a Federação dos Trabalhadores Deportados e a Federação dos Deportados Políticos. Todos se queixavam veementemente de que a venda era impatriótica.

O leiloeiro, Georges Rappeneau, um novato na profissão que só conduzira um outro leilão na vida, não sabia o que fazer. Chamou os manifestantes a seu escritório e tentou convencê-los. Eles se recusaram a ouvir e exigiram que o leilão fosse suspenso.

De repente Rappeneau se lembrou de onde estava e de como as coisas eram feitas no coração da Borgonha. "Só um minuto", disse aos manifestantes, "volto já". Deixou sua sala e pediu a um de seus assistentes para arranjar copos e um saca-rolha. Uma vez distribuídos os copos, começou a enchê-los. O vinho era o Clos du Maréchal. "Senhores", disse, "bebamos a uma decisão feliz." Não demorou para que o problema fosse solucionado e o leilão pôde se realizar.

E quem comprou o vinho? Os próprios veteranos!

Eles engarrafavam o vinho com rótulos do Clos du Maréchal, revendiam-no com lucro e o dinheiro ia para a manutenção de sua organização. Uma pessoa sugeriu que os Hospices poderiam fazer melhor ainda, engarrafando o vinho do antigo vinhedo de Pétain com os velhos rótulos do Clos du Maréchal, mas com um "ex" impresso na frente. "Uma boa maneira de angariar alguma publicidade e levantar um dinheiro extra", propôs. Os Hospices levaram a idéia adiante.

Feliz por ver o vinhedo de Pétain devolvido aos Hospices de Beaune, Maurice Drouhin também se sentia satisfeito por ter conseguido, com Robert, salvar o pilar do portão do ex-Clos du Maréchal. "É um pedaço de nossa história", disse a Robert. "Deveríamos aprender com ela, não destruí-la cegamente como se fôssemos capazes de mudar tudo que aconteceu."

Foi nesse espírito de olhar a história de frente que Maurice respondeu rapidamente uma carta recebida do dr. Erich Eckardt logo após a guerra. O dr. Eckardt era o juiz alemão que presidira o julgamento de Maurice em 1942 e ordenara sua soltura da prisão. Agora, ele estava pedindo ajuda, dizendo que as autoridades aliadas na Alemanha haviam lhe negado o direito de exercer sua profissão. "Há alguma coisa que possa fazer, alguma coisa que possa declarar para me ajudar?" perguntava. Maurice lembrou como Eckardt se dispusera a ouvir sua defesa no julgamento. Não hesitou em responder com uma declaração lavrada em cartório de que Eckard era um "homem decente que me julgou com justiça e imparcialidade". Pouco depois, os Aliados reintegraram Eckardt como juiz.

Robert-Jean de Vogüé também recebeu uma carta. Estava sendo convocado ao tribunal como "testemunha de acusação" contra Otto Klaebisch. O antigo weinführer da Champagne havia sido levado perante um tribunal do pós-guerra que investigava crimes econômicos. A corte ficou atônita quando de Vogüé, ao invés de condenar Klaebisch, falou a seu favor. Admitiu que ele e o weinführer haviam tido muitas desavenças acerbas mas enfatizou que Klaebisch sempre fora correto. "Ele estava numa situação difícil", de Vogüé disse ao tribunal. "Não acredito um minuto que ele próprio tenha ordenado minha prisão ou a de meus colegas. Foi a Gestapo."

Klaebisch foi absolvido.

O barão Philippe de Rothschild sentiu um aperto no coração ao ver o selo alemão numa carta que recebeu. Abriu-a. "Caro barão Philippe", dizia, "sempre amei os vinhos do Mouton e gostaria de saber se há alguma chance de que me permita representá-los para o senhor na Alemanha."

A carta estava assinada Heinz Bömers, o ex-weinführer de Bordeaux.

Embora os anos da guerra tivessem trazido tristeza e dor para o barão, sua resposta foi imediata. "Sim, por que não?", escreveu. "É uma nova Europa que estamos construindo."

"Os ventos do apocalipse que sopraram do leste por sessenta meses, afugentando o riso e a felicidade do reino das videiras, e deixando só o silêncio da morte, finalmente cessaram." Com estas palavras, o grão-mestre Georges Faiveley declarou aberta a 32ª reunião da Confrérie des Chevaliers do Tastevin. Chamaram-na de o Chapitre de Résurrection. A fraternidade do vinho da Borgonha fora posta "de molho" durante a guerra.

No dia 6 de novembro de 1946, porém, ela ressuscitou com toda a pompa e circunstância que a comunidade do vinho era capaz de gerar. Autoridades do governo, dignitários estrangeiros, chefes militares e os mais importantes produtores de vinho da Borgonha se reuniram para um festim de comidas e vinhos e para ouvir o escritor Georges Duhamel, membro da Académie Française, exaltar as virtudes e os valores do vinho.

Como todos os demais, Duhamel se fartara numa refeição de sete pratos e fora presenteado com meia dúzia de vinhos, entre os quais um Beaune Clos des Mouches de 1938, por Maurice Drouhin, um Clos Blanc de Vougeot de 1940, um Nuits Clos de Thorey de 1942 e um Nuits Château-Gris de 1929. Nessas circunstâncias, não foi surpresa que Duhamel realmente se derramasse em sua louvação.

"O vinho foi um dos primeiros indícios de civilização a aparecer na vida dos seres humanos", disse. "Está na Bíblia, está em Homero, fulgura através de todas as páginas da história, participando do destino de homens de talento. Ele dá espírito aos que sabem como saboreá-lo, mas pune os que o bebem sem comedimento."

William Bullitt, que fora o embaixador dos Estados Unidos na França no início da guerra, também tinha uma mensagem para a confraria. "Como todos, quando me tornei embaixador, fui aconselhado a manter os olhos e ouvidos abertos e a boca calada", disse ele. "Agora, cá estou fazendo exatamente o contrário, abrindo a boca para cantar suas canções e fechando os olhos para saborear seu vinho."

Foi uma noite de prazeres e reminiscências partilhados. O tempo já começara a suavizar algumas das lembranças da guerra. Enquanto o vinho continuava a fluir, as pessoas começaram a contar histórias. Um convidado relembrou as experiências de um amigo, um homem de Chantilly que havia servido no exército francês.

Seu amigo, ele contou a seus companheiros de mesa, era um grande amante do vinho que ficara longe de casa por quatro desalentadores anos. Quando a guerra terminou, ele não via a hora de voltar à sua adega, onde trancara várias centenas de garrafas de vinho. Com grande expectativa e alguma apreensão, inseriu na fechadura a chave que carregara consigo durante quatro anos. Ela girou. A porta continuava trancada! Alvoroçado, abriu-a e entrou no recinto escuro. Tirando uma lanterna do bolso, girou-a à sua volta.

Por toda parte, viu a cintilação do vidro das garrafas. Estava tudo como ele deixara. Cuidadosamente, puxou uma das garrafas do lugar. Ainda estava arrolhada. A segunda também, e a terceira.

Levando-as para a luz, fora da cave, viu que as garrafas estavam todas em perfeito estado.

Exceto por um pequeno detalhe — estavam todas vazias.

De fato, soldados alemães tinham arrombado a adega, forçando a porta sem quebrar a fechadura. Devem ter ficado extasiados ao descobrir o que havia lá. Após consumir todo o vinho que podiam, tinham arrolhado de novo as garrafas e posto todas de volta no lugar. Antes de sair, um dos soldados se deu ao trabalho de deixar na cave um bilhete de agradecimento: "Caro Senhor, nossos cumprimentos. Seu gosto para vinhos é impecável!"

Quando as risadas na mesa haviam se extinguido, o grão-mestre da Confrérie chamou Duhamel para encerrar a noite. O velho acadêmico e amante do vinho voltou à tribuna com satisfação.

"Esta celebração nos deu otimismo e confiança", disse. "Ela prova que nossa bem-amada França, tão posta à prova e tão infeliz, ainda tem recursos com que pode contar. Ao vir aqui esta noite, provamos que nossa França, este reino do vinho, sobreviverá."

Epílogo

Calor intenso, temperaturas glaciais, granizo, depois mais calor — 1945 parecia um desastre garantido.

Mas os camponeses que cultivavam as videiras acreditavam na existência de uma relação especial entre a guerra e as uvas. Sempre tinham dito que o Bom Deus manda uma safra de vinho ruim quando a guerra começa e uma excelente, festiva, para marcar seu término.

E tinham razão. Em 1939, o ano em que a Segunda Guerra Mundial começou, a safra foi horrível, ao passo que a de 1945, *l'année de la victoire*, foi uma das melhores jamais registradas.

Faltaram superlativos aos críticos de vinho: "Dou-lhe seis estrelas em cinco!" disse um. "Estes vinhos só estarão prontos para ser tomados daqui a cinqüenta anos", previu um outro. Veteranos compararam a safra com as de 1870, 1893 e outras legendárias do passado.

Embora a colheita de 1945 tivesse sido minúscula, só metade do que fora colhido em 1939, os vinhos eram incrivelmente fragrantes e concentrados, "uma recompensa", como expressou um observador, "pelos anos de sofrimento, guerra e privação".

A Mãe Natureza fez a maior parte do trabalho. Como faltavam açúcar, enxofre e outros produtos químicos aos vinicultores, os vinhos tiveram de ser feitos de maneira extremamente natural. Para substituir o açúcar, eles aumentaram o tempo em que o mosto, ou suco em fermentação, permaneceu em contato com as cascas das uvas. O tempo quente tinha conferido um açúcar natural extra a essas cascas. Em razão de uma escassez de garrafas, os vinhos permaneceram por mais tempo nos tonéis, desenvolvendo um caráter e uma complexidade ainda maiores.

Num certo sentido, 1945 foi a última grande safra do século XIX. Para vinicultores e vinhateiros, o fim da guerra marcou o início do século XX, quando tratores substituíram os cavalos e máquinas de engarrafar substituíram as mulheres que tradicionalmente faziam o serviço, não deixando nenhuma dúvida de que uma nova era na vinicultura começara.

A vida nos vinhedos mudou também. O tempo não era mais ditado pelos sinos das igrejas; as videiras não mais marcavam o ritmo e a marcha da vida. "Antes os trabalhadores eram parte da família; agora são empregados", disse Robert Drouhin. "Em vez de um festival e de um grande banquete após a colheita, nós os pagamos, damos-lhes um copo de vinho e dizemos até logo."

"A melhoria do bem-estar econômico acarretou uma mudança na mentalidade. Cada vez mais pessoas estão pensando na lucratividade do vinho e não na qualidade. Penso que costumava haver muito mais orgulho."

Robert relembra afetuosamente as caminhadas que ele e o pai faziam pelos vinhedos e tudo que Maurice procurava lhe transmitir. "Ele sempre dizia que, quando se está contratando alguém, deve-se olhar para a qualidade da pessoa. É muito fácil encontrar um bom técnico; muito mais difícil e mais importante é ter uma boa pessoa."

Em 1957, quando Maurice sofreu um derrame, Robert, que estava com vinte e quatro anos, foi obrigado a abandonar a escola de enologia para assumir a direção dos negócios. Foi um começo difícil. "Com certeza cometi um bocado de erros", disse.

Mademoiselle Tridon, que nessa altura estava trabalhando como secretária de Maurice, lembra de Robert entrando no escritório pela primeira vez após o derrame do pai. "O rapaz estava muito triste, mas ouvia atentamente tudo que eu tinha a dizer sobre o negócio, e ouvia outras pessoas também. Isso era uma coisa em que Maurice sempre fora muito bom."

Maurice morreu em 1962. Alguns anos mais tarde, examinando os papéis do pai, Robert descobriu uma carta que ele escrevera da prisão para a mulher em 1941:

> *Em minhas meditações, não encontro nada na vida que conte mais que a felicidade que podemos dar aos outros, o bem que podemos fazer. É isto que devemos ensinar aos nossos filhos, a pensar mais nos outros que em si mesmos, pois é dessa maneira que vão encontrar a mais nobre de todas as satisfações.*

A Segunda Guerra Mundial foi o momento decisivo nas vidas dos que iriam gerir os vinhedos franceses. Ela moldou não só quem eram, como quem iriam se tornar.

Como no caso de Robert Drouhin, para May-Eliane Miaihle de Lencquesaing foi seu pai quem instilou nela os princípios de trabalho árduo e compromisso com a qualidade.

"Devo tudo a meu pai. Ele acreditava que a disciplina era a chave da educação, e o princípio mais importante era treinar as crianças, sobretudo as meninas, para saber como lidar com todas as tarefas que enfrentariam na vida."

Hoje, Madame de Lencquesaing dirige o Château Pichon-Longueville-Comtesse Lalande, uma propriedade que foi seriamente danificada durante a ocupação e estava à beira da ruína financeira quando ela a assumiu. Sob sua direção, essa propriedade de produção de segunda categoria, tal como definida pela classificação de 1855, produziu vinhos brilhantes que rivalizam com os de propriedades de produção de primeira categoria como o Château Lafite-Rothschild, o Château Mouton-Rothschild e o vizinho Château Latour, chegando por vezes a superá-los. Os vinhos possuem grande delicadeza, riqueza e profundidade de sabor, qualidades acentuadas graças a investimentos significativos que Madame de Lencquesaing fez em Pichon desde o início da década de 1980.

"Aqueles anos durante a guerra deram-me todos os fundamentos", ela disse. "Tínhamos, como crianças, a sensação de que éramos heróis, de que mesmo sob as bombas estávamos ajudando na libertação de nosso país."

Bernard de Nonancourt tinha dezoito anos quando partiu para a guerra, inspirado por Charles de Gaulle. Ao longo dos quatro anos seguintes, porém, seu entusiasmo juvenil seria temperado pelas realidades cruéis que enfrentou na Resistência.

Quando a guerra terminou, Bernard se viu diante de um desafio completamente diferente: ressuscitar a casa de champanhe moribunda que sua mãe comprara. Em 1945, a Laurent-Perrier foi classificada na rabeira de uma lista das cem principais casas de champanhe — ficou no 98º lugar.

Hoje, sob a direção de Bernard, está entre as dez melhores, com trezentos e sessenta empregados e uma produção anual de quase 11 milhões de garrafas. Bernard atribui seu sucesso diretamente ao que aprendeu na Resistência: "o conhecimento de organização e de como fazer uma equipe trabalhar junta".

Houve mais uma coisa que aprendeu também. "Mantenha um amor aos riscos", ele diz. "Não fique satisfeito demais consigo mesmo."

Alguns anos atrás, quando estava tentado inventar um nome para a linha de champanhe de luxo que planejava produzir, Bernard mandou uma lista de nomes possíveis para o presidente de Gaulle. A resposta veio imediatamente: "Grand Siècle, é claro, de Nonancourt!"

Anos mais tarde, quando a Grand Siècle havia se tornado a nau capitânia da Laurent-Perrier, Bernard disse: "Ainda posso ouvir a voz dele sempre que leio essa mensagem."

Douglas MacArthur o inspirou também. Há uma placa com uma citação do general americano sobre sua mesa. "Olho para ela todos os dias", contou Bernard. Ela diz, 'Seja jovem'. Estou com setenta e oito anos agora, mas quando olho para trás, descubro que tenho saudade daquele tempo. Embora tenha sido horrível para o mundo, a guerra foi o mais belo momento da minha vida. Eu me sentia tão cheio de patriotismo."

Após cinco anos como prisioneiro de guerra, Gaston Huet se transformou rapidamente num dos mais importantes vinicultores franceses. Tornou-se também prefeito de Vouvray, cargo em que se manteve por quarenta e seis anos.

Aos noventa anos, ainda é ativo. Passa grande parte de seu tempo visitando escolas de enologia e falando para aspirantes a vinicultores. Seu conselho: "Esqueçam tudo que aprenderam na escola. Livrem-se de maus hábitos. Retornem às tradições."

Até recentemente, a única outra coisa especialmente valiosa para ele era a reunião anual com seus companheiros de prisão do Oflag IV D. Após a guerra, os homens passaram a se reunir todos os anos para partilhar recordações e se lembrarem uns aos outros de que, sim, tinham realmente sobrevivido. A cada ano, contudo, um número cada vez menor comparecia ao encontro. Os homens tinham envelhecido; um a um, começaram a falecer.

Em 1997, pela primeira vez, não houve reunião. "Não sobrara um número suficiente de nós", disse Huet.

A crença de Gaston Huet na tradição foi algo que Jean Hugel abraçou ardorosamente. Muitas e muitas vezes, ele disse a seus filhos que "vinho bem-tratado é vinho não tratado", e que o vinicultor deveria permitir à Natureza seguir seu próprio curso tanto quanto possível.

Os vinhos que ele fazia nunca foram mais bem exibidos do que em junho de 1989. Foi então que os Hugel finalmente fizeram sua festa — cinqüenta anos depois do planejado. A primeira, marcada para comemorar seu 300º aniversário como produtores de vinho, em 1939, tivera de ser cancelada quando a guerra fora declarada. Agora estavam celebrando seu 350º aniversário.

Foi um evento encantador que incluiu até a degustação de alguns dos mais excelentes vinhos da adega dos Hugel. Entre eles estava o Gewürztraminer Sélection des Grains Nobles de 1945, um vinho de extraordinária doçura, complexidade e concentração. "É um vinho com sabor de que vai viver para sempre", disse Johnny Hugel.

A degustação seguiu um plano traçado por seu pai Jean Hugel em 1967. "Esses vinhos", ele escreveu, "só deveriam ser saboreados nas seguintes circunstâncias: por si mesmos, fora do contexto de uma refeição, com seus melhores amigos amantes do vinho, numa atmosfera de respeito e sem menor referência a seu preço. Dessa maneira, vocês prestarão homenagem à arte e à honestidade do vinicultor, e igualmente à Natureza, sem a qual a produção de jóias como essas seria impossível."

Lamentavelmente, Jean Hugel, que morreu em 1980, não estava lá para a celebração.

Alguns anos depois da guerra, o jovem Armand Monmousseaux voltou correndo da escola para casa brandindo a lição de história à sua frente.

"Papai, papai", ele gritou, "era mesmo você?" A turma de Armand estava estudando a Resistência francesa quando o menino deu com uma passagem que descrevia como um certo Jean Monmousseaux usava seus barris de vinho para ajudar a Resistência, transportando clandestinamente armas e pessoas através da Linha de Demarcação.

Seu pai olhou o artigo. Ele falava de um vinicultor da Touraine que ingressou no Combat, um dos primeiros grupos da Resistência, e arriscou sua vida escondendo armas, documentos e líderes da Resistência em seus barris de madeira e depois transportando-os em carroças puxadas a cavalo através dos postos de controle alemães. Quando terminou a leitura, Jean olhou para o filho e, bastante timidamente, admitiu que a história era realmente sobre ele.

A mulher de Jean, que era inglesa e havia tentado viver "muito sossegada durante a guerra", ouviu por acaso o que acabara de ser dito e ficou furiosa. "Esse tempo todo e você nunca contou para *mim*?" exclamou. "Como pôde? Achava que não podia confiar em mim?"

"Não, não", Jean respondeu. "Apenas não quis preocupá-la ou pôr qualquer outra pessoa em perigo."

Al Ricciuti estava preocupado; tinha um monte de trabalho à sua espera, mas, em vez de enfrentá-lo, começou a escrever uma carta. Era uma das dúzias que escrevera para Paulette Revolte nos anos desde que a guerra terminara. "Estou pensando em voltar à França", escreveu. "Gostaria de refazer meus passos durante a guerra. Posso passar por aí para ver você e sua família?"

A resposta de Paulette foi entusiástica. "Adoraríamos vê-lo de novo; por favor, planeje hospedar-se conosco. Temos um montão de champanhes novos para você provar."

Al fez as malas. Em dois dias estava de volta à praia Utah, dezoito anos depois de desembarcar com o Terceiro Exército de Patton. As lembranças voltaram aos borbotões, algumas penosas, outras que o fizeram rir alto. Como poderia jamais esquecer seu primeiro encontro com o general Patton? "Éramos cerca de cem, todos nus e em fila, à espera de entrar num chuveiro portátil, quando alguém gritou: "Barraca dez!" Pusemo-nos em posição de sentido mais que depressa, ainda com as nossas barras de sabão na mão, enquanto Patton passava solenemente. Ele parou bem em frente ao sujeito que estava ao meu lado e vociferou: 'Soldado, quando tomou seu último chuveiro?' O cara respondeu: 'Há cerca de um mês, senhor.' 'Bom', disse Patton, 'continue tomando suas chuveiradas regularmente assim.'"

Após seu segundo "desembarque" na Normandia, Al partiu para o norte da França e a floresta das Ardenas na Bélgica. Finalmente chegou à Champagne.

"Foi então que me dei conta, quando voltei e a vi. Foi amor à segunda vista", ele contou.

Al e Paulette casaram-se em 21 de janeiro de 1963, em Avenay-Val-d'Or. Depois de uma curta lua-de-mel, foram para Baltimore, onde Al trabalhava para o National Guard Armory e Paulette lutava contra as saudades de casa.

Sete meses depois receberam uma carta do irmão de Paulette dizendo que não podia mais dirigir o negócio de champanhe da família. Se Paulette não o quisesse, iria vendê-lo.

Mais uma vez, Al fez as malas e, desta vez com Paulette, partiu de volta para a França. Planejava conseguir um emprego no serviço civil americano ali enquanto Paulette dirigia o negócio da família, mas as coisas não se passaram assim. A França fechou de repente todas as instalações militares no país.

Paulette não poderia ter ficado mais feliz. "Preciso de ajuda", ela lhe disse. "Você pode trabalhar aqui comigo." Ele concordou em tentar.

Começou seguindo Paulette por toda parte. "Tomava notas sobre tudo e mantinha um diário", ele contou. E provava tanto champanhe quanto possível. "Na verdade eu não sabia coisa alguma sobre champanhe, mas o que me atraía era ver o produto final. Não era como outras atividades em que você trabalha, trabalha, e nunca vê o que fez."

Foi assim que Al Ricciuti se tornou o primeiro americano a fazer champanhe. Isso não aconteceu da noite para o dia, porém. Algumas pessoas do lugar o olhavam de cima para baixo e se perguntavam o que um americano podia saber sobre produção de champanhe. "Não demonstravam isso claramente, mas eu sabia como se sentiam", disse Al. "Houve alguns comentários sarcásticos."

Com o passar dos anos, a inveja e o sarcasmo deram lugar à admiração. "Ele era um bom aluno", disse Paulette. "As pessoas ficavam impressionadas com o quanto trabalhava duro e com sua ânsia de aprender." Um porta-voz da Mumm, que comprava 25% das uvas dele, disse que Al fazia parte da comunidade tanto quanto qualquer francês. "A comunidade do champanhe é uma malha muito cerrada", disse George Vesselle. "Penetrar no círculo é difícil, sobretudo para um estrangeiro, mas Al conseguiu."

Al, no entanto, é mais modesto quanto ao seu feito. "Gosto de tomar champanhe, mas não tenho o que se chamaria de um bom paladar. Minha mulher é que tem paladar."

Paulette respondeu a isso com uma risada, dizendo: "Não preciso provar champanhe. Está no meu sangue."

Muitos dos melhores clientes de Al são ex-camaradas do exército. Em geral eles se sentam na cozinha, trocando histórias sob os olhos atentos do presidente Truman e do general Eisenhower, cujos retratos adornam certificados que elogiam Paulette e sua família por terem salvo as vidas de aviadores americanos.

Em 1959, o *barman* chefe do Hôtel Meurice em Paris observou um homem baixinho e rechonchudo "com uma postura implausivelmente correta" perambulando pelo bar. Parecia aturdido, quase como se estivesse num outro mundo.

"Posso ajudá-lo?" o *barman* perguntou.

"Sim", o homem respondeu. "Tempos atrás morei aqui por um breve período e gostaria de saber se posso ver meu antigo quarto novamente."

O *barman*, Pierre Lévéjac, reconheceu o homem e lhe pediu que aguardasse enquanto telefonava para a gerência do hotel. "O senhor não vai acreditar, mas Dietrich von Choltitz está aqui e gostaria de ver o seu quarto."

O gerente correu ao bar, onde von Choltitz, elegantemente vestido num terno azul escuro, apresentou-se e repetiu seu pedido. "Eu ficaria encantado em lhe mostrar seu antigo quarto", disse o gerente. "Tenha a bondade de me acompanhar."

Os dois subiram ao quarto andar, onde o ex-comandante alemão de Paris morara. Von Choltitz passou vários minutos olhando todo o quarto, a maior parte do tempo em silêncio, antes de abrir uma porta e sair para o balcão que dava para as Tulherias. "Ah sim, é disto que me lembro", disse.

Dentro de um quarto de hora o gerente havia escoltado von Choltitz de volta ao bar e sugeriu que abrissem uma garrafa de champanhe. "Devemos assinalar esta ocasião do seu retorno, *mon général.*" Mas von Choltitz declinou. "Fiz o que queria fazer e agora tenho de ir andando", disse.

Von Choltitz tinha um outro compromisso, desta vez com Pierre Taittinger, o prefeito de Paris durante a guerra. Taittinger organizara um almoço em homenagem a ele, mas o velho general, que desobedecera a Hitler entregando Paris intacta, se recusou a ser tratado como um herói conquistador. "Von Choltitz não era um homem fácil", disse o filho de Taittinger, Claude, que compareceu ao almoço. "Era um prussiano e talvez se sentisse constrangido com o fato de ter desobedecido uma vez a seu comandante-em-chefe. Mais tarde, porém, quando estávamos tomando café no terraço, ele me disse algo que nunca esquecerei: 'Eu compreendi o que seu pai estava me dizendo. Tomei minha decisão de não destruir Paris depois de conversar com seu pai.'"

Três anos depois, em 1962, os parisienses ficaram surpresos ao avistar bandeiras alemãs tremulando ao lado das francesas nos Champs-Elysées. Pela primeira vez desde a guerra, um presidente francês estava dando as boas vindas a um chefe de Estado alemão.

Naquela noite, Robert-Jean de Vogüé sentou-se para assistir ao noticiário na televisão com seu filho Ghislain. Quando as câmeras focalizaram o presidente Charles de Gaulle no momento em que ele apertava a mão do chanceler Konrad Adenauer, Ghislain levantou-se de um pulo e disse: "Ei, deixe-me desligar. Tenho certeza de que você não quer ver isto."

Seu pai estendeu o braço para detê-lo. "Não, fique onde está, deixe ligado", disse. "Foi para ver isto que trabalhei minha vida inteira."

CHAMPAGNE

EXTRA CUVÉE   DE RÉSERVE

BY APPOINTMENT

Pol Roger & Co

Reserved for Allied Armies
Purchase and Resale Forbidden   Epernay

Grand Vin Sec   R.H. 3.636.212   PRODUCE OF FRANCE

Glossário

APPELATION D'ORIGINE CONTROLÉE (AOC) • lugar de origem controlado. No caso do vinho francês, garante que o vinho não só provém do lugar indicado (como Borgonha ou Bordeaux), mas corresponde aos padrões de qualidade para aquela região.

ARRONDISSEMENT • distrito ou bairro de uma cidade.

CHÂTEAU (PL: CHÂTEAUX) • literalmente, castelo, mas usado em geral para designar toda uma propriedade vinífera, com sua casa (seja ou não um castelo), vinhedos, adegas e outras construções. A maior parte do vinho de Bordeaux vem de *châteaux.*

CHEMINOTS • funcionários das estradas de ferro, derivado da palavra francesa para estrada de ferro, *chemin de fer.*

CHEVALIERS • literalmente, cavaleiros; hoje freqüentemente usado para membros de sociedade do vinho, em francês uma *confrérie*, ou confraria.

COMITÉ INTERPROFESSIONEL DU VIN DE CHAMPAGNE (CIVC) • órgão interprofissional e semigovernamental que regula a indústria do champanhe.

COMITÉ NATIONAL DES APPELATIONS D'ORIGINE • órgão do governo para a certificação do lugar de origem e da qualidade do vinho francês.

CÔTE D'OR • literalmente, o Talude ou a Escarpa Dourada; a área da Borgonha entre Dijon e Santenay em que são feitos alguns dos melhores borgonhas, tanto tintos quanto brancos.

CUVÉE • conteúdos de um tonel de vinho ou lote especial de vinho.

DORÍFOROS • insetos que atacam a batata, provavelmente levados para a Europa em cargas expedidas da América do Norte na década de 1930. Tornou-se um termo depreciativo para soldados alemães.

DOSAGE • xarope feito de champanhe e açúcar que é adicionado ao champanhe antes de seu arrolhamento final. A quantidade adicionada determina a doçura do champanhe. Quanto menor a *dosage* usada, mais seco o champanhe.

EAU-DE-SANTENAY • um laxante; água purgativa.

EAU-DE-VIE • nome genérico para bebidas alcoólicas destiladas, inclusive conhaque.

FEUILLES MORTES • literalmente, folhas mortas; usado para descrever a cor tradicional, verde-acastanhada, das garrafas de vinho borgonha.

GRAND SIÈCLE • literalmente "grande século"; nome do champanhe de luxo de Bernard de Nonancourt.

GRANDS CRUS • os vinhedos de primeira qualidade.

HOSPICES DE BEAUNE • hospital de caridade em Beaune, na Borgonha, fundado em 1443. O hospital é financiado pela venda do vinho de seus vinhedos, que foram doados à instituição por proprietários de vinhas da área ao longo dos séculos. O leilão anual de seus vinhos, em novembro, é considerado um indicador de preços para a safra.

INSTITUT NATIONAL DES APPELATIONS D'ORIGINE (INAO) • órgão administrativo que atesta o lugar de origem e a qualidade do vinho francês. É baseado em Paris, mas possui peritos técnicos em cada uma das regiões viníferas da França.

LA TOUR D'ARGENT • um dos mais renomados e antigos restaurantes de Paris, especialmente famoso por seu pato. Um favorito entre os oficiais alemães baseados em Paris durante a Segunda Guerra Mundial. Pertencia então, como agora, à família Terrail.

MAIRIE • palavra francesa para prefeitura.

MAISON DE TOLÉRANCE • casa de tolerância, bordel licenciado.

MAISON DU VIN • negócio de vinhos, em geral de um atacadista que compra vinho de produtores e o engarrafa sob o rótulo da própria casa ou que compra uvas dos produtores e depois faz e engarrafa o vinho. A *maison du vin* pode também possuir alguns vinhedos e fazer vinho com essas uvas, vendendo-o sob seu próprio rótulo.

MAQUIS • literalmente, a vegetação espessa da Córsega. Durante a Segunda Guerra Mundial, termo genérico para o movimento clandestino da Resistência francesa e seus combatentes.

"MARÉCHAL, NOUS VOILÀ" • canção composta em homenagem ao marechal Philippe Pétain, chefe de Estado da França durante os anos de Vichy. Especialmente popular entre as crianças nos primeiros anos da Segunda Guerra Mundial, quando era regularmente cantada nas escolas e até nos encontros religiosos de jovens. O título significa "Marechal, cá estamos".

MÍLDIO • o falso míldio, que é a mais danosa das doenças fúngicas que atacam as videiras. Originou-se nos Estados Unidos e é espalhado pelo vento, sendo por isso de difícil contenção uma vez atacado um vinhedo. A umidade elevada e o calor são fatores-chave em seu desenvolvimento. A maior parte das videiras americanas é resistente ao míldio, não precisando portanto ser tratadas com o sulfato de cobre tão necessário aos vinhedos franceses.

MONUMENT AUX MORTS • monumento aos mortos de uma comunidade na guerra. Na França, cada aldeia, por menor que seja, tem um, geralmente trazendo mais nomes de vítimas da Primeira Guerra Mundial do que da Segunda. Os soldados mortos em batalha são os que *ont mort pour la France*, morreram pela França.

MOSTO • o suco da uva antes de fermentar completamente e tornar-se vinho.

NACHT UND NEBEL • "Noite e neblina" em alemão, mas também o termo que o Terceiro Reich usava para designar prisioneiros que não desejava que sobrevivessem, que queria eliminar. Deveriam desaparecer dentro do sistema, ser enterrados em massa ou em covas não identificadas, sem nenhuma informação à família.

NARQUER LES ALLEMANDS • debochar ou zombar dos alemães.

NÉGOCIANTS • comerciantes de vinho por atacado que compram vinho e/ou uvas em quantidade de produtores e revendem o vinho. Se compram uvas, fazem o vinho e vendem sob o nome da casa. Antes da Segunda Guerra Mundial, também engarrafavam a maior parte do vinho que compravam, freqüentemente vendendo-o com o nome do vinicultor nas garrafas. Isso ocorria particularmente em Bordeaux, onde a maiora dos *châteaux* só iniciou o engarrafamento na propriedade depois da Segunda Guerra Mundial.

OFLAG IV D • campo alemão para prisioneiros de guerra destinado a oficiais franceses na Silésia, Alemanha, onde Gaston Huet e mais 4.000 outros foram mantidos durante os cinco anos da Segunda Guerra Mundial.

OÍDIO • o verdadeiro míldio, mais uma doença fúngica das videiras que veio da América do Norte. Enxofre finamente moído é usado para combatê-la.

OXIDADO • condição de vinhos mais velhos que reflete a gradual infiltração de oxigênio nas garrafas à medida que o espaço entre a rolha e o vinho aumenta.

PANZERMILCH • termo pejorativo para a beberagem de soja servida aos prisioneiros de guerra em vez de café ou chá. Literalmente, leite *panzer*, os *panzers* sendo os tanques alemães que tão eficazmente puseram os franceses em debandada em 1940.

SÃO VICENTE • o santo padroeiro dos vinicultores franceses. Sua festa é celebrada perto de 24 de janeiro. Foi escolhido como padroeiro dos vinicultores porque a primeira sílaba da forma francesa de seu nome, Vincent, é *vin*, vinho em francês. Para os vinicultores, há um outro ponto em seu favor: janeiro é o único mês em que praticamente não há trabalho a fazer nos vinhedos, o que lhes dá todo tempo para celebrar. Geralmente o fazem com uma procissão até a igreja, depois uma missa em que o padre local abençoa o vinho e por fim a estátua do santo é passada para o vinicultor que cuidará dela até o ano seguinte.

SERVICE DU TRAVAIL OBLIGATOIRE (STO) • programa de trabalhos forçados implantado por Vichy em 1942 para atender as exigências de mão-de-obra da Alemanha. Fez mais para recrutar membros para a Resistência que qualquer outra coisa. Os convocados para o STO geralmente preferiam se juntar aos *maquis* na clandestinidade a trabalhar para o Terceiro Reich.

SULFATO DE COBRE • sal de cobre, por vezes chamado de vitríolo azul ou pedra-lípis, usado para tratar videiras contra fungos.

TERROIR • todas as condições naturais que influenciam a videira e a uva (clima, solo, topografia).

TRÈS ANCIENNE • literalmente, muito antigo. Antiquado.

TRICOLORE • a bandeira tricolor francesa, com sua largas listras nas cores azul, branco e vermelho.

VIGNERONS • vinicultores.

VIN CHAUD DU SOLDAT • literalmente, vinho quente do soldado, geralmente servido em cantinas especiais durante os meses de inverno e considerado um preventivo contra doenças sob o clima frio. Material para o preparo do vinho quente era enviado também a soldados nas linhas de frente.

VIN ORDINAIRE • vinho comum, sem nada de especial, tomado em casa com as as refeições de rotina.

VINIFICAÇÃO • fabrico de vinhos.

WEINFÜHRERS • palavra de sonoridade alemã cunhada pelos franceses para designar os homens enviados pelos nazistas para comprar vinho francês e supervisionar sua distribuição.

Notas

A maior parte das informações em nosso livro vcio de entrevistas com pessoas que participaram ativamente dos acontecimentos da época e cujas famílias estiveram diretamente envolvidas neles. Material tomado de fontes publicadas que não pôde ser incluído no texto é citado nas notas que se seguem. As referências bibliográficas relativas a essas fontes estão na Bibliografia.

Introdução

10 *Berchtesgaden ... o "Valhala para os deuses, senhores e chefes nazistas"*: Stephen E. Ambrose, *Band of Brothers; E Company, 506th Regiment, 101st Airbone, from Normandy to Hitler's Eagle's Nest*, p.271.

10 *"Atrás daquelas agradáveis paredes brancas"*: Robert Payne, *The Life and Death of Adolf Hitler*, p.351-4.

13 O uso do vinho na guerra por Ciro, o Grande, Júlio César e outras figuras ligadas à guerra é descrito por Herbert M. Baus, *How to Wine Your Way to Good Health*, p.182.

13 *"Uma ração de vinho quente não é cara"*: *Bulletin International du Vin*, outubro/novembro 1939, p.109.

13 *o apogeu do vinho como tática militar*: Baus, *How to Wine Your way*, p.183.

14 *O vinho como "um bom conselheiro"*: André L. Simon, *A Wine Primer*, p.11.

16 O estudo sobre a importância do vinho para o caráter francês é descrito no artigo "La vigne et le vin", vol.2 do tomo 3 de Nora Pierre (org.), *Les Lieux de mémoire*, que foi parte de um levantamento promovido pelo governo francês, p.796-7.

17 *Mirepoix ... fez um discurso ... em que expôs como o vinho "contribuiu para a raça francesa dando-lhe espírito"*: citado por Robert O. Paxton, *French Peasant Against Facism: Henry Dorgères's Greenshirts and the Crisis of French Agriculture, 1929-1939*, p.22.

UM | *Amar as videiras*

20 A informação sobre o Congresso Internacional da Videira e do Vinho vem de Charles K. Warner, *The Winegrowers of France and the Government Since 1875*, p.157, e do *Bulletin International du Vin*, agosto 1939.

20 *"Nossos adversários são vermezinhos"*: Paul Johnson, *Modern Times: The World from the Twenties to the Eighties*, p.360.

24 *A filoxera, um minúsculo inseto*: tópico extensamente discutido por Alexis Lichine em *New Encyclopaedia of Wines and Spirits*, p.31.

24-5 Remédios esquisitos e uma recompensa de 300.000 francos são descritos por Warner, *Winegrowers of France*, p.4.

25 As condições dos vinhedos são amplamente discutidas por Warner, *Winegrowers of France*, p.vii-x, 70-9. Também por François Bonal em *Le Livre d'Or du Champagne*, p.4-5, 174.

26 O nascimento da AOC é descrito por Remington Norman, *The Great Domaines of Burgundy*, p.244.

27 *misturar "é até certo ponto como beijar"*: André L. Simon, *A Wine Primer*, p.71.

30 *a lenda dos camponeses sobre guerra e vinho*: Janet Flanner, "Letter from France", *The New Yorker*, 15 de setembro, 1945, p.72.

30 *"Esta é uma guerra esquisita até agora"*: artigo de Janet Flanner em *The New York War Pieces, Londres 1939 to Hiroshima 1945*, p.6.

35 O plantio de roseiras e jardins na Linha Maginot vem de Jean-Pierre Azema, *From Munich to the Liberation, 1938-1944*, p.27.

35 *"Já que você não tem nada para fazer"*: citado por Herbert R. Lottman, *The Fall of Paris: June 1940*, p.6.

36 *"A confiança é um dever!"* e a reação da França a uma invasão alemã iminente são relatados num artigo de A.J. Liebling em *The New Yorker War Pieces*, p.40.

36 *"O vinho é o bom companheiro dos soldados"*: Édouard Barthe é citado por Jean-Louis Crémieux-Brilhac em *Les Français de l'an 40*, t.II, p.463.

37 *"Qualquer francês com mais de trinta anos lembrava o desperdício"*: Robert O. Paxton, *Vichy France: Old Guard and New Order, 1940-44*, p.11-12.

37 A remessa de vinho para o front como segredo de Estado é citada num relatório do Ministério da Guerra francês de 26 de janeiro de 1938.

37 *"Senhores, logo irão testemunhar"*: *The Oxford Companion to World War II*, p.408.

38 *"como uma porção de pequenas rolhas, a tapar buracos na linha"*: do ensaio de Alistair Horne sobre a rendição da França, ibid., p.411.

38 *"Podemos derrotar os boches"*: artigo de Liebling em *The New Yorker War Pieces*, p.39.

DOIS | *Nômades*

42 *maior migração de pessoas vista na Europa desde a Idade das Trevas*: *The Oxford Companion to World War II*, p.392.

42 *"Eles não sabem, ninguém sabe, para onde estão indo"*: dos *Cahiers* de Paul Valéry, citado por Robert O. Paxton em *Vichy France: Old Guard and New Order, 1940-1944*, p.13.

42 *"Praticamente todos os franceses tinham sido criados ouvindo histórias das atrocidades alemãs"*: ibid., p.15.

43 *"Foi uma retirada sem glória"*: René Engle, *Vosne-Romanée, un mémoire*, p.24.

43 *"Os alemães chegaram como anjos da morte"*: Florence Mothe, *Toutes hontes bues*, p.147.

44 *"As baixas ... assombrosas — 90.000 mortos, 200.000 feridos"*: citado em *Oxford Companion to World War II*, p.408.

44 *"le don de ma personne"*: Pétain citado por Paxton, *Vichy France*, p.37.

44 *"o líder que nos salvou do abismo"*: ibid., p.14.

44 *"De tudo que se despachava para as tropas"*: de um ensaio escrito por Pétain para a obra de Gaston Dery, *Mon docteur le vin*, 1935.

45 *"Ninguém admitia responsabilidade"*: H.R. Kedward, *Resistance in Vichy France: A Study of Ideas and Motivation in the Southern Zone, 1940-1942*, p.11.

45 A desilusão de Marc Bloch com o alto comando francês é descrita por Paul Johnson, *Modern Times: The World from the Twenties to the Eighties*, p.364.

45 *"Ninguém que viveu durante a* débâcle *francesa"*: Paxton, *Vichy France*, p.3.

48 *"isso permitiu aos alemães parecer organizados e generosos"*: H.R. Kedward, *Occupied France: Collaboration and Resistance, 1940-1944*, p.3-5.

48 *"Não se preocupem com aquecimento"*: Paxton, *Vichy France*, p.19.

48 A ânsia de Hitler por butim: ibid., p.xii.

48 *"Os verdadeiros tubarões nesta guerra"*: Gordon Wright, *The Ordeal of Total War, 1939-1945*, p.117.

51 A conversão do Château Haut-Brion em hospital para soldados franceses e depois numa casa de repouso para os alemães nos foi descrita durante uma entrevista com Jean-Bernard Delmas, administrador da propriedade. O pai de Delmas foi o responsável pela produção de vinho no Haut-Brion durante a guerra.

51 O uso de sinos em Cos d'Estournel para prática de tiro ao alvo: de uma entrevista com Bruno Prats, ex-proprietário do *château*.

51 A tomada do Château du Clos de Vougeot pelos alemães nos foi relatada por Jacques Chevignard, secretário executivo da Confrérie des Chevaliers du Tastevin, fraternidade do vinho borgonhesa.

52 A violência dos alemães em Sézanne-en-Champagne foi descrita por Maître Antoine Petit no catálogo para o leilão de alguns dos vinhos Hôtel de France, em 29 de novembro de 1998. Ele detalhou a destruição durante uma entrevista conosco após a venda.

52 *Mercadorias que enchiam pelo menos duzentos e cinqüenta trens destinados à Alemanha tinham sido saqueadas*: Wright, *Ordeal of Total War*, p.119.

52 *"No passado a regra era pilhar"*: ibid., p.117. Citado também por Jacques Delarue, *Trafic et crimes sous l'Occupation*, p.80.

52 A sugestão de Göring de que o franco francês fosse usado como papel higiênico: Delarue, ibid., p.80.

53 A história de Felix Kir foi descoberta numa série de artigos que ele escreveu para o jornal de Dijon *Le Bien Publique*. A série, *Dijon sous l'Occupation*, foi publicada em janeiro e fevereiro de 1965.

53 A pressa de Vichy em costurar um acordo de armistício é observada por Paxton, *Vichy France*, p.7-11.

53 A luta de poder dentro do comando alemão com relação ao modo como a França deveria ser tratada é discutida, entre outros, por Wright, *Ordeal of Total War*, p.116-20.

54 A adoração a Pétain é citada por inúmeras fontes, entre elas um ensaio de Kedward em *Oxford Companion to World War II*, p.392.

54 A filosofia e a política de Vichy são extensamente discutidas por Paxton e Kedward no decorrer de seus livros.

54 A história do sono de Pétain é narrada por Johnson, *Modern Times*, p.365.

55 Soldados alemães se comportando como turistas em Paris e sua fascinação por seus restaurantes são descritos no ensaio de Alistair Horne sobre a rendição da França, *Oxford Companion to World War II*, e no artigo de Bertram M. Gordon, "Ist Gott Französisch? German Tourism and Occupied France, 1940-1944", publicado em *Modern and Contemporary France* em 1996.

TRÊS | *Os weinführers*

60 Os laços de membros da liderança alemã com o negócio de vinhos francês vieram de entrevistas e de outras fontes, entre as quais Florence Mothe, *Toutes hontes bues*, p.148-58.

60 Os comentários de Albert Speer sobre o amor de Göring pelo Lafite são encontrados em seu livro *Inside the Third Reich*.

61 *"Poupe-me do seu mascatezinho de champanhe"*: Mothe, *Toutes hontes bues*, p.157-8.

61 *"seu ascetismo era uma ficção"*: Robert Payne, *The Life and Death of Adolf Hitler*, p.346.

61 *"para animar esses serões bastante enfadonhos"*: Speer, *Inside the Third Reich*, p.91.

61 *"transformar numa matilha de cães de caça"*: Jacques Delarue, *Trafic et crimes sous l'Occupation*, p.80.

65 *"Será que esta parte integral da civilização francesa vai ser confiscada"*: Mothe, *Toutes hontes bues*, p.153-4.

66 *"O modo como se inclinavam diante dele e lhe faziam rapapés era embaraçoso"*: ibid., p.160-1.

69 A reação de Segnitz ao saber que alguns produtores de borgonha estavam tentando enganá-lo nos foi contada por seu filho.

73 As cartas escritas por Maurice Drouhin na prisão foram partilhadas conosco por seu filho Robert.

77 *"Graças aos senhores, sou agora o proprietário"*: *Bulletin du Centre Beaunois d'Études Historiques*, nº 37, novembro 1990, p.90.

78 A descrição de soldados com expressão sorumbática preparando-se para partir para o front russo veio de uma entrevista que tivemos com o marquês d'Angerville.

78 A carta de agradecimento de Segnitz veio dos arquivos Drouhin.

79 A perda de dois milhões de garrafas de champanhe é citada por François Bonal, *Le Livre d'or du champagne*, p.192.

81 Grande parte da informação sobre o encontro de Robert de Vogüé com Klaebisch vem de entrevistas com seu filho Ghislain e com Claude Fourmon.

82 *"Trabalhem aos domingos!"*: Cynthia Parzych e John Turner, *Pol Roger*, p.14.

84 *"Como se atreve a nos mandar essa água choca"*: Claude Taittinger, *Champagne by Taittinger*, p.87.

84 A sedução de Klaebisch por Guy Taittinger nos foi descrita por Claude Taittinger numa entrevista e consta também de seu livro, ibid., p.86-8.

86 Uso de informação sobre remessas de champagne pela Resistência e o serviço secreto inglês: Parzych e Turner, *Pol Roger*, p.36.

88 *"Dada a mania dos alemães"*: *Janet Flanner's World: Uncollected Writings*, 1932-75, p.51.

QUATRO | *Esconder, mentir e trapacear*

90 A história de Henri Gaillard foi coligida a partir de dois livros de ocorrências encontrados na década de 1990 no armário do antigo chefe da estação.

91 *"esconder, mentir e trapacear"*: Janet Flanner, "Letter from France", *The New Yorker*, 15 de setembro, 1945, p.72.

92 *a administração ... "ficava muito, muito sentida"*: Patrick Forbes, *Champagne: The Wine, the Land and the People*, p.215.

92 *"Foi quase um ato patriótico"*: lembrado por Claude Taittinger numa entrevista conosco e em seu livro *Champagne by Taittinger*, p.36-7.

93 A história do vinicultor que escondeu seus vinhos num pequeno lago foi contada por André L. Simon a Wynford Vaughan-Thomas em *How I Liberated Burgundy*, p.155.

93 O encontro do prefeito Vavasseur com os alemães nos foi descrito numa entrevista com Gaston Huet.

94 *os alemães "sentiam que estavam sendo constantemente logrados"*: A.J. Liebling, *The New Yorker War Pieces*, p.349.

95 O uso de excrementos de rato por Madame Gombaud é contado por Nicholas Faith, *Victorian Vineyard: Château Loudenne and the Gilbeys*, p.146.

95 *"Sabíamos que certas coisas estavam acontecendo"*: de uma entrevista com o professor Helmut Arntz, ex-soldado alemão em Paris.

95 A história de Ronald Barton nos foi contada por seu sobrinho, Anthony Barton, que hoje é proprietário e diretor dos Chateaux Langoa- e Léoville-Barton.

96 As proezas de Gaby Faux nos foram descritas pelo barão Eric de Rothschild e são citadas por Cyril Ray, *Lafite*, p.61-4.

98 *"gestos mínimos de rebeldia"*: H.R. Kedward, *Occupied France: Collaboration and Resistance, 1940-1944*, p.8.

99 *"Eu não conseguiria me obrigar a tocar"*: de uma entrevista com Suzanne Dumbrill na Champagne.

99 O choque entre estudantes franceses e a polícia alemã é descrito por David Schoenbrun, *Soldiers of the Night: The Story of the French Resistance*, p.88-96.

99 *"Se tivéssemos sido 'ocupados', para usar o termo polido"*: Jean Paulhan, *Summer of '44*, p.91.

100 As façanhas de Jean Monmousseaux foram mencionadas por Schoenbrun, *Soldiers of the Night*, p.134, e descritas para nós em maior detalhe numa entrevista com o filho de Monmousseaux, Armand.

101 *"Não deixaram uma garrafa para contar a história"*: de um ensaio de Robert Aron, "Bordeaux sauvé par son vin".

103 *as condições de vida ... "haviam declinado da austeridade para a escassez severa"*: Robert O. Paxton, *Vichy France: Old Guard and New Order, 1940-1944*, p.237.

CINCO | O ronco do estômago

107 *"Os franceses estão tão empanzinados"*: Jacques Delarue, *Trafic et crimes sous l'Occupation*, p.79.

107 A decisão de limitar a ingestão de calorias é relatada por Michel Cépède, *Agriculture et alimentation en France durant la Deuxième Guerre Mondiale*, p.151.

108 *"Os velhos e os doentes precisam de vinho"*: do Relatório para o V Congresso Nacional do Vinho da França, p.12.

108 *"Perguntamos: 'Não querem ficar bons'"*: ibid., p.67.

108 A França como o país mais mal nutrido entre os países ocidentais ocupados, a verdadeira voz sendo "o ronco do estômago": Robert O. Paxton, *Vichy France: Old Guard and New Order, 1940-44*, p.238.

110 *"Ja, somos mesmo os* doryphores": Irving Drutman, org., *Janet Flanner's World: Uncollected Writings, 1932-1975*, p.52.

110 O desaparecimentos dos pombos de um parque de Bordeaux foi relatado pelo jornal *Sud-Ouest*, setembro 1997, como parte de uma coletânea de artigos intitulada "Procés Papon: l'histoire d'une époque", que relembrava Bordeaux durante a guerra.

110 *"Estávamos tão famintos que comemos os peixinhos dourados"*: Varian Fry, *Surrender on Demand*, p.182.

110 *"O que ajudava muito era o vinho"*: ibid., p.121.

111 Leis restringindo a quantidade de vinho que se permitia aos produtores fazer: Charles K. Warner, *The Winegrowers of France and the Government Since 1875*, p.160-1.

111 Quadro de estatísticas referente à produção de vinho, ibid., p.168.

115 *"God made man"*: de um livro de poemas e ensaios compilado e organizado por Joni G. McNutt, *In Praise of Wine*, p.218.

116 Informação sobre as leis antialcoolismo de Vichy pode ser encontrada em Paxton, *Vichy France*, p.146-8.

116 Os problemas com o mercado negro são citados em René Terrisse, *Bordeaux 1940-1944*, p.160.

117 A história de Claude Brosse é encontrada na *New Encyclopaedia of Wines*, de Alexis Lichine, p.317.

118 *"Ninguém jamais teria imaginado"*: Lucie Aubrac, *Outwitting the Gestapo*, p.52.

118 *"Quando terminaram, derramaram um copo de óleo combustível"*: ibid., p.51.

119 *"As únicas coisas que importam são sexo e comida"*: Paul Johnson, *Modern Times: The World from the Twenties to the Eighties*, p.365.

119 *"le con qui se dort"*: atribuído a Georges Mandel, ministro das Colônias, por várias fontes.

119 A investida de Pétain pelo sul da França para criticar vinicultores é descrita por Warner, *Winegrowers of France*, p.162.

119 O plano de Laval para mandar trabalhadores para a Alemanha é explicado por H.R. Kedward, *Occupied France: Collaboration and Resistance, 1940-1944*, p.61-2.

124 *"guerra de extermínio"*: Johnson, *Modern Times*, p.380.

SEIS | *Lobos à porta*

130 A lenda dos lobos é contada por Robert J. Casey em *The Lost Kingdom of Burgundy*, p.21-3.

133 A perseguição aos judeus por Vichy é descrita por H.R. Kedward, *Occupied France: Collaboration and Resistance, 1940-1944*, p.28.

133 *"Todas elas vão partir"*: ibid., p.63.

136 A fuga de rapazes do STO é explicada por Robert Paxton, *Vichy France: Old Guard and New Order, 1940-1944*, p.292, e Kedward, *Occupied France*, p.62.

136 *"a cada semana que passava"*: Kedward, *Occupied France*, p.9.

137 A história da Piper-Heidsieck foi contada por Patrick Forbes, *Champagne: The Wine, the Land and the People*, p.215, e ampliada por Claude Taittinger numa entrevista.

SETE | *A fête*

148 Foi através de uma série de entrevistas com Gaston Huet que montamos a história do banquete de vinho. Huet emprestou-nos também um diário que ele e outros prisioneiros de guerra mantiveram, o que nos ajudou a compreender melhor o quanto a *fête* significou para aqueles encarcerados.

155 A história de Roger Ribaud deriva inteiramente do livro por ele escrito na prisão, *Le Maître de maison, de sa cave à sa table*, publicado pela primeira vez após a guerra.

OITO | *O resgate do tesouro*

162 *"a jóia mais preciosa da França"*: esta expressão, usada pelo ministro da Defesa Daladier, foi citada pelo *Bulletin International du Vin*, julho/agosto 1938.

164 *"Os alemães estão queimando as pessoas vivas"*: parte de uma história que nos foi contada por Jacky Cortot, que lembrou durante uma entrevista como os solda- dos alemães se desforraram da Resistência ateando fogo à sua aldeia de Com- blanchien.

165 *"Transforme Paris numa linha de frente"*: Larry Collins e Dominique Lapierre, *Is Paris Burning?*, p.38.

166 O papel de Frédéric Joliot-Curie, ibid., p.117.

166 O uso de champanhe Taittinger para fazer coquetéis molotov foi confirmado por Dominique Lapierre.

166 Numa entrevista conosco, Claude Taittinger descreveu como o pai suplicou ao general Dietrich von Choltitz que não destruísse Paris.

166 *ele iria "queimar todas as casas"*: David Schoenbrun, *Soldiers of the Night: The Story of the French Resistance*, p.439.

166 *"Paris é uma das poucas grandes cidades"*: ibid.

168 O bombardeio do Halle aux Vins: *New York Times*, 27 de agosto, 1944.

169 Os esforços de Louis Eschenauer para convencer Ernst Kühnemann a não cum- prir ordens para destruir o porto são descritos por várias fontes, entre as quais Pierre Bécamps, *La Libération de Bordeaux*, p.57-75.

169 A ordem "ultra-secreta" 1-122-144 é mencionada por Florence Mothe, *Toutes hontes bues*, p.164.

170 *"Havíamos derrubado uma barragem terrível"*: Wynford Vaughan-Thomas, *How I Liberated Burgundy*, p.3.

170 *"Saíamos em patrulha"*: Robert H. Aldeman e George Walton, *The Champagne Campaign*, p.III-16.

174 O inusitado sistema de aviso antecipado em que os franceses omitiam garrafas de vinho é descrito por Stephen E. Ambrose, *The Victors: Eisenhower and His Boys, The Men of World War II*, p.229.

175 O dano sofrido pelo Château du Clos du Vougeot nos foi descrito por Jacques Chevignard numa entrevista.

175 Al Ricciuti nos falou de suas aventuras durante a guerra numa entrevista em sua casa na Champagne.

176 A afirmação de Ricciuti de que os alemães não tiveram tempo para detonar explosivos foi confirmada por Patrick Forbes, *Champagne: The Wine, the Land and the People*, p.216, que disse ter sabido que Himmler também plantara dina- mite nas adegas de Epernay. Os explosivos deveriam ser detonados se os alemães fossem obrigados a evacuar a cidade. O motivo de Himmler era dar uma vanta- gem inicial aos produtores de *Sekt* (vinho espumante) da Alemanha depois da guerra.

176 A libertação da Alsácia foi descrita em detalhe por Georges, Johnny e André Hugel durante entrevistas.

NOVE | *O Ninho da Águia*

183 *"Será terrível para meus homens"*: de uma carta citada por André Martel em *Leclerc: Le Soldat et le Politique.*

183 *"Num minuto estavam aqui"*: Stephen Ambrose, *Band of Brothers: E Company, 506th Regiment, 101st Airborne, from Normandy to Hitler's Eagle's Nest*, p.272.

184 A decisão dos americanos de tomar a Autobahn, ibid., p.273.

184 *"uma terra de conto de fadas com montanhas debruadas de neve"*: ibid., p.273.

184 A lenda do Barba-Roxa é contada por Robert Payne, *The Life and Death of Adolf Hitler*, p.354.

184 Os esforços de Hitler para transformar Berchtesgaden numa fortaleza, ibid., p.351-4.

184 *"ocorreu a Hitler"*: ibid., p.352-3.

185 As façanhas de Bernard de Nonancourt nos foram descritas por ele durante uma longa entrevista em sua casa na Champagne.

186 A relutância de Hitler em visitar o Ninho da Águia, Payne, *Life and Death of Adolf Hitler*, p.353.

188 A ira do general Haislip ao ser vencido pelos franceses é relatada por Martel em sua biografia de Leclerc.

189 *"Foi uma caminhada longa e penosa"*: ibid.

DEZ | *O colaboracionista*

192 Grande parte das informações sobre a vida pessoal de Louis Eschenauer veio de uma entrevista com a jornalista e vinicultora de Bordeaux Florence Mothe, cujo padrasto trabalhara com tio Louis. Ela desenvolveu essas informações em entrevistas conosco e com o dr. J. Kim Munholland, da Universidade de Minnesota. Descreveu-a também em seu livro *Toutes hontes bues.*

194 *"Não se conseguia entrar ali a menos..."*: citação de Mothe.

197 Grande parte das informações sobre a partida dos alemães de Bordeaux foi descoberta nos arquivos do *Sud-Ouest.*

199 *"Eu tinha uma única meta"*: Robert O. Paxton, *Vichy France: Old Guard and New Order, 1940-1944*, p.368.

199 *"coiffure '44"*: de Gertrude Stein, que foi citada por Corinne Verdet em *Summer of '44*, p.70, como tendo dito: "Hoje a aldeia está de pernas para o ar porque vão raspar a cabeça das moças que se envolveram com os alemães. É o que chamam *coiffure 44* e é terrível porque são raspadas em público."

200 *"Nenhum historiador da Resistência deveria tentar"*: H.R. Kedward, *Occupied France: Collaboration and Resistance, 1940-1944*, p.77.

200 Estatísticas referentes ao acusados de colaboracionismo, ibid., p.77.

200 *"Nem todas essas transações têm o mesmo caráter"*: de documentos governamentais obtidos pelo dr. J. Kim Munholland.

201 As acusações contra Eschenauer e sua afirmação "Não sou um colaboracionista" estão contidas nas edições de 10 e 12 de novembro do *Sud-Ouest*, 1945.

201 Detalhes do julgamento fechado de Eschenauer foram descobertos em documentos governamentais obtidos por Florence Mothe, cópias dos quais foram partilhadas com o dr. J. Kim Munholland.

ONZE | *Voltei para casa, não mais um jovem*

206 A libertação de Huet do campo de prisioneiros de guerra nos foi descrita por ele mesmo numa entrevista.

208 A conspiração da Mãe Natureza contra os vinicultores é descrita num diário dos tempos de guerra mantido pelos irmãos Lawton, de Bordeaux.

211 A sobrevivência e a volta para casa de Robert-Jean de Vogüé nos foram descritas por seu filho Ghislain.

211 Claude Fourmon ficou ainda visivelmente abalado e mal conseguiu falar em seu esforço para nos contar como sobrevivera.

212 O retorno do barão Philippe de Rothschild ao Mouton e a detenção de sua mulher pela Gestapo nos foram contados por sua filha Philippine.

213 "*Nunca posso olhar para a estrada*": barão Philippe de Rothschild, *Vivre la vigne: Du ghetto de Francfort à Mouton Rothschild, 1744-1981*, p.70.

214 Jean Monnet e o programa de recuperação econômica: Paul Johnson, *Modern Times: The World from the Twenties to the Eighties*, p.590-1.

214 A erradicação de híbridos por brigadas da Juventude Hitlerista foi descrita por Georges Hugel numa entrevista.

216 A ação judicial que declarou a doação do Clos du Maréchal nula é citada no *Bulletin* do *Centre Beaunois d'Études Historiques*, nº 37, novembro 1990.

216 Soubemos como o portão do Clos foi posto abaixo numa entrevista com Robert Drouhin.

216 O leilão dos vinhos de Pétain, conduzido por Georges Rappeneau, é citado pela Sociedade Histórica de Beaune.

218 A maior parte das informações sobre o Chapitre de Résurrection veio dos arquivos da Confrérie des Chevaliers du Tastevin.

Bibliografia

Aldeman, Robert H., e George Walton. *The Champagne Campaign*. Boston: Little, Brown and Company, 1969.

Ambrose, Stephen E. *Band of Brothers: E Company, 506th Regiment, 101st Airborne, from Normandy to Hitler's Eagle's Nest*. Nova York: Simon & Schuster, Touchstone Books, 1992.

_____. *The Victors. Eisenhower and His Boys, the Men of World War II*. Nova York: Simon & Schuster, 1998.

Aron, Robert. "Bordeaux sauvé par son vin", *Nouveaux Grands Dossiers d'Histoire Contemporaine*. Paris: P. Perrin, 1972.

Association des Médecins Amis du Vin de France. Comunicação ao *Cinquième Congrès National du Vin de France*. Montpellier, França, 1951.

Aubrac, Lucie. *Outwitting the Gestapo*. University of Nebraska, Bison Books. Paris, Seuil, 1984.

Azema, Jean-Pierre. *From Munich to the Liberation, 1938-1944*. Paris, Seuil, 1979.

Baudot, Marcel et al., orgs. *The Historical Encyclopaedia of World War II*. Nova York: Facts on File. Paris: Casterman, 1977.

Baus, Herbert M. *How to Wine Your Way to Good Health*. Nova York: Mason & Lipscomb, 1973.

Bécamps, Pierre. *La Libération de Bordeaux*. Paris: Hachette, 1974.

Bien Publique, Le. Dijon, França.

Bonal, François. *Le Livre d'or du champagne*. Lausanne: Grand-Pont, 1984.

Briggs, Asa. *Haut-Brion*. Londres: Faber & Faber, 1994.

Broadbent, Michael. *The Great Vintage Wine Book*. Londres: Mitchell Beazley, 1980.

Bulletin du Centre Beaunois des Études Historiques. Beaune, França.

Bulletin International du Vin (jornal da International Wine Association). Paris.

Casey, Robert J. *The Lost Kingdom of Burgundy*. Londres: Leonard Parsons, 1924.

Cépède, Michel. *Agriculture et alimentation en France durant la Deuxième Guerre Mondiale*. Paris: Génin, 1961.

Coates, Clive. *Grands Vins. The Finest Châteaux of Bordeaux and Their Wines*. University of California Press. Londres: Weidenfeld & Nicolson, 1995.

Collins, Larry, e Dominique Lapierre. *Is Paris Burning?* Londres: Pan Books, 1974.

Comité du Livre-Souvenir. *Oflag IV D*: Annales et Repertoire. Arras: L'Amicale de l'Oflag IV D, 1946.

Cook, Don. *Charles de Gaulle. A Biography*. Londres: Secker & Warburg, 1984.

Dear, I.C.B., org. geral. *The Oxford Companion to World War II*. Oxford: Oxford University Press, 1995.

Delarue, Jacques. *Trafic et crimes sous l'Occupation*. Paris: Fayard, 1993.

Derys, Gaston. *Mon docteur le vin*. Paris: Draeger Frères, 1936.

Diamond, Hanna. *Women and the Second World War in Frane, 1939-1948: Choices and Constraints*. Harlow: Pearson Education. Longman, 1999.

Drutman, Irving, org. *Jane Flanner's World: Uncollected Writings 1932-1975*. Nova York: Harcourt Brace Jovanovich, 1979.

Duijker, Hubrecht. *The Wines of the Loire, Alsace and Champagne*. Londres: Mitchell Beazley, 1983.

Eyres, Harry. *Wine Dinasties of Europe: Personal Portraits of Ten Leading Houses*. Londres: Lennard Publishing, 1990.

Faith, Nicholas. *The Winemasters*. Londres: Hamish Hamilton, 1978.

_____. *Victorian Vineyard: Château Loudenne and the Gilbeys*. Londres: Constable & Company, 1983.

Flanner, Janet. "Letter from France", *The New Yorker*, 15 de setembro, 1945.

Forbes, Patrick. *Champagne: The Wine, the Land and the People*. Londres: Victor Gollancz, 1985.

Fry, Varian. *Surrender on Demand*. Reimpressão da edição de 1945. Boulder, Colo.: Johnson Books, 1997.

Gordon, Bertram M. "Ist Gott Franzosisch? Germans, Tourism and Occupied France, 1940-1944", *Modern and Contemporary France*. Boston: Addison Wesley Longman, 1996.

Hanson, Anthony. *Burgundy*. Londres: Faber & Faber, 1982.

Hastings, Max. *Overlord: D-Day and the Battle for Normandy 1944*. Londres: Michael Joseph, 1984.

Hutter, Clemens M. *Hitlers Obersalzberg*. Berchtesgaden: Berchtesgaden Anzeiger, 1998.

Johnson, Hugh. *The World Atlas of Wine*. Londres: Mitchell Beazley, 1971.

_____. *Wine*. Londres: Mitchell Beazley, 1974.

_____. *The Story of Wine*. Londres: Mitchell Beazley, 1984.

Johnson, Hugh, e James Halliday. *The Vintner's Art: How Great Wines Are Made*. Nova York: Simon & Schuster, 1992.

Johnson, Paul. *Modern Times: The World from the Twenties to the Eighties*. Nova York: Harper & Row, Harper Colophon, 1985.

Kaufman, William I. *Champagne*. Nova York: Park Lane, 1973.

Kedward, H.R. *Occupied France: Collaboration and Resistance, 1940-1944*. Oxford: Blackwell, Historical Association Studies, 1985.

Lawton, Hugues, e Jean Miaihle. *Conversations et souvenirs autour le vin de Bordeaux*. Bordeaux: Confluences, 1999.

Lichine, Alexis. *Alexis Lichine's Guide to the Wines and Vineyards of France*. Nova York: Alfred A. Knopf, 1986.

_____. *Alexis Lichine's New Encyclopaedia of Wines and Spirits*. 7ª ed. Londres: Cassell Publishers, 1987.

Lottman, Herbert R. *The Fall of Paris, June 1940*. Nova York: HarperCollins, 1992.

Loubère, Leo A. *The Wine Revolution in France: The Twentieth Century*. Princeton, NJ: Princeton University Press, 1990.

Loubère, Leo A., org. *The Wine Remembers: French Vignerons Recall the Past*. Albany; State University of New York Press, 1985.

Lynch, Kermit. *Adventures on the Wine Route: A Wine Buyer's Tour of France*. Nova York: Farrar, Straus & Giroux, 1988.

Martel, André. *Leclerc: Le soldat et le politique*. Paris: Albin Michel, 1998.

Matthews, Patrick, org. *Christie's Wine Companion*. Londres: Webb & Bower, 1987.

McNulty, Henry. *Champagne*. Londres: Collins, 1987.

McNutt, Joni G., org. *In Praise of Wine*. Santa Barbara, CA: Capra Press, 1993.

Mothe, Florence. *Toutes hontes bues*. Paris: Albin Michel, 1992.

The New Yorker War Pieces, London 1939 to Hiroshima 1945. Nova York: Schocken, 1947.

Norman, Remington. *The Great Domaines of Burgundy*. Londres: Kyle Cathi, 1992.

Parker, Robert. *The Wines of the Rhone Valley and Provence*. Nova York: Simon & Schuster, 1987.

Parzych, Cynthia, e John Turner. *Pol Roger*. Londres: Cynthia Pazych Publishing, 1999.

Paxton, Robert O. *Vichy France: Old Guard and New Order, 1940-1944*. Nova York: Columbia University Press, Morningside Edition, 1982.

_____. *French Peasant Against Facism: Henry Dorgère's Greenshirts an the Crisis of French Agriculture, 1929-1939*. Nova York e Oxford: Oxford University Press, 1997.

Payne, Robert. *The Life and Death of Adolf Hitler*. Nova York: Praeger, 1973.

Pierre, Nora, org. *Les Lieux de mémoire*. Um levantamento do governo francês. Paris, 1990.

Price, Pamela Van Dyke, e Christopher Fielden. *Alsace Wines*. Londres: Sotheby's Publications, 1984.

Pryce-Jones, David. *Paris and the Third Reich: A History of the German Occupation, 1940-1944*. Londres: Collins, 1981.

Ray, Cyril. *Lafite*. Londres: Christie's Wine Publications, 1968.

Ribaud, Roger. *Le maître de maison de sa cave à sa table*. Paris: Jacques Vautrain, 1945.

Robards, Sherman M. *Terry Robard's New Book of Wine*. Nova York: G.P. Putnam's Sons, 1984.

Robinson, Jancis. *The Great Wine Book*. Londres: Sidgwick & Jackson, 1982.

Rothschild, Baron Philippe de. *Vivre la vigne: du ghetto de Francfort à Mouton Rothschild, 1744-1981*. Paris: Presses de la Cité, 1981.

Schoenbrun, David. *Soldiers of the Night: The Story of the French Resistance*. Nova York: New American Library, 1980.

Simon, André L. *A Wine Primer*. Londres: Michael Joseph, 1946.

Speer, Albert. *Inside the Third Reich*. Nova York: Macmillan, 1970.

Stevenson, Tom. *Champagne*. Londres: Sotheby's Publications, 1986.

Sud-Ouest. Bordeaux, França.

Sutcliffe, Serena. *The Wines of France: The Indispensable Companion*. Londres: Futura, 1985.

Sutcliffe, Serena, org. *Great Vineyards and Winemakers*. Londres: QED, 1981.

Taittinger, Claude. *Champagne by Taittinger*. Paris: Stock, 1996.

Taylor, A.J.P. *The Second World War: An Illustrated History*. Londres: Penguin, 1976.

Terrisse, René. *Bordeaux 1940-1944*. Paris: P. Perrin, 1993.

Vaughan-Thomas, Wynford. *How I Liberated Burgundy*. Londres: Michael Joseph, 1985.

Verdet, Corinne, org. *Summer of '44*. Paris: Arthaud, 1984.

Vigreux, Marcel, e Jacky Cortot. *Comblanchien, Village-martyr: 21-22 août 1944*. Nuits-Saint-Georges: SBI, 1995.

Warner, Charles K. *The Winegrowers of France and the Government Since 1985*. Nova York: Columbia University Press, 1960.

Wildman Jr., Frederick S., *A Wine Tour de France*. Nova York: Vintage, 1976.

Wright, Gordon. *The Ordeal of Total War, 1939-1945*. Nova York: Harper & Row, Harper Torch, 1968.

Young, Brigadier Peter, org. *The World Almanac of World War II*. Londres: Bison, 1981.

Agradecimentos

Este livro jamais teria sido escrito, e com certeza jamais teria sido concluído, não tivesse sido por algumas pessoas muito especiais.

Entre elas, Gerry Holmes, da ABC News, e Jennifer Ludden, da National Public Radio, que não cessaram de insistir em que tínhamos de escrevê-lo e nos puseram em contato com as pessoas que ajudaram a fazê-lo acontecer.

Uma delas foi seu amigo Stefan Fatsis, correspondente de *The Wall Street Journal* e autor de dois livros. "O melhor que têm a fazer", disse-nos Stefan, "é entrar em contato com meu agente, Robert Shepard." Estava certo. Robert foi muito mais que um agente. Ele é um amigo, um conselheiro e um bom ombro em que se chorar quando palavras e idéias não estão se alinhando na ordem certa.

Além disso, guiou-nos para Charles Conrad, vice-presidente e editor executivo da Broadway Books. Charlie foi um homem que exerceu uma paciência de Jó e teve a coragem de nos deixar "fazer o que tínhamos na cabeça", mesmo quando não sabíamos exatamente o que era. Sua assistente, Becky Cole, interferiu em nosso favor inúmeras vezes. Harold Grabau, chefe do copidesque da Broadway, salvou-nos de nós mesmos mais vezes do que podemos contar. Agradecemos a todos.

Nenhum deles, no entanto, teria tido algo com que trabalhar não tivesse sido por John Lally, que nos manteve on line e na linha à medida que lutávamos com nossos novos computadores. Sem John, ainda estaríamos usando as penas que caem dos patos no nosso laguinho.

Outros a quem gostaríamos de agradecer incluem James Lawther, Mestre do Vinho, por seus conselhos e idéias; Larry Collins e Dominique Lapierre, cuja ajuda é tão encantadora como seus escritos; Marie Carnot e Yves Fernique, que nos regalaram com bons vinhos e histórias sobre a guerra quando nossas energias estavam esmorecendo; Cristel Kucharz e sua família, bem como Renate Gozlan, que traduziu algumas cartas quase ilegíveis do alemão antigo para um claríssimo inglês.

Depois há Leslie MacBee, ex-funcionário do serviço diplomático americano, que decidiu comprar a velha casa de um chefe de estação na Borgonha como refúgio de férias. Quando limpava os armários, os livros de ocorrência de Henri Gaillard despencaram e, com eles, um raro vislumbre de como era trabalhar para os nazistas. Obrigado, Les.

Nosso amigo Doug Tunnell, que desistiu da vida como correspondente no exterior da CBS News para fazer vinho no Brick House Vineyard, no Oregon, não perdeu seu faro para as notícias. Quando ouviu Philippe Drouhin falar sobre seu avô, Maurice, entrou em contato conosco e nos apresentou aos Drouhin. Doug foi sempre um maravilhoso esteio, e que vinhos maravilhosos nos serviu! (Será que isto nos dá direito a mais um ou dois copos, Doug?)

Debby Leff dedicou parte de suas férias a ler o manuscrito com um olho gentil mas crítico, e nos deu um empurrão quando mais precisávamos disso.

Outros que ajudaram a facilitar nosso trabalho foram Pascale Doussot, da Maison Joseph Drouhin; Nicole Snozzi-Arroyo, do Domaine Laurent-Perrier; Christine Riassa e Sophie Ferret, do Château Pichon-Longueville-Comtesse de Lalande; e Marie-José Baudoin, da Maison Louis Latour. Elas atenderam inúmeros telefonemas nossos, responderam às nossas centenas de dúvidas sem nunca deixar de ser bem-humoradas e prestativas.

Todas as pessoas ligadas ao vinho com que falamos ou para quem escrevemos e telefonamos foram maravilhosas. Partilharam seu tempo, suas lembranças e suas vidas conosco. Entre elas, o falecido Peter A. Sichel, do Château Palmer, e seu primo Peter M.S. Sichel, do Château Fourcas-Hosten; Jacques Chevignard, da Confrérie des Chevaliers du Tastevin; Louis Latour, da Maison Louis Latour; Steven Spurrier, escritor e consultor sobre vinho da revista Decanter; o consultor sobre vinho David Cobbold; o produtor de champanhe André Secondé; o historiador da Champagne coronel François Bonal; Henri Brunier, do Domaine Vieux Télégraph; o professor Claude Chapuis, da Universidade de Dijon; Richard Dumbrill, cônsul britânico na Champagne; o produtor de borgonha Philippe Engel; o escritor Nicholas Faith; o falecido André Gagey, da Maison Louis Jadot; Anthony Barton, dos Châteaux Léoville- e Langoa-Barton; Hervé Berlan, do Château Mouton-Rothschild; Bernard Pauzié, do Museu da Segunda Guerra Mundial em Vraux; Christian Pol-Roger, da Champagne Pol Roger; e os importadores de vinho alemães Heinz Bömers Jr. e Hermann Segnitz.

Vários amigos observaram que as pessoas que focalizamos como personagens principais são astros consagrados na comunidade francesa do vinho. Têm razão, mas não foi isso que planejamos.

Nosso objetivo era encontrar pessoas que tivessem histórias para contar, pessoas que estivessem dispostas a partilhar algumas de suas lembranças mais pessoais, e por vezes mais penosas. Hoje, é verdade que Huet, Drouhin, de Lencquesaing, Miaihle, de Nonancourt e Hugel são nomes famosos. Não eram, porém, quando a Segunda Guerra Mundial começou. Tinham pequenos negócios, representativos de outros tantos na comunidade francesa do vinho, e estavam apenas tentando sobreviver. O modo como essas pessoas conseguiram fazê-lo foi o que nos chamou a atenção. Somos gratos a todas elas.

A May-Eliane Miaihle de Lencquesaing, que nos convidou para o Château Pichon-Longueville-Comtesse de Lalande. Ali, no terraço, ela leu para nós passagens de um diário que mantinha quando era uma menina durante a guerra, passagens que nos ajudaram a compreender como era a vida sob a ocupação.

A seu primo, Jean Miaihle, do Château Coufran, que ilustrou vividamente para nós o perigo da rebeldia ao descrever como montou um laboratório secreto para fazer sulfato de cobre.

A Robert e Françoise Drouhin, da Maison Joseph Drouhin, que abriram para nós não só sua casa, como seu coração. Foram muito além do que lhes pedimos para fazer, apresentando-nos a outros que haviam enfrentado a guerra e procurando cartas e documentos históricos que muito realçaram nossa história.

A Bernard de Nonancourt, do Domaine Laurent-Perrier, que nos fez lembrar que entusiasmo e patriotismo não são apenas para os jovens. Seu espírito está tão efervescente quanto o maravilhoso champanhe que faz.

A Gaston Huet, que nos iniciou nessa longa jornada vários anos atrás. Ele tem o raro dom de fazer o tempo parar e, não obstante, ganhar vida. Basta provar um de seus vinhos para sabê-lo.

Aos Hugel de Riquewihr: a André, cujo agudo senso da história nos ajudou a apreciar as circunstâncias únicas da Alsácia; a seu irmão Johnny, cujo entusiasmo inquebrantável sempre nos fazia sentir bem-vindos; e a Georges, seu outro irmão, cujo relato dilacerante do serviço no exército de Hitler nos deu arrepios.

É impossível exagerar a generosidade de Georges e sua boa vontade em tolerar nossas constantes perguntas e telefonemas, mesmo em face de uma doença grave. Numa ocasião memorável, ele pediu ao pessoal do serviço de emergência médica, que acabara de chegar para levá-lo para o hospital, para esperar de modo a que pudesse falar conosco. Ficamos terrivelmente embaraçados e pedimos desculpas por incomodá-lo com o que era "uma pergunta tola". Georges respondeu rapidamente: "Não, não, vá em frente. Pergunta tola é coisa que não existe. É melhor perguntar enquanto ainda estou vivo." Isso foi no verão de 2000.

Georges morreu dois meses depois.

Há duas pessoas a quem não sabemos como começar a agradecer, amigos queridos que estiveram conosco desde o primeiro instante, antes de sabermos ao certo que tínhamos um livro para escrever.

De fato, este livro poderia nunca ter sido escrito não fosse por Kim e Anne Munholland. Foi um esforço de colaboração no melhor sentido da palavra. Kim, professor de história européia moderna na Universidade de Minnesota e especialista na França durante a Segunda Guerra Mundial, partilhou conosco sem reservas seu conhecimento e sua *expertise*.

Essencial para esse processo foi o generoso apoio financeiro e institucional assegurado pela University of Minnesota Graduate School. Graças a uma série de subsídios, Kim teve condições de viajar até a Biblioteca do Congresso em Washington, bem como a arquivos e bibliotecas na França. Sua pesquisa o levou a Paris, Bordeaux, Borgonha e Champagne. Ele passou longas e muitas vezes frustrantes horas revolvendo registros, fichas e livros, percorrendo centenas de rolos de microfilme, em busca de informações vitais para nosso livro. Sem sua pertinácia, nunca teríamos sabido sobre Roger Ribaud, cujo relato sobre a prisão estava praticamente perdido na montanha de papel da Bibliothèque Nationale da França. Tampouco teríamos descoberto os detalhes da prisão e do julgamento de Louis Eschenauer, um evento que muitos na França ainda se recusam a discutir. Dada sua natureza delicada, não surpreende que muitos dos documentos relativos a tio Louis estivessem "sumidos", postos em pastas que pouco ou nada tinham a ver com Eschenauer ou seu julgamento. Mas Kim conseguiu encontrá-los, ao lado de muitas outras coisas — documentos, fotos, recortes de jornais antigos — que ajudaram a lançar luz sobre um período da história francesa que apenas agora está começando a ser abertamente discutido na França.

Seu trabalho, contudo, foi muito além disso. Ele segurou também nossa mão coletiva, respondendo perguntas interminavelmente até que ganhássemos uma perspectiva adequada e começássemos a compreender a miríade de dramas que estavam sendo encenados sob a ocupação nazista. (Mais uma pergunta, Kim. Como você agüentou nossa saraivada de perguntas?)

Anne, que é a editora de texto de Kim, foi igualmente paciente. Ela aplicou várias vezes seu olho cuidadoso ao nosso manuscrito, fazendo perguntas, oferecendo sugestões e traçando uma lista para o Glossário. Acima de tudo, talvez, manteve-nos simples. Quaisquer erros que possam existir são nossos, e apenas nossos.

Juntos, Anne e Kim ajudaram a assegurar que *Vinho & guerra* se tornasse uma realidade. Eles percorreram vinhedos conosco, conduziram entrevistas e nos incentivaram a cada passo do caminho. Quando as coisas estavam indo bem, eram nossos maiores torcedores. Quando nos sentíamos desanimados, não nos deixavam entregar os pontos.

Mas foram muito mais que colaboradores ou consultores. Foram amigos, e não teríamos podido fazer isto sem eles.

SOBRE OS AUTORES

Don e Petie Kladstrup são escritores que dividem seu tempo entre Paris e a Normandia. Don é um ex-correspondente jornalístico de televisão e recebeu inúmeros prêmios por seu trabalho no exterior. Sua mulher, Petie, ex-funcionária do protocolo a serviço do embaixador dos EUA na Unesco, é uma escritora *free lance* que já escreveu extensamente sobre a França e a vida francesa. Quando não estão escrevendo, os Kladstrup se ocupam em restaurar uma quinta do século XVIII e em replantar um pomar com variedades raras de maçãs que estão ameaçadas de extinção. De vez em quando, encontram tempo também para um ou outro leilão de vinhos na zona rural. São pais de duas filhas.

Este livro foi composto pela
TopTextos em Minion, e impresso
por Cromosete em abril de 2002.

Revised Edition

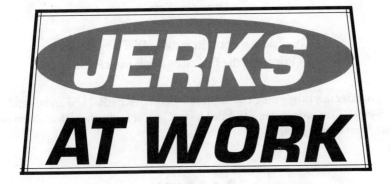

How to Deal With People Problems and Problem People

By Ken Lloyd, Ph.D.

Nationally Syndicated Columnist

CAREER
PRESS
Franklin Lakes, N.J.

JERKS AT WORK

EDITED AND TYPESET BY GINA TALUCCI

Cover design by Lu Rossman / Digi Dog Design

Printed in the U.S.A. by Book-mart Press

To order this title, please call toll-free 1-800-CAREER-1 (NJ and Canada: 201-848-0310) to order using VISA or MasterCard, or for further information on books from Career Press.

CAREER
PRESS

The Career Press, Inc., 3 Tice Road, PO Box 687,
Franklin Lakes, NJ 07417
www.careerpress.com

Library of Congress Cataloging-in-Publication Data

Lloyd, Kenneth L.
Jerks at work : how to deal with people problems and problem people / by Ken Lloyd.—[2nd ed.]
  p. cm.
    Includes index.
    ISBN 1-56414-852-1 (paper)
  1. Problem employees. 2. Interpersonal relationships. I. Title.

HF5549.5.E42L58 2005
658.3'045--dc22

2005051326